Guide Prieur
SAISON PAR SAISON

Guide Prieur
SAISON PAR SAISON

BENOIT PRIEUR

LES ÉDITIONS DE L'HOMME

En couverture: Villa Bagatelle à Québec
Dessins des rubriques: Rim Bahri
Photos: Benoit Prieur

Données de catalogage avant publication (Canada)

Prieur, Benoit

Guide Prieur saison par saison: conseils,
trucs et trouvailles de jardinage pour toutes
les régions du Québec

1. Horticulture d'ornement – Québec (Province).
2. Jardinage – Québec (Province).
3. Aménagement paysager – Québec (Province).
4. Plantes d'ornement – Québec (Province).
I. Titre.

SB406.C3P74   1997   635.9'09714   C97-940127-5

DISTRIBUTEURS EXCLUSIFS:

• Pour le Canada et les États-Unis:
LES MESSAGERIES ADP★
955, rue Amherst, Montréal, Québec H2L 3K4
Tél.: (514) 523-1182
Télécopieur: (514) 939-0406
★ Filiale de Sogides ltée

• Pour la Belgique et le Luxembourg:
PRESSES DE BELGIQUE S.A.
Boulevard de l'Europe 117
B-1301 Wavre
Tél.: (10) 41-59-66
      (10) 41-78-50
Télécopieur: (10) 41-20-24

• Pour la Suisse:
TRANSAT S.A.
Route des Jeunes, 4 Ter
C.P. 125
1211 Genève 26
Tél.: (41-22) 342-77-40
Télécopieur: (41-22) 343-46-46

• Pour la France et les autres pays:
INTER FORUM
Immeuble Paryseine, 3, Allée de la Seine, 94854 Ivry Cedex
Tél.: 01 49 59 11 89/91
Télécopieur: 01 49 59 11 96
Commandes: Tél.: 02 38 32 71 00
                Télécopieur: 02 38 32 71 28

Dépôt légal: 1er trimestre 1997
Bibliothèque nationale du Québec

ISBN 2-7619-1266-7

À Ramon Sanchez,

homme de cœur et homme de la terre

qui a fait de moi,

il y a plus de trente-cinq ans,

un inconditionnel du végétal,

cette intarissable source de vie.

Il m'a transmis le plus important:

comment devenir un fidèle amant

de Dame Nature.

Merci à Danielle Bilodeau, de *À fleur d'eau inc.* à Stanbridge, pour son incontournable expertise.

Merci aussi à Jeannette Boucher pour m'avoir confirmé que j'avais bien su déchiffrer l'*Atlas agroclimatique du Québec*.

Merci à René Paquet, à Richard Côté, à Françoise Raynaud, à Carmen Lamontagne et à plusieurs aimables secrétaires municipales qui m'ont aidé à découvrir quelques-uns des passionnés du jardinage au Québec.

Merci enfin aux jardiniers et aux jardinières qui ont accepté de raconter leurs expériences — parfois hors du commun — dans leur coin de pays.

Une pensée toute particulière à Karine Vilder qui a recueilli, avec une patience d'ange, le sourire et la minutie qu'on lui connaît, les témoignages de ces vigoureux jardiniers.

Même les plus belles fleurs

finissent par mourir... pour qu'il en renaisse

d'autres inlassablement, plus belles encore,

nourries des énergies des précédentes.

Benoît Prieur

LES CINQ SAISONS DU JARDINIER QUÉBÉCOIS

L'idée me trottait dans la tête depuis longtemps: trouver, pour les 12 mois de l'année, un moyen de répartir mes conseils de jardinage qui soit accessible aux jardiniers de toutes les régions sans qu'ils aient à se référer continuellement aux conditions climatiques des grandes villes.

Voilà qui est fait!

Les pièces du puzzle se sont mises en place quand j'ai pris connaissance de l'atlas agroclimatique du Québec méridional. Cet ouvrage, conçu en 1982 par Pierre-André Dubé, Joseph-Edgar Chevrette et Paul Lamb, du ministère de l'Agriculture, des Pêches et de l'Alimentation du Québec, est écrit d'après des relevés pris entre 1965 et 1976. Pour plus de 40 villes du Québec, il fournit quatre séries de dates établies selon des moyennes: le début et la fin de la croissance, le premier et le dernier gel. J'avais là, théoriquement, quatre saisons. Il me manquait l'été... et ce n'était pas une blague. Je lui ai trouvé une place et j'ai divisé le printemps en deux pour coller le plus possible à la réalité climatique. Ça

11

tombait bien! Le nombre de conseils printaniers était plus de deux fois supérieur à celui des autres saisons. J'ai donc réparti les conseils un peu plus également.

Évidemment, la longueur de chaque saison varie d'une ville à l'autre, mais le jardinier peut jardiner quand bon lui semble sans devenir l'esclave du calendrier et sans se limiter à la zone de rusticité de sa région. Dans l'exercice qui m'occupait, cette notion de zone me paraissait en effet trop imprécise bien que je ne remette pas en question son utilité. Néanmoins, je tiens à dire que les dates des débuts de saisons ne sont pas absolues. Je les ai fixées en considérant les données de l'atlas, bien sûr, et en respectant une certaine logique dans les différences habituellement admises entre les villes et les régions.

Plus tard, en écrivant le texte des interviews réalisées par Karine Vilder auprès d'une quarantaine de jardiniers de tous les coins de la province (voir en annexe), j'ai constaté à quel point varient les conditions dans lesquelles ils évoluent (climat, sol, approvisionnement, etc.) et combien une répartition des conseils par ville était non seulement appropriée, mais éminemment souhaitable. Je me suis rendu compte également combien ces jardiniers appréciaient que l'on parle de leur coin de pays, de leurs audaces, de leurs trouvailles et, tout simplement, de leur plaisir de jardiner.

Pour ajouter de la fantaisie et de la matière à ma célébration du jardinage par saison et par région, il me restait à compléter le tableau avec trois annexes:

- une liste de plus de 140 villes avec leur zone de rusticité comme point de repère;
- une liste des plantes citées dans mes guides précédents, classées par zone de rusticité, afin de donner un aperçu des espèces et variétés disponibles;
- une liste non exhaustive des attractions et curiosités horticoles accessibles en tant que destinations touristiques dans toutes les régions.

Je souhaite à tous les lecteurs de se distraire, de s'amuser, de s'émerveiller et d'apprendre en lisant ce guide dont je suis très fier, modestement il va sans dire. Et je formule le vœu que chacun transmette à sa manière son savoir et son expérience aux plus jeunes afin de leur montrer à la fois l'importance de la vie, sa force et sa fragilité.

COMMENT UTILISER CE GUIDE

Vous trouverez, entre les pages de ce guide, un signet conçu pour vous en faciliter l'usage. Ce signet est également reproduit à la p. 364.

1. Consultez d'abord la liste des municipalités énumérées sur le signet.
2. Trouvez votre municipalité ou choisissez celle qui s'en rapproche le plus.
3. Repérez ensuite la saison pour laquelle vous désirez des conseils.
4. Sachant quelle plante ou quelle partie de votre jardin vous intéresse, ouvrez le livre à la page correspondant à cette saison.

Chaque paragraphe contient un conseil distinct. Vous pourrez les mettre en pratique peu importe la durée de chaque saison dans votre région, mais en tenant compte de la zone de rusticité.

REMARQUE: Les suggestions concernant la planification générale de votre jardin sont regroupées dans le chapitre «Aménagement» de l'Hiver.

première saison:

Printemps Un

Dans toutes les villes, le Printemps Un commence à la date approximative du début de la croissance de la plupart des plantes établie par l'atlas agroclimatique du MAPAQ 1982, qui correspond au moment où les températures moyennes sont supérieures à 5 °C. Les risques de gel sont d'environ 90 p. 100.

AMÉNAGEMENT

Préparation générale

Les suggestions concernant la planification générale de votre jardin ou de votre aménagement sont regroupées dans le chapitre «Aménagement» de l'Hiver.

Dénivellations

N'oubliez pas qu'une **rocaille** est surtout constituée de **grosses pierres** que la végétation habille sans les cacher. Une fois le relief bien établi et les pierres stabilisées, prenez du recul, regardez votre rocaille à plusieurs mètres de distance et imaginez-la avec des plantes. Choisissez ce que vous planterez en fonction de ce que vous voyez.

Dans la **rocaille** ou en haut d'un **muret**, plantez un bouquet de fleurs bleues, le **lin vivace** qui, en zones 4 et 5, une fois bien installé, peut fleurir durant presque 3 mois, de juin à septembre. Très léger, très mobile, il donne de la grâce et du mouvement aux éléments minéraux de l'aménagement.

Pervenche, *Vinca minor*

Dans une pente douce, ombragée ou non, plantez des **pervenches** à feuillage vert ou à feuillage panaché; toutes produisent de petites fleurs bleues au printemps. Vous pourrez donner de l'éclat à ce tapis uniforme et luisant avec une collection de tulipes disposées par grands groupes irréguliers d'une même variété.

Massifs et plates-bandes

Mettez vos **rosiers** en valeur. Vous pouvez les planter à l'avant d'un fond de verdure

Lin vivace, *Linum perenne*

Plate-bande de rosiers

(haie de conifères ou d'arbustes). Vous pouvez aussi les mélanger à des vivaces plus basses, mais dont les fleurs affichent les mêmes teintes. Les rosiers ont une très belle allure lorsqu'on les plante avec des vivaces aux tiges souples, au feuillage léger et aux couleurs pastel.

Les **laitues** poussent très bien à l'ombre. N'hésitez donc pas à en planter sous les arbres ou du côté nord de la maison. Associez-les aux impatiens pour créer des massifs aux couleurs vibrantes et fraîches.

Primevère, *Primula japonica*

Laitue

Bette à carde

Pour trôner vigoureusement au centre d'un massif d'annuelles basses ou pour servir d'arrière-plan vert foncé aux espèces de couleur vive, plantez des **bettes à carde,** à nervures blanches ou rouges. Ces légumes ressemblent à de grandes laitues et se consomment comme des épinards. Si vous êtes plus conservateur, vous pouvez obtenir le même effet avec du ricin ou de la rhubarbe.

S'il reste des **feuilles mortes** dans les plates-bandes, ou bien vous les ramassez ou bien vous les enfouissez. Pour éviter qu'elles ne prennent la forme de galettes sur lesquelles l'eau va glisser, il est important d'en disposer d'une manière ou d'une autre.

Couleurs, textures, formes, directions

Pour des couleurs printanières magnifiques et variées, et pour un printemps encore plus éclatant, plantez des **primevères**. Elles fleurissent peu de temps après les premiers bulbes printaniers.

Vous habitez en ville et vous voulez planter un arbre dans votre cour, mais vous craignez les effets de la pollution? Choisissez le **gingko,** conifère portant des feuilles au design très particulier et qui est très résistant. Il pousse lentement et de façon très linéaire. C'est une plante de collection qui donne peu d'ombre. Il en existe une variété étroite, une pleureuse et une panachée.

Constructions

Si vous remarquez une usure régulière et fréquente de la pelouse aux endroits où l'on passe souvent, ne la réparez pas, construisez plutôt une **allée** de pierres, de gravier, de paillis ou de pavés de béton.

Façade et cour arrière

Réévaluez l'**espace** nécessaire pour le jeu, la circulation piétonnière, le stationnement, le repos et la détente, et remaniez plates-bandes et massifs en conséquence.

Couvre-sol

Pour réduire les tâches d'entretien, plantez dans les grands espaces — entre les arbres, les arbustes et les conifères, dans les pentes — des **plantes tapissantes**. Elles limiteront beaucoup la croissance des mauvaises herbes et maintiendront le sol humide et frais.

Gingko biloba

19

PLANTES ANNUELLES

Préparation du sol

Avant d'installer des annuelles dans un massif ou une plate-bande, incorporez à la terre, au moment du bêchage, une bonne dose de **matière organique** sous forme de compost ou de fumier, à raison de deux ou trois sacs de 30 litres par mètre carré. Une fois le bêchage terminé, épandez sur le sol quelques pelletées de cendres de bois sèches ou de poudre d'os fossile que vous mélangerez à la terre au râteau ou, mieux, au croc.

Les **cléomes** préfèrent de loin les terres lourdes, mais il est possible d'en cultiver en terre sablonneuse à condition de rendre la terre plus consistante avec un mélange à parts égales d'argile, de matière organique et de vermiculite.

Semis

En début de saison, c'est votre dernière chance de semer à l'intérieur des graines de **lantana**.

Six à huit semaines avant leur sortie officielle au jardin (après le dernier gel), semez à l'intérieur l'**agératum**, l'**alyssum**, la **célosie**, le **phlox** de Drummond, la **reine-marguerite**, le **statice**.

Souci, impatiens, nicotine, œillet d'Inde, et rose d'Inde peuvent être semés à l'intérieur 4 à 6 semaines avant la fin officielle des risques de gel. La floraison a lieu de 2 1/2 à 3 mois après le semis.

Cleome spinosa

Lantana camara

Nicotine, *Nicotiana affinis*

Zinnia elegans

Célosie,
Celosia argentea plumosa

Alyssum maritimum

Coquelicot, *Papaver rhœas*

Godetia grandiflora

Phlox drummondii

Reine-marguerite, *Callistephus chinensis*

Les annuelles à croissance rapide: **zinnia, œillet d'Inde, cosmos, cléome, centaurée, souci, clarkia, coquelicot, némophile,** etc., peuvent être semées à l'intérieur ou directement dans la terre de la plate-bande. À l'intérieur, procédez au semis de 2 à 4 semaines avant la fin des risques de gel. À l'extérieur, semez-les dès que la terre peut être travaillée sans coller. La floraison aura lieu de 8 à 10 semaines plus tard.

Dès que la terre peut être travaillée facilement, semez à l'extérieur une plante excellente pour constituer des massifs et comme fleur coupée: le **godétia**. Il n'excède pas 30 cm de hauteur et produit des fleurs roses, pêche, rouges, mauves ou bicolores.

Arctotis grandis

Cosmos bipinnatus

Centaurée, Centaurea cyanus

Clarkia elegans

Cosmos bipinnatus 'Klondike'

Si vous aimez les fleurs un peu folles qui poussent dans tous les sens, qui fleurissent rapidement et que l'on peut semer directement au jardin, vers la fin du Printemps Un, procurez-vous des graines de *Cosmos bipinnatus* 'Klondike'. Il porte des fleurs orange et pousse moins haut que le cosmos ordinaire, à seulement 75 cm.

Une semaine ou deux avant le début du Printemps Deux, semez directement au jardin une petite poignée de graines d'**alyssum** pour servir de couvre-sol dans les plates-bandes.

Parmi les espèces que l'on peut semer au jardin dès que la terre ne colle plus aux outils, ajoutez l'**arctotis,** très florifère et très résistant à la sécheresse.

Coleus blumei

Datura metel

Plantation et transplantation

Tournesol,
Helianthus annuus

Des **tournesols en pots**? Facile comme tout, mais attention, les résultats peuvent varier selon la méthode utilisée. Pourtant, en général, la hauteur maximum atteinte par les plants semble être proportionnelle à la grosseur du pot. Quoi qu'il en soit, peu importe leur vitesse de croissance, ils fleuriront tous vers la même époque, c'est-à-dire en milieu d'été. La floraison est en effet influencée par la longueur des jours, qui diminue sensiblement au cours du mois d'août.

Multiplication

En début de saison, bouturez les **coléus** pour en colorer vos plates-bandes. Un mois plus tard, quand les racines seront en pleine action, coupez la tête des jeunes plants pour les faire ramifier.

Taille

Quand les semis de **datura** ont de 20 à 30 cm de hauteur, coupez-leur la tête pour les obliger à se ramifier et à prendre des allures de petits arbres.

Pour réussir

Si vous voulez cultiver des tournesols dans des gros pots, à raison de 1 plant par pot de 30 cm ou de 3 par pot de 40 cm par exemple, ne les semez pas directement dans le pot en question. Vous avez le choix entre:

- faire germer les graines dans des pots de 10-15 cm,
- ou les faire germer directement au jardin.

Ensuite, quand les racines sont bien développées ou que les plants atteignent 60 cm de hauteur, transplantez-les dans les gros pots où ils s'installeront rapidement. Les premiers jours, ils vous sembleront sans doute en bien mauvais état, mais ne les abandonnez pas, ils auront bientôt repris toute leur vigueur. Attention: les tournesols sont de grands assoiffés. Arrosez-les souvent.

PLANTES AQUATIQUES ET JARDINS D'EAU

Construction et aménagement

Avant d'entreprendre des travaux, vérifiez les **règlements municipaux.**

Faites la liste de l'équipement et des **matériaux** dont vous aurez besoin: sable, terre, toiles, tuyauterie, pompes, drains, pierres, etc. et approvisionnez-vous chez un spécialiste qui pourra vous donner tous les conseils pertinents à votre situation particulière.

Prévoyez un système de **régulation** du niveau d'eau. Si le niveau d'eau change constamment au cours de l'été, cela peut affecter la croissance et la floraison des plantes à feuilles flottantes.

Ne négligez aucun détail:

*   Il faut un bassin d'au moins 60 cm de profondeur pour faire **hiverner** dans l'eau les nénuphars rustiques et les plantes immergées.
*   Il faut installer une **plate-forme littorale** (un genre de marche), dans la pente du bassin, à une profondeur permettant de placer les plantes à feuilles flottantes de manière qu'il y ait environ 20 cm d'eau au dessus du panier.

Préparation du sol

Quand vous achetez des plantes de jardins d'eau, demandez à votre fournisseur de les planter pour vous dans les paniers appropriés, avec le **mélange de terre** adéquat. Ce service est indispensable pour la réussite de votre aventure aquatique.

Plantation et transplantation

Avant de planter quoi que ce soit, tracez un **plan** rapide indiquant la forme générale du bassin, le contour et les dimensions des plates-bandes tout autour. Ce dessin vous aidera à déterminer le nombre de plantes dont vous avez besoin.

L'**élodée** et la **vallisnérie** sont deux plantes immergées oxygénantes qui poussent au fond des bassins. La seconde a un net avantage sur la première: elle n'est pas grignotée par les poissons. À vous de choisir...

Les **quenouilles** prennent rapidement de l'expansion. Plantez-les dans des paniers plutôt que directement dans le bassin. Le contrôle de leur développement en sera facilité.

Pour vous faciliter la tâche

*   L'entretien des plantes à feuilles flottantes, nénuphars en tête, et des plantes immergées (élodée et vallisnérie) s'effectue de façon semblable.
*   Entretenez toutes les plantes de milieux humides comme des vivaces, qu'elles soient de celles qui vivent les racines en permanence dans l'eau ou de celles qui se trouvent très bien dans la prairie humide.

Quenouille, *Typha latifolia*

Populage des marais, *Caltha palustris*

Acorus calamus 'Variegatus'

Lobélie, *Lobelia speciosa* 'Queen Victoria'

Autour de votre bassin, n'oubliez pas la **populage des marais** *(Caltha palustris)*, petite vivace de milieu humide peu connue, à fleurs jaunes. Elle est indigène dans certaines régions du Canada. Elle est donc très rustique (zone 2) et bien adaptée à notre climat.

Entretien printanier

Quand la glace a fondu, remettez les **pompes** en marche, rebranchez les cascades et les jets d'eau.

Si vous avez nettoyé le bassin en automne — comme les spécialistes le recommandent —, vous n'avez qu'à reprendre l'introduction hebdomadaire de **bactéries** dans l'eau pour remettre votre jardin d'eau en fonction. Replacez ensuite les nénuphars et les plantes immergées sur les **plates-formes littorales** que vous avez aménagées à différents endroits du bassin. Taillez-les au ras du pot si vous ne l'avez pas fait en automne.

Si le bassin est **sale**, videz-le de la moitié ou des deux tiers, passez le râteau dans le fond et ramassez les débris. Replacez les plantes au bon endroit tel qu'indiqué ci-haut, puis remplissez le bassin jusqu'à son niveau normal.

Eupatoire, *Eupatorium purpureum*

Eleocharis palustris

Multiplication

Divisez l'**acorus**, l'**équisétum** et la **glycérie**, trois graminées quasi aquatiques, avant qu'ils ne deviennent envahissants.

Quand les vivaces de lieux humides, (**iris, éléocharis, lobélie, salicaire, juncus, eupatoire, filipendule,** etc.) sont bien développées, sortez-les de leur panier et divisez-les.

Ne laissez pas la vigoureuse **élodée** envahir le fond du bassin. Divisez-la dès qu'elle déborde de l'espace qui lui est alloué.

Divisez les **joncs**, y compris les **scirpes** et les **luzules**.

Fertilisation

La fertilisation du jardin d'eau commence au cours du Printemps Deux.

Préparation du sol

Avant de planter les arbres qui poussent dans un **sol acide,** les magnolias en particulier, bêchez en incorporant au sol deux ou trois pelletées de tourbe de sphaigne et autant de compost par plant. Ces plantes étant très sensibles au manque d'eau, ajoutez aussi deux pelletées de vermiculite, qui absorbe sept fois son volume d'eau.

Les arbres qui ne tolèrent absolument pas de manquer d'eau, comme les **frênes,** les **ostryers** et les **cercidiphyllums,** doivent être plantés dans une terre contenant une bonne quantité de compost ou de vieux fumier. Ceux-ci produisent de l'humus, qui agit comme une véritable éponge.

Magnolia soulangeana 'Susan'

Robinier, *Robinia pseudaccacia*

Semis

Si vous avez récolté en automne des graines de **févier** et de **robinier,** semez-les dans des pots de 10 cm remplis de terreau léger ou dans une plate-bande sablonneuse.

Plantation et transplantation

Quel que soit l'arbre que vous plantiez, assurez-vous qu'il ait de la place pour atteindre sans contrainte ses **dimensions adultes**.

Frêne, *Fraxinus pennsylvanica*

Févier, *Gleditsia triacanthos inermis* 'Sunburst'

Attendez que la terre soit bien **égouttée** avant de commencer à planter.

La meilleure façon de planter un arbre consiste à faire un trou dans une terre qui a été **préalablement bêchée** sur une surface d'au moins 1 m² et à laquelle on a incorporé une bonne dose de matière organique. Une terre meuble facilite la plantation et favorise le développement rapide des racines. Le diamètre du trou de plantation peut alors être égal à celui du pot ou de la masse de racines.

Lorsque les plants de pépinière sont vendus en pot de **plastique** (conteneur), il suffit d'enlever celui-ci et de mettre la motte en terre, sans la défaire.

Lorsque le pot est fait de **fibres pressées,** il ne faut pas le mettre en terre même s'il est théoriquement biodégradable. Il faut en découper le fond avant de descendre la motte dans le trou et le fendre ensuite sur le côté pour le sortir du trou. Attention cependant de ne pas défaire la motte.

Les pépinières vendent, très tôt au printemps, des arbres à **racines nues** qui sont bien meilleur marché. Pour être transplantés correctement, ils ne doivent pas avoir commencé leur croissance.

Quand vous plantez un arbre à racines nues, **taillez légèrement les racines** les plus fines et raccourcissez les plus grosses pour donner à l'ensemble une forme régulière. Juste avant de planter, trempez les racines dans un mélange de boue et de fumier. On appelle cette technique le «pralinage».

Tous les arbres qui ont un tronc de plus de 1 m de hauteur doivent être plantés avec un

27

tuteur. Ce tuteur est placé dans la direction opposée aux vents dominants qui viennent généralement de l'ouest.

Il faut absolument éviter que l'écorce de l'arbre s'use en frottant contre le tuteur. Pour **attacher** l'arbre à son tuteur, utilisez donc les morceaux de plastique vendus dans les commerces horticoles ou bien récupérez de vieux bas de nylon que vous croiserez entre le tronc et le tuteur.

Il faut **arroser** les arbres fraîchement plantés même s'il pleut. Ils ont besoin d'au moins 5 à 10 litres d'eau chacun. Ensuite, couvrez le sol d'un **paillis** pour éviter que les racines en pleine activité souffrent de la chaleur et de la sécheresse.

Les arbres situés en bas d'une pente reçoivent parfois des **courants d'air froid** qui risquent de compromettre leur rusticité. Si vous remarquez chez eux des problèmes de comportement majeurs, déménagez-les le plus tôt possible en haut de la pente ou sur un terrain plat.

Peuplier, *Populus deltoïdes*

Mise en garde

Quand vous plantez un **liriodendron** (zone 5), soyez bien sûr de l'endroit où vous voulez le mettre, car le transplanter une ou plusieurs années plus tard pourrait lui être fatal.

Multiplication

Déterrez les boutures de **pommetiers** et de **peupliers** que vous avez conservées dans le sable pendant l'hiver et plantez-les dans une plate-bande ou en pots de 10 cm de diamètre.

Pommetier, *Malux X sp*

Saule, *Salix Alba* 'Tristis'

Orme, *Ulmus pumila*

Mûrier pleureur, *Morus alba* 'Pendula'

Prélevez de jeunes branches de 60 cm à 2 m sur n'importe quel **saule** et bouturez-les dans l'eau d'un fossé, dans un seau ou même dans un bassin. Quand les racines auront une dizaine de centimètres de longueur et que de jeunes feuilles s'épanouiront, empotez la nouvelle plante. Au début de l'automne, vous pourrez la planter en pleine terre.

Taille

Sur les **jeunes arbres,** sélectionnez un seul tronc et supprimez les tiges latérales qui pourraient concurrencer la pousse terminale.

Avant la sortie des feuilles, formez une **tonnelle** avec les pommetiers, les ormes et les mûriers pleureurs en taillant à leur base les branches les plus près du tronc.

Au moment de la plantation, **raccourcissez** légèrement les branches latérales des arbres à ombrage. Au même moment, éliminez les branches qui s'entrecroisent. Ne coupez jamais la branche terminale de ces arbres, cela réduit beaucoup trop leur rythme de croissance. Gardez-leur une forme régulière et favorisez la formation de branches charpentières solides et bien orientées.

Mise en garde

Taillez les **bouleaux**, les **noyers** et les **érables** en automne ou vers la fin du Printemps Deux. Leur poussée de sève est tellement vigoureuse que vous provoqueriez une véritable hémorragie en le faisant plus tôt au printemps.

Bouleau pleureur, *Betula pendula*

Taillez les **tilleuls** aussitôt que possible. Lorsqu'on élimine les branches latérales du bas au fur et à mesure de la croissance, ils donnent des troncs parmi les plus droits du règne végétal. Comme tous les arbres à bois mou, ils tolèrent bien les tailles répétées. On peut donc en faire des arbres très fournis, aux branches très ramifiées.

Attention avant de passer la scie dans les **hêtres** et les **caryers**! Ils réagissent très négativement aux élagages intempestifs des émondeurs amateurs. Taillés sévèrement, ils peuvent dépérir rapidement.

Coupez les branches mortes à ras sur les **oliviers de Bohème** pour éviter l'envahissement des tissus sains par la pourriture.

Tilleul, *Tilia cordata*

Hêtre, *Fagus grandiflora*

Aubépine, *Cratægus mordenensis* 'Toba'

Sécateur en main, rendez une petite visite à votre **aubépine** *(Cratægus)*. Supprimez les branches basses auxquelles les promeneurs, les enfants surtout, pourraient se blesser. Cet arbre produit en effet des épines, peu nombreuses mais terriblement longues et pointues.

Le **platane** n'est rustique qu'en zone 5, mais c'est un arbre qui supporte très bien les tailles sévères et répétées, au point que dans certains pays on en fait de gigantesques haies.

Olivier de Bohème, *Elæagnus angustifolia*

Platane, *Platanus occidentalis*

Pratiquez la taille de formation sur les jeunes **pommetiers**. Choisissez trois à cinq branches latérales solides pour former la charpente, jusqu'à constituer trois ou quatre étages de ces charpentières. Ne coupez pas l'extrémité de l'axe central tant que la hauteur désirée n'est pas atteinte.

Chez les **féviers,** jeunes ou adultes, surveillez l'apparition de nouvelles tiges sur le tronc ou sur les branches maîtresses.

Supprimez-les sans remords, autrement elles nuiraient à la croissance des branches déjà sélectionnées et donc à l'esthétique de l'arbre.

Les **phellodendrons**, ces arbres à liège, sont portés à développer plusieurs troncs, même dans leur plus jeune âge. Sélectionnez le plus droit, le plus vigoureux et supprimez les autres. C'est une garantie de solidité de l'arbre à long terme.

Chez les jeunes **peupliers** et les jeunes **robiniers,** choisissez des branches latérales bien placées sur le tronc et suffisamment espacées. Le bois de ces arbres est fragile. Une charpente solide peut prévenir les cassures causées par le vent et les orages.

Févier (jeune), *Gleditsia triacanthos inermis* 'Sunburst'

Phellodendron amurense

Vinaigrier, *Rhus typhina* 'Laciniata'

Insectes et maladies

Si vous souhaitez appliquer du *Cygon* sur les **bouleaux,** pour détruire la mineuse, assurez-vous que le printemps est assez avancé et que la sève circule dans les arbres. Cet insecticide est systémique, ce qui signifie qu'il pénètre dans la plante. Pour produire un effet maximal, il doit être véhiculé par la sève.

Surveillez les feuilles de vos arbres au fur et à mesure qu'elles grandissent. Si vous observez des malformations, des enroulements, des cloques, des cocons ou des taches de n'importe quelle couleur, apportez un échantillon à votre horticulteur pour une identification du **parasite.** On ne traite un problème que lorsque l'on connaît exactement ce à quoi on a affaire.

Soins particuliers

Les trois premières années suivant la plantation de n'importe quel arbre, on ne devrait **pas laisser le gazon pousser** à son pied afin de pouvoir lui prodiguer tous les soins voulus pour un début de croissance vigoureux.

Bien installés dans leur environnement, les **vinaigriers** produisent une foule de drageons qui peuvent coloniser rapidement de grands espaces. Quelques bons coups de bêche bien placés suffisent à contrôler les ardeurs de ces petits arbres.

Préparation du sol

Vous aimez les **caraganas,** pleureurs ou autres? Montrez-leur votre amour en les plantant dans un sol plutôt sablonneux, enrichi d'au moins deux sacs de compost ou de fumier par individu.

Pieris japonica

Caragana arborescens

Hydrangée, *Hydrangea arborescens*

Rhododendron

Azalée, Azalea 'Fire-Balls'

Raisin d'ours, *Gaultheria procumbens*

Bruyère, *Erica carnea*

Prunier pourpre,
Prunus cistena

Cornouiller, *Cornus alba* 'Elegantissima'

Avant de planter les arbustes qui poussent dans un sol acide, **hydrangée, rhododendron, azalée, lédon, pieris, andromède, bruyère, magnolia, raisin d'ours, thé des bois**, etc., suivez le même conseil que pour les arbres, à la p. 26.

Plantation et transplantation

Dès que la terre est égouttée, commencez à planter. Si vous achetez vos plants **à l'avance**, mettez-les à l'ombre et arrosez-les s'il ne pleut pas pendant 4 à 5 jours.

La technique de plantation des arbustes, y compris le bêchage, le dépotage et l'arrosage, est sensiblement la même que celle des arbres. Voir pp. 26-28.

Pour réussir

Lorsque le conteneur contient un **chevelu serré** de racines vigoureuses, avec les doigts, libérez les racines du fond en écartelant la motte, quitte à en casser quelques-unes. Ainsi démêlées, elles exploreront plus rapidement le sol.

On peut **changer de place** les petits arbustes avant le départ de la végétation ou à ses tout premiers débuts. Les arbustes feuillus gagnent à être taillés sévèrement au moment de la transplantation. En effet, puisqu'on a

réduit les racines on doit réduire proportion-
nellement la partie aérienne de l'arbuste, qui
repoussera aussitôt de plus belle pour recréer
l'équilibre entre la partie racines et la partie
feuillage. Faites une motte assez grosse et
arrosez abondamment après la transplantation.

Ne plantez jamais trop près les uns des
autres **cornouillers** et *Prunus cistena*. Le premier serait vite étouffé par le deuxième,
beaucoup plus vigoureux.

Multiplication

Avant la formation des feuilles, prélevez des
boutures de 10-15 cm sur les **cornouillers** ou
les **saules arbustifs**. Empotez-les à raison de
une par pot de 10 cm et placez le tout sous
abri de verre ou de plastique.

Dès le départ de la végétation, marcottez
les branches rampantes du **thé des bois.**

Prélevez de jeunes branches de 60 cm à
2 m sur n'importe quel **saule** et bouturez-les
dans l'eau d'un fossé, dans un seau ou même
dans un bassin. Quand les racines auront une
dizaine de centimètres de longueur et que de
jeunes feuilles s'épanouiront, empotez la
nouvelle plante. Au début de l'automne, vous
pourrez la planter en pleine terre.

Thé des bois, *Arctostaphylos urva-ursi*

Taille

Les arbustes que l'on taille sévèrement
chaque année consomment de grandes quantités de minéraux pour se refaire une ramure.
Nourrissez-les avec une couche de **compost**
de 2 à 3 cm d'épaisseur, sur un diamètre d'au
moins 1 m autour de la base. Incorporez
légèrement ce compost au sol avec une griffe
à trois dents.

Avant le départ de la végétation, réduisez
de moitié les branches de **chèvrefeuille** les
plus grosses, les plus longues, les plus vieilles.
Cette taille de rajeunissement partielle et
sélective permet aux arbustes de pousser
vigoureusement sans épuiser leur énergie,
sans perdre leur forme habituelle et sans
perdre leur floraison des 2 années suivantes.

Saule, *Salix purpurea* 'Pendula'

Taillez les arbustes à floraison estivale comme l'**hydrangée** et la **viorne**. La taille consiste à raccourcir les tiges de l'année précédente, mais aussi à éliminer les tiges âgées de plus de 5 ans.

La taille des **deutzias** et des **fusains** se limite à supprimer les vieilles tiges que l'on coupe à la jonction de jeunes tiges vigoureuses.

Pour rajeunir les plants de **cornouillers** et de **troènes** qui s'étirent et se dégarnissent, coupez à 40-50 cm du sol toutes les branches encore en bon état. Coupez les plus vieilles à ras.

Deutzia magnifica

Viorne, *Viburnum opulus*

Pour vous distinguer

C'est en pratiquant une taille sévère sur les **cornouillers** qu'on favorise la formation de nouvelles tiges dont on peut apprécier les couleurs vives en hiver.

Troène, *Ligustrum vulgare*

Taillez le ***Prunus cistena*** assez court. Attention cependant, les plants très développés ne doivent pas être raccourcis de plus du tiers par année. Mais on peut éliminer un certain nombre de branches qui s'entrecroisent ou qui poussent trop près les unes des autres.

La taille du **sureau** se pratique tôt au printemps. Pour garder aux arbustes des dimensions réduites, coupez les cinq tiges les plus vigoureuses à 20-30 cm de leur base tous les ans. Pour les laisser prendre de l'expansion tout en restant fournis, réduisez du tiers la croissance de l'année précédente. Éliminez les vieilles tiges au fur et à mesure.

Fusain, *Euonymus fortunei* 'Emerald Gaiety'

Sécateur en main, rendez une petite visite à votre **argousier** et à votre **shépherdie**. Supprimez les branches basses auxquelles les promeneurs, les enfants surtout, pourraient se blesser. Ces arbustes portent en effet des épines, peu nombreuses mais très pointues. Autre avantage de cette technique: ces deux grands arbustes, à la ramure voûtée quand les fruits sont mûrs, forment de magnifiques petits arbres en forme de grande tonnelle.

Si vous n'avez pas taillé vos **potentilles** en automne, supprimez chaque année les plus vieilles tiges sur un quart à un tiers de la touffe.

Les **érables du Japon** (zone 5) n'ont théoriquement pas besoin de taille, car leurs

---

Pour vous distinguer

Amusez-vous à **créer un petit arbre** avec un jeune arbuste vigoureux, genre sureau, lilas, prunier pourpre, argousier, etc. Taillez les tiges à moins de 20 cm du sol. Quand plusieurs nouvelles pousses auront atteint de 80 cm à 1 m de hauteur, sélectionnez la plus vigoureuse et la plus verticale et supprimez systématiquement les autres. Quand l'heureuse élue dépassera 1,50 m ou 1,75 m, coupez son bourgeon terminal pour qu'elle se ramifie. Il vous suffira ensuite de choisir trois à cinq des latérales les plus vigoureuses et les mieux placées et d'éliminer toute jeune pousse désireuse de s'installer sur le tronc de votre nouvel arbre.

Argousier, *Hipophæ rhamnoides*

Shépherdie, *Shepherdia argentea*

Potentille, *Potentilla fruticosa*

Érable du Japon, *Acer palmatum* 'Atropurpureum'

Caryopteris clandonensis 'Heavenly Blue'

Amorpha fruticosa

formes sont naturellement très élégantes. Le jardinier audacieux peut couper quelques branches bien choisies pour en accentuer la direction ou la courbure.

Pour stimuler la floraison des **caryoptéris** (zone 5), taillez les deux tiers de la longueur des tiges qui correspond à la croissance de l'année précédente. Profitez-en pour éliminer le bois mort et les tiges frêles qui se dirigent vers l'intérieur.

Après la floraison, taillez les branches d'**amorpha** qui ont fleuri. Laissez 2-3 cm à la base pour favoriser la formation de nouvelles tiges.

Floraison

Si vous souhaitez que vos arbustes à fleurs grandissent rapidement, n'hésitez pas, même si ça vous fait mal au cœur, à supprimer tous les **bourgeons à fleurs** dès leur formation, pendant au moins 2 années consécutives. Si, en plus, ils sont plantés dans une terre riche en compost ou en fumier, l'espace que vous vouliez garnir sera vite rempli.

Hivernation

Enlevez les **protections** hivernales dès que la neige a fondu.

Soins particuliers

Pour goûter à l'avance le parfum du printemps, prélevez des branches florifères d'**amandier**, de **forsythia**, de **pommetier**, de **lilas** et de **spirée blanche**. Laissez-les sur le comptoir pendant 1 heure ou 2 pour les faire dégeler, puis trempez-les dans un vase rempli d'eau tiède. Placez le tout près d'une fenêtre ensoleillée. Changez l'eau tous les 2 ou 3 jours et recoupez la base des branches en biseau chaque fois. La floraison devrait apparaître 3 à 4 semaines plus tard.

Amandier, *Prunus triloba*

Forsythia ovata

Lilas,
Syringa vulgaris sp

Spirée blanche,
Spiræa vanhouttei

BULBES

1- ANNUELS

Choix des bulbes

Procurez-vous les bulbes annuels dès qu'ils arrivent dans les commerces horticoles. Choisissez **les plus gros** et vérifiez qu'ils ne sont pas abîmés ou atteints de maladies.

Essayez des espèces qui sortent un peu de l'ordinaire comme l'**ornithogale** et l'**ixia**.

Dès que possible, **sortez de leur trou** les bulbes que vous avez mis en repos, en automne, dans une plate-bande sablonneuse. Vérifiez qu'ils ont bien passé l'hiver et placez-les dans des sacs de papier brun en attendant de les planter.

Culture à l'intérieur

Commencez à l'intérieur la culture des **bégonias** tubéreux, des **cannas** et des **dahlias,** au moins 40 jours avant leur sortie au jardin.

Si vous prenez soin de mettre les pots contenant des bulbes de **dahlias** et de **bégonias** dans des plateaux de plastique, vous pouvez les sortir pendant la journée s'il fait beau. Mais, à cause des risques de gel, rentrez-les la nuit.

Préparation du sol

Là où vous planterez des bulbes annuels, incorporez à la terre deux ou trois sacs de **fumier,** ou une demi-brouette, par mètre carré. Ils sont très gourmands.

Plantation et transplantation

Une fois que vous avez divisé les **dahlias,** les **cannas** et les **callas** *(Zantedeschia),* plantez chaque section dans des pots de 20 cm de diamètre, contenant une terre légère et riche ainsi que trois ou quatre poignées de vermiculite.

Begonia tuberosa

Canna (hybride)

Dahlia cactus (hybride)

Calla, Zantedeschia œthiopica

Claude Fournier, sacristain à Saint-Jean-Port-Joli, forme avec sa femme un couple de jardiniers passionnés. Voici comment ils commencent leur culture de 100 **bégonias tubéreux** dans leur sous-sol.

- Laissez tremper les tubercules pendant 2 jours dans une solution mixte de fongicide et d'engrais transplanteur. Le premier sert à éliminer les risques de pourriture et le second à stimuler la formation des racines.
- Empotez les tubercules dans une terre légère et riche, les plus petits en pots de 10 cm, les plus gros en pots de 15 cm. Recouvrez-les d'environ 2 cm de terre pour qu'ils ne se dessèchent pas au cas où vous les auriez plantés la tête en bas.
- Au bout d'un mois, vérifiez que tout va bien. Si les tubercules sont à l'endroit, les tiges devraient pointer le bout du nez puisqu'elles sortent avant les racines. Si vous ne voyez rien venir, creusez un peu et allez voir de l'autre côté des tubercules si les tiges ne sont pas en train de contourner ceux-ci dans la terre pour rejoindre la lumière. Dans ce cas, remettez le tubercule dans le bon sens.
- Quand les tiges sortent, Claude Fournier monte tous ses pots à l'étage près des fenêtres et des fluorescents.

Multiplication

Sortez les tubercules de **cannas** et de **dahlias** et divisez-les. Chaque section des premiers doit comporter une racine et un bourgeon; chaque section des seconds, une racine et une portion de tige.

Lis, *Lilium* 'Enchantment'

2- VIVACES

Plantation

Tôt en saison, allez chez votre fournisseur et choisissez les plus beaux bulbes de **lis**. Plantez-les à 15–20 cm de profondeur et autant d'intervalle. Arrosez et recouvrez le sol d'un paillis.

Naturalisation

Si des crocus, des muscaris ou des narcisses sont plantés **dans la pelouse,** ne tondez pas trop rapidement les feuilles, qui ont besoin de rester vivantes pendant plusieurs semaines pour fabriquer les réserves qui permettront aux bulbes de refleurir l'année prochaine. Attendez d'avoir tondu la pelouse au moins trois à cinq fois avant de passer la tondeuse sur les feuilles des plantes bulbeuses.

Crocus

Narcisse, *Narcissus* 'Lingerie'

Muscari armeniacum

Multiplication

Ail décoratif, *Allium giganteum*

Dès que l'**ail décoratif** pointe ses feuilles hors de terre, vous pouvez diviser la souche si elle est très dense. Attention cependant de ne pas détruire les racines et de faire l'opération rapidement, sinon la floraison de l'année risque de ne pas avoir lieu.

Pour vous faciliter la tâche

Si la division de souche vous paraît risquée pour l'**ail décoratif**, pour une raison ou pour une autre, ou si vous avez peur qu'il ne fleurisse pas cette année, choisissez une autre méthode: quand les feuilles auront jauni, extrayez les bulbes et replantez-les dans une terre fraîchement bêchée.

Floraison

Pour faire durer la floraison des **bulbes** que vous avez **forcés,** réduisez la température nocturne ambiante, placez les pots par terre (où il fait plus frais) ou déposez-les carrément sur une étagère du réfrigérateur. Coupez les fleurs fanées.

Soins particuliers

Si les plantations de bulbes vivaces sont recouvertes d'un **paillis,** écartez légèrement celui-ci pour vérifier si la croissance est commencée. Si c'est le cas, assurez-vous que le paillis n'est pas trop compact et peut être facilement traversé par les jeunes pousses. En cas de besoin, assouplissez-le en le remuant avec les doigts.

Pour **camoufler le feuillage** jaunissant des bulbes, plantez des vivaces comme celles-ci: achillée, ancolie, armoise, campanule, hosta, lysimaque, œillet, œnothère, trolle, véronique.

Préparation du sol

Les conifères consomment beaucoup d'eau pour alimenter leur feuillage persistant. Il leur faut donc un **sol consistant,** mais léger et bien drainé. Une bonne dose de compost les aide énormément dans tous les sols. Dans les sols sablonneux, ajoutez de la vermiculite, qui absorbe sept fois son volume d'eau. Pour donner encore plus de vigueur à votre nouvelle plantation et acidifier la terre, mélangez au sol une demi-brouette de tourbe de sphaigne par mètre carré.

Plantation et transplantation

Dès que la terre est égouttée, vous pouvez commencer à planter. Si vous achetez vos plants **à l'avance,** mettez-les à l'ombre et arrosez-les s'il ne pleut pas pendant 4 à 5 jours.

Cryptomère, *Cryptomeria japonica* 'Spiralis'

Les **faux-cyprès,** les **thuyopsis** et les **cryptomères** ne conviennent qu'aux zones 4b et 5, et encore, dans les endroits protégés du vent. Il est possible de les faire pousser dans les autres régions à condition d'aménager des jardins très protégés où règne un microclimat propice à leur culture.

La technique de plantation et de transplantation des conifères est sensiblement la même que celle des arbres. Voir pp. 26-28.

Le plus tôt possible au printemps, dès que la terre ne colle plus aux outils, on peut **changer de place** les petits conifères qui pourront ainsi reprendre leur croissance avant que la végétation soit en plein développement. Transplantez une motte assez grosse et arrosez abondamment une fois l'opération terminée.

Après la plantation, les conifères ont besoin d'au moins **5 à 10 litres d'eau** chacun.

Faux-cyprès, *Chamæcyparis pisifera* 'Lemon Thread'

Taille

La **taille d'entretien** des conifères se pratique à la fin du Printemps Deux ou au début de l'Été.

Épinette, *Picea mariana* 'Globosa'

Sapin, *Abies lasiocarpa* 'Compacta'

Genévrier, *Juniperus rigida*

Quand le bourgeon terminal d'une **épinette** ou d'un **sapin** se casse, recoupez la tête en faisant une plaie franche. Lorsque des pousses latérales apparaissent à l'extrémité, choisissez la plus vigoureuse et supprimez toutes celles qui pourraient la concurrencer. Elle servira à remplacer la flèche de l'arbre.

Si vous aimez les conifères au **tronc apparent** ou si vous souhaitez créer une plate-bande à leur pied, taillez tout de suite les branches de la base sur une hauteur esthétiquement proportionnelle à la hauteur de l'arbre.

Si vous possédez un **genévrier** évasé très large, presque arrivé à maturité, et s'il atteint 1,5-2 m de hauteur, vous pouvez lui donner une **nouvelle apparence** en taillant toutes les tiges de la base jusqu'à 1 m de hauteur et aménager une plate-bande autour du tronc. Les espèces choisies pour vivre à ses pieds devront être capables de tolérer un peu d'ombre et une terre acide.

Les **cryptomères** sortent presque toujours de l'hiver avec quelques jeunes tiges complètement séchées. Coupez-les à ras quand elles sont brunes.

La taille du **sciadopitys,** le pin japonais, se limite à éliminer la moins bien développée quand deux flèches cherchent à dominer l'arbre.

Sciadopytis verticillata

45

If, *Taxus cuspidata* 'Capitata'

Hivernation

Enlevez les **protections** hivernales dès que la neige est fondue.

Au sortir de l'hiver, taillez les jeunes pousses d'**ifs** qui ont gelé.

Multiplication

La meilleure façon de multiplier les conifères est par **semis**. Cette opération peut être effectuée en automne ou tôt au printemps. La récolte des cônes et des graines devrait avoir lieu en automne pour éviter que les graines ne se dispersent pendant l'hiver.

Le **bouturage** est souvent pratiqué par les producteurs, mais il nécessite l'utilisation d'une serre ou d'un abri où les conditions de culture sont facilement contrôlables.

Vous pouvez pratiquer le **marcottage** sur les espèces rampantes dès que la terre est égouttée.

Fertilisation

La croissance annuelle des conifères se passe au printemps. S'il est dans vos intentions de la stimuler, appliquez les **engrais granulaires** dès que la terre est égouttée. De plus, par temps tiède ou chaud, dès que le feuillage commence à prendre ses plus vibrantes couleurs, vous pouvez le vaporiser avec un engrais soluble à haute teneur en azote.

Soins particuliers

La croissance des conifères commence très tôt au printemps. Dès qu'elle est entamée et que le feuillage s'est assoupli, aspergez les plants avec de l'eau du robinet pour les **laver** des accumulations de sel et de poussières hivernales.

FINES HERBES

Préparation du sol

Les fines herbes sont cultivées pour leur **feuillage** avant tout. Il faut donc que la terre contienne les éléments nécessaires à une croissance vigoureuse, comme du vieux fumier ou du compost.

Semis

Dès que la terre peut être travaillée sans coller aux outils, semez directement à l'extérieur toutes les espèces **annuelles**: persil, aneth, basilic, bourrache, cerfeuil, coriandre, origan, sarriette. Vous obtiendrez des résultats très rapidement.

Ciboulette

Vous pouvez faire de même avec les espèces **vivaces**: ciboulette, estragon, menthe, marjolaine et thym, mais vous pourrez en consommer plus tôt en les achetant en pots.

Avant de semer le **persil**, faites tremper les graines dans l'eau pendant 24 heures.

Plantation et transplantation

Vous pourrez planter les espèces **vivaces** en toute sécurité 2 ou 3 semaines avant le début du Printemps Deux.

Multiplication

Si vos plants de **ciboulette** ont plus de trois ans, arrachez-les, découpez-les en petites touffes et replantez celles-ci au jardin dans une terre enrichie de compost. Coupez les feuilles du tiers et les racines de moitié avant la plantation. Vous pouvez planter de jeunes touffes au pied des rosiers et d'autres dans des pots que vous cultiverez dans un endroit protégé pendant l'été et que vous rentrerez ensuite dans la maison à l'automne.

Taille

Avant de planter les espèces qui se ramifient facilement, basilic, estragon, origan et marjolaine surtout, coupez-leur la tête à 5-7 cm du sol.

Persil

Basilic

Marjolaine

Thym

PLANTES FRUITIÈRES

Préparation du sol

L'image est insolite, mais il est abondamment prouvé que c'est dans une terre grassement enrichie de fumier que l'on produit les **fraises** les plus savoureuses. Si vous n'avez pas de fumier bien décomposé sous la main, remplacez-le par du compost auquel vous aurez mélangé une poignée d'os fossile moulu par plant.

Fraise   Bleuet

Groseille

Framboise

Si vous plantez des **bleuets**, n'oubliez pas qu'ils ont besoin d'une terre acide. Mélangez donc à la terre, pour chaque plant, deux pelletées de tourbe de sphaigne et deux autres de compost.

Plantation et transplantation

Vous trouverez les conseils portant sur le choix des variétés dans le chapitre *Plantes fruitières* du Printemps Deux.

Vous pouvez commencer à planter dès que la terre est égouttée. Si vous achetez vos plantes **à l'avance**, mettez-les à l'ombre et arrosez-les s'il ne pleut pas pendant 4 à 5 jours.

Si vous désirez planter des **fraisiers** et des **framboisiers**, assurez-vous que les plants vendus par le commerce horticole de votre voisinage sont certifiés exempts de virus et inspectés.

Plantez les **framboisiers** tôt en raccourcissant les tiges à 20-30 cm du sol. Apportez une bonne dose de fumier ou de compost à la plantation.

Si vos **fraisiers** sont à la même place depuis au moins 3 ans, replantez-les dans une terre fraîchement bêchée et enrichie de fumier ou de compost.

Il est préférable de planter les **groseilliers** et les **cassissiers** le plus tôt possible. Choisissez leur emplacement et, dès que la terre le permet, bêchez et apportez une bonne dose de matière organique.

Passez en revue le **tronc** des arbres fruitiers avant d'en acheter. Il doit être exempt de blessures. Assurez-vous qu'il ne pousse aucune branche à la base, sous le point renflé de la greffe. Ce serait le signe que la greffe a été mal faite et que la vie de l'arbre sera perturbée.

Taille

On taille les **arbres fruitiers** avant la sortie des fleurs pour éviter de détruire celles-ci en manipulant les branches.

Tous les **arbres fruitiers** sauf le cerisier ont besoin d'une taille chaque année. Éliminez les tiges les plus vigoureuses. Profitez-en pour arquer les jeunes tiges, car c'est de cette façon qu'on favorise la formation de bourgeons à fruits pour les années suivantes.

Raisin

Sur les **pommiers**, les **poiriers** et les **pruniers**, raccourcissez les tiges latérales d'environ un tiers de la longueur qui correspond à la croissance de l'année précédente. Taillez au-dessus d'un bourgeon dirigé vers l'extérieur. Supprimez les tiges qui montent vigoureusement à la verticale et celles qui se dirigent vers l'intérieur de l'arbre. Éliminez les gourmands qui ont poussé à la base du tronc.

La taille de la **vigne** doit s'effectuer avant la reprise de la végétation, avant même que la sève ne commence à couler car lorsqu'elle coule, ce sont de véritables torrents qui peuvent s'échapper d'un plant en bonne condition. Pour pouvoir produire abondamment, les petits plants de vigne doivent être taillés sévèrement.

Poire

Taillez les **bleuets**, les **groseilliers** et les

Pomme

Prune

49

Mûre

cassissiers en éliminant les branches faibles et celles de plus de 3 ans.

La taille des **mûriers** et celle des **framboisiers** se ressemblent à plus d'un titre:

- Coupez à ras les tiges de plus de 2 ans du premier et les tiges qui ont fleuri du deuxième.
- Ne gardez pas plus de 5 tiges vigoureuses et saines sur chaque plant de mûrier, 10 sur chaque plant de framboisier.

Floraison

Si les arbres, arbustes ou vivaces fruitiers que vous venez d'acheter portent des **fleurs,** enlevez-les. Ils devront concentrer leur énergie sur l'établissement des racines, pas sur la formation de fruits.

En théorie, vous ne devriez laisser **aucun fruit** parvenir à maturité pendant les deux premières années de la vie d'un arbre fruitier. Par contre, les espèces à petits fruits peuvent entrer en production aussitôt qu'ils sont prêts.

Fertilisation

Dès que le sol est égoutté, saupoudrez un peu de poudre d'os au pied de vos **fraisiers.**

Si vous voulez fertiliser les **bleuettiers,** les **cassissiers,** les **framboisiers,** les **groseilliers**

et les **mûriers,** épandez en milieu de saison, sur un diamètre de 50-70 cm autour des plants, un engrais granulaire de formule égale ou équivalente à 7-7-7.

Insectes et maladies

Pendant que les arbres fruitiers sont encore à l'état dormant, c'est-à-dire avant que n'éclatent les bourgeons, il est temps d'appliquer des **traitements à base d'huiles de dormance** pour lutter contre les insectes. Consultez votre centre horticole pour de plus amples renseignements.

Avant de planter des **pommiers,** il faut faire un choix: ou bien cultiver des variétés traditionnelles, sensibles aux maladies, ou bien cultiver des variétés nouvelles, dont les fruits sont peut-être moins succulents ou de conservation plus courte, mais qui sont peu ou pas atteintes par les maladies, comme *Trent, Priam* ou *Macfree.*

Soins particuliers

Nettoyez les plants de **fraisiers** bien établis en éliminant les feuilles mortes. Faites attention de ne pas briser les jeunes pousses qui sortent de terre au milieu du plant. Dès que la terre est débarrassée de l'eau de la fonte des neiges, étendez autour des plants une bonne épaisseur de paille ou de gazon séché. Cette précaution a pour but de réduire les travaux de désherbage et de garder autour des racines l'humidité dont les fraisiers sont très gourmands.

Au pied des arbres fruitiers, ne laissez pas pousser la pelouse à moins de 1 m du tronc, au moins pendant les 5 premières années. Pour une récolte abondante, la concurrence entre la pelouse et les racines des arbres doit être réduite au strict minimum.

PLANTES GRIMPANTES

1- ANNUELLES

Préparation du sol

Pour le démarrage à l'intérieur de ces plantes aux performances éblouissantes que sont les grimpantes annuelles, essayez le **mélange de terre** suivant: un tiers de compost ou de vieux fumier, un tiers de terre sablonneuse et un tiers de vermiculite.

Semis

En toute fin de saison, près d'une fenêtre ensoleillée, semez à l'intérieur les **pois de senteur, cardinal grimpant, cobée, gloire du matin** et **haricot d'Espagne** à raison d'une graine par pot de 10 cm. Faites tremper les graines pendant la nuit précédant le semis. Au moment de la transplantation, soit au jardin, soit dans un pot de 30 cm pour la culture au balcon, vous prendrez garde de ne pas briser la motte.

Taille

Une fois que les plants cultivés à l'intérieur ont atteint 20 cm de longueur, coupez-leur la tête pour qu'ils se **ramifient**.

Soins particuliers

Pour éviter le fouillis dans votre culture intérieure, munissez chaque pot d'un **tuteur** fin en bambou. Attachez les volubiles au fur et à mesure qu'elles poussent.

Pois de senteur, *Lathyrus*

Cardinal grimpant,
Ipomea quamoclit

Cobée, *Cobea scandens*

Gloire du matin, *Convolvulus*

Haricot d'Espagne, *Phasæolus multiflorus*

2- VIVACES

Préparation du sol

Dès que possible, **bêchez profondément** la terre qui recevra les grimpantes vivaces et enfouissez trois pelletées de matière organique par plant. Elles en ont terriblement besoin pour alimenter leurs interminables tiges jusque dans leurs extrémités, généralement fleuries.

Plantation et transplantation

Dès que la terre est égouttée, vous pouvez commencer à planter. Si vous achetez vos plantes **à l'avance**, mettez-les à l'ombre et arrosez-les s'il ne pleut pas pendant 4 à 5 jours.

Pour aider les espèces qui s'accrochent toutes seules (**bignone, vigne vierge, hydrangée**) à s'agripper, orientez leur tige principale vers la surface verticale en l'attachant à un tuteur planté obliquement.

Le **bourreau des arbres** est d'une phénoménale vigueur. Installez chaque plant dans un terrain qui aura été bêché sur au moins 3 m^2.

Bignone,
Campsis grandiflora

Vigne vierge,
Parthenocissus quinquefolia 'Engelmannii'

Bourreau des arbres,
Celastrus scandens

Multiplication

Pratiquez le **marcottage** sur les jeunes tiges de vos plantes grimpantes aussitôt que la terre le permet et que vous apercevez les premières feuilles vertes. Les résultats sont rapides et vous pouvez ainsi produire toutes les plantes nécessaires pour couvrir rapidement vos murs et vos clôtures.

Bouturez les racines du **bourreau des arbres** en prélevant des sections de 20 cm de longueur.

Divisez les touffes de **houblon** quand la plante devient envahissante.

Le **ménisperme** produit des drageons qui naissent sur ses racines. Les déterrer est une façon simple d'agrandir la plantation.

Ménisperme,
Menispermum canadense

Taille

La taille des **chèvrefeuilles,** des **vignes vierges** et des **hydrangées** se limite à supprimer les vieilles branches et, sur les plus jeunes, à raccourcir les tiges latérales à une dizaine de centimètres. Ne décrochez pas les branches qui sont déjà bien accrochées.

Taillez de la même façon les **clématites** à floraison estivale ou automnale, à l'exception des variétés à petites fleurs, qu'on laisse telles quelles. Les 'Jackmannii' sont raccourcies, avant le départ de la végétation, à quelques centimètres du sol.

Sur les **bignones** *(Campsis)*, taillez les tiges secondaires à 8-10 cm de leur base et supprimez les vieilles branches.

Vigne vierge,
Parthenocissus tricuspidata

Chèvrefeuille, *Lonicera heckrotti* 'Gold Flame'

Clématite,
Clematis 'Jackmannii'

Si le **bourreau des arbres** envahit les fils de téléphone, les poteaux d'électricité, les gouttières et même vos plus beaux arbres, donnez-lui quelques coups de sécateur bien placés et dirigez-le vers une clôture ou un arbre mort. Supprimez les tiges mortes et celles qui dépérissent.

Aristoloche, *Aristolochia macrophylla*

Kiwi ornemental, *Actinidia kolomikta*

Raccourcissez les tiges les plus longues du **ménisperme** et du **houblon** du quart de leur longueur.

Sur le **kiwi ornemental** *(Actinidia)*, supprimez les vieilles branches et celles qui sont faibles. Éliminez celles qui risquent de nuire.

La seule taille nécessaire sur l'**aristoloche** consiste à couper court les branches qui sortent de l'espace qui a été alloué à la plante.

Fertilisation

Pour stimuler la croissance et la floraison des plantes de plus de 2 ans, apportez une mince couche de **compost** à leur pied chaque année.

Soins particuliers

Aussitôt que la terre est égouttée, étendez un paillis au pied des **clématites** ou encore plantez-y une vivace couvre-sol, pour garder leurs racines au frais. N'oubliez pas de désherber au préalable.

Clématite,
Clematis orientalis 'Brelmackenzie'

HAIES

Préparation du sol

En général, le jardinier attend des haies une performance de tous les instants. Il est donc essentiel de leur préparer un terrain propice à satisfaire ces attentes. **Bêchez** la terre profondément et sur au moins 60 cm de largeur. Incorporez au sol une demi-brouette de **compost** ou de fumier par mètre linéaire. Dans un sol argileux, ajoutez une quantité semblable de perlite. Dans un sol sablonneux, faites de même avec de la vermiculite. Dans le cas des haies de conifères, additionnez au mélange une pelletée de tourbe de sphaigne.

Plantation et transplantation

Attendez que le sol soit bien égoutté avant de planter.

Pour en savoir plus sur les techniques de plantation, voir les conseils donnés pour les arbres, de la p. 26 à la p. 28, et pour les arbustes, aux pp. 35-36.

Si vous avez l'intention de planter une haie servant de barrière contre les importuns, pensez aux **rosiers rustiques**, aux **berbéris,** aux **pyracanthas** et aux **acanthopanax,** tous munis d'épines belliqueuses.

Rosier rustique, *Rosa rugosa*

Berberis thunbergii 'Arlequin'

Acanthopanax aureo-marginatus

Pyracantha coccinea

Taille

Pratiquez la **taille d'entretien** sur les arbustes à floraison estivale et sur ceux qui sont utilisés uniquement pour leur feuillage. Coupez les vieilles branches à la base, éliminez les tiges minces et frêles. Débarrassez-vous des branches mortes, et réduisez du quart de leur longueur les branches restantes.

La **taille de rajeunissement** doit être pratiquée sur les arbustes qui ont été mal entretenus pendant plusieurs années, qui portent — ou ont porté — des maladies ou des insectes, qui ont dépassé les dimensions prévues ou qui sont bourrés de vieux bois. Après une taille d'entretien soignée, coupez simplement les branches restantes à 20-30 cm du sol.

Après une **taille sévère de rajeunissement** des haies de feuillus, couvrez le sol d'une bonne couche de compost et arrosez copieusement.

Pour réduire l'entretien annuel

Pour redonner de la vigueur aux vieilles haies que l'on n'a pas nourries de compost en surface tous les ans, l'engrais et la taille de rajeunissement ne suffisent pas très longtemps. Vous avez donc le choix entre les refaire complètement ou remplir d'un mélange énergisant (compost et tourbe de sphaigne) deux petites tranchées de 20 cm de largeur et autant de profondeur, que vous aurez creusées, à environ 60 cm de chaque côté de la base des plants.

Fertilisation

Il est conseillé d'épandre au pied des vieilles haies quelques poignées d'**engrais** granulaire à haute teneur en azote. Un engrais à pelouse pourra faire l'affaire s'il ne contient pas d'herbicide.

Insectes et maladies

Le **vieux bois** des haies est un lieu de prédilection pour les insectes et les maladies. Il est essentiel d'enlever régulièrement les vieilles branches, de préférence tous les ans. Les vieilles haies de feuillus devraient être rajeunies par une taille sévère à 20-30 cm du sol. On en profite pour enlever les branches les plus vieilles et garder les nouvelles.

Mise en garde

Les haies de **groseillier ornemental** abondent dans les jardins du Québec et pourtant elles sont toujours malades, ravagées par l'oïdium, appelé le «blanc», dont il est très difficile de se débarrasser. Cette maladie se développe d'autant plus facilement que les tailles sont fréquentes.

Hivernation

Dès que possible, après la fonte des neiges, enlevez la **protection** hivernale des haies.

Soins particuliers

Lavez à l'eau claire les haies qui sont placées près des rues. Elles ont reçu pendant l'hiver beaucoup de sel et de déchets qui peuvent nuire à leur croissance.

Préparation du sol

Pour bêcher en profondeur la terre des plates-bandes ou des potagers, il faut absolument attendre que **l'eau de la fonte des neiges** soit disparue et que le sol ait commencé à sécher. On enfouit de la matière organique (compost, fumier, tourbe de sphaigne, etc.) par la même occasion. Dans les terres sablonneuses, on ajoute de la vermiculite pour augmenter leur capacité de retenir l'eau.

Une terre sablonneuse peut être **travaillée plus tôt** qu'une terre lourde parce qu'elle contient moins d'eau. Par contre, en été, elle sèche plus vite. En plus de l'améliorer pour la rendre capable de retenir plus d'eau (tourbe de sphaigne, vermiculite, compost, argile), choisissez les fleurs et les légumes qui s'adaptent le mieux à ce genre de situation.

Une **terre noire** se réchauffe rapidement au printemps et se prête donc, plus tôt que les autres, à la croissance active. Noircissez la vôtre avec du compost ou une toile géotextile noire.

Si vous achetez de la **terre noire, sablonneuse ou non,** ne l'utilisez pas telle quelle. Elle doit entrer pour un maximum de 50 p. 100 dans la composition de la terre que vous étendrez au pied des plantes. Le mieux est d'acheter de la terre à jardin déjà préparée.

Dans les plates-bandes qui vont recevoir des arbustes, des vivaces, des asperges ou de la rhubarbe, il est conseillé de **bêcher à double profondeur,** soit environ 50-60 cm, pour ameublir la terre et favoriser la croissance des racines.

Quand on parle d'enfouir du fumier, on parle évidemment de **fumier décomposé.** Pas de fumier frais. La fermentation de ce dernier peut tuer les plantes et, de toute façon, les éléments nutritifs qu'il contient ne peuvent être libérés tant que la décomposition n'est pas terminée.

Semis

Tous vos semis printaniers peuvent être faits dans des plateaux à semis, des caissettes de styromousse ou des pots de 10 cm, mais si vous êtes assez minutieux pour ne pas arracher les jeunes plants de leur substrat, vous pouvez les pratiquer directement dans une plate-bande légèrement ombragée.

Plantation et transplantation

La terre contenue dans les grands **bacs à fleurs** devrait théoriquement être changée tous les 2 ou 3 ans. On n'est pas obligé de tout changer en même temps. On peut procéder par étapes et mélanger un peu de l'ancienne terre avec un peu de nouvelle ou avec du compost dans une proportion de 20 p. 100 du volume total de terre. Dans le cas de bacs contenant arbres, arbustes ou vivaces, enlevez les plantes le plus tôt possible au printemps, avant le départ de la végétation, et utilisez les mêmes techniques que si vous les changiez de place, tout simplement.

Repiquage

Désherbage

Jusqu'au moment d'effectuer les semis et les plantations du Printemps Deux, passez le **râteau** et le **croc** sur la terre une fois par semaine pour déloger graines et racines de mauvaises herbes qui pourraient vous faire la vie dure au cours de l'été.

Le **chiendent** est un des pires ennemis du jardinier. Pour s'en débarrasser, on bêche la terre ou on la remue souvent en prenant soin d'éliminer les tiges souterraines grosses comme une ficelle, beiges et poilues. Chaque portion de tige laissée dans la terre peut donner un nouveau plant.

Éliminez le chiendent avant de planter quoi que ce soit.

Environ une fois par année, **taillez le pourtour** des plates-bandes pour éviter leur invasion par les herbes de la pelouse. Tranchez obliquement avec une bêche et laissez une légère tranchée entre la pelouse et la terre de la plate-bande.

Pour vous faciliter la tâche

Pour empêcher définitivement grandes plates-bandes et grands massifs de se faire envahir par les herbes de la pelouse, éliminez toute végétation sur une largeur d'environ 20 cm entre la surface gazonnée et la surface cultivée. La première année, vous pouvez enduire l'herbe d'un herbicide sans résidu. Les années subséquentes, il vous suffira de gratter un peu la zone tampon avec un outil pour décourager les intrus.

Insectes et maladies

Les jeunes plantes sont parfois attaquées par les limaces, mais les insectes qui produisent les plus grands dégâts sont les **vers blancs** et les **vers gris,** lorsque la terre en est infestée. Débarrassez-vous-en au moment du bêchage et en travaillant la terre régulièrement entre les rangs.

Arrosage

Semis et plantations ne sont pas bien faits s'ils ne sont pas suivis d'un arrosage copieux... **même s'il pleut.**

Fertilisation

Si vous mettez de l'engrais sur une plate-bande, sur la pelouse ou n'importe où, faites-le de préférence **juste avant la pluie.**

Taille

Deux principes importants:

- Plus une tige ou une branche prend naissance près des racines, **plus elle est vigoureuse.** Plus elle est vigoureuse, plus elle est grosse. Plus elle est grosse et plus, quand on la taille, on la laisse longue pour éloigner son extrémité des racines. À l'inverse, on taille très court les branches faibles que l'on veut garder, pour rapprocher les bourgeons des racines et en accroître la vigueur.

- Plus vous taillez court un arbre ou un arbuste et plus il va produire, théoriquement, de **nouvelles pousses** vigoureuses, non seulement parce qu'elles émergeront près des racines mais parce que la plante, qui a encore toutes ses racines, cherchera à rééquilibrer rapidement le volume de la ramure dont on l'a privée. Cette taille de pseudo-rajeunissement ne peut pas s'appliquer sans risque sur de vieilles branches.

Si le printemps est sec, arrosez vos bulbes.

Pour vous faciliter la tâche

Si vous aménagez une plate-bande sous des arbres feuillus et si vous jugez que l'ombre est trop dense pour satisfaire les espèces qui vous intéressent, faites émonder les branches les plus basses pour que la ramure ne commence qu'à 3-4 m de hauteur. Profitez de la présence d'émondeurs compétents pour effectuer un éclaircissage à l'intérieur des arbres ainsi qu'un nettoyage des branches mortes, endommagées, dépérissantes, mal placées, etc. En plus de faciliter le passage de la lumière, cette opération facilite aussi la pénétration de l'eau de pluie, toujours un peu rare sous les arbres et vite absorbée par leurs racines.

Compostage

Préparez l'emplacement du **tas de compost** ou du composteur dès que vous commencez à récolter des déchets végétaux (pelouse séchée ou résidu de taille), que vous jetterez directement sur le compost.

Vous trouverez un petit guide de la **fabrication** du compost dans le chapitre *Jardinage général* de l'Hiver.

Protections

Si vous cultivez une terre plutôt sablonneuse et légère, recouvrez le sol d'un bon **paillis** dès que la plantation est terminée, pour limiter l'évaporation.

Un paillis de qualité et pas cher se trouve dans votre jardin en quantité abondante: c'est le **gazon séché**. Il n'est toutefois pas très esthétique.

Si les **écureuils** ont la mauvaise habitude de ravager vos plates-bandes, ne les encouragez pas en y mettant de la poudre d'os. Choisissez plutôt l'os fossile, qui ne sent rien. Pour éloigner radicalement ces intrus, recouvrez vos plates-bandes d'une mince couche de sang séché. Vous trouverez cet engrais organique dans les centres-jardin.

Protégez vos bulbes de tulipes ('Queen of Shiba') contre les écureuils gourmands.

LÉGUMES

Préparation du sol

Si vous voulez installer de nouveaux plants d'**asperges** ce printemps et si vous n'avez pas préparé le sol à l'automne, vous pouvez le faire dès maintenant en apportant au moins deux sacs de vieux fumier par mètre carré de culture.

Dès que la terre le permet, défaites les buttes des **asperges** et grattez le sol tout autour du plant pour l'ameublir et empêcher la germination des graines de mauvaises herbes.

Les légumes qui conviennent le mieux aux **terres sablonneuses** sont l'asperge, la pomme de terre, le topinambour, l'ail, l'oignon et, jusqu'à un certain point, tous les légumes-racines.

Pomme de terre

Topinambour

Pour qu'on puisse y cultiver les **topinambours** et les **pommes de terre**, la terre n'a pas besoin d'être très riche, mais une demi-brouette de compost par mètre carré vous garantira une belle récolte.

Mise en garde

Pas d'ail ni d'oignon dans une terre tout juste enrichie de fumier ou de compost. Pour ne pas avoir à préparer un coin spécial pour ces deux légumes, prévoyez de les planter à l'endroit où, l'année dernière, vous avez cultivé laitues, choux, concombres, courges, tomates, etc. En effet, ces légumes devraient avoir reçu une bonne dose de matière organique, qui aura eu le temps de se décomposer avant l'arrivée des autres.

Semis

Les **carottes** résistent bien au froid. Semez-les tôt, dès que la terre est asséchée. Au moment du semis, mélangez les graines de carottes avec des graines de radis. Les radis germent rapidement et permettent de repérer l'emplacement des rangs. De plus, l'odeur du radis éloigne l'araignée, ennemie de la carotte.

Semez **laitues, carottes et betteraves** aussitôt que possible. S'il vous manque de la place au potager, n'ayez pas peur d'en semer en bordure de vos plates-bandes de vivaces, d'annuelles ou d'arbustes. Choisissez quand même l'endroit pour que le feuillage de ces légumes produise le meilleur effet. Rappelez-vous que les laitues se consomment rapidement tandis que carottes et betteraves restent en place jusqu'en automne.

Ail

Oignon

Chou-fleur

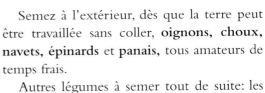

Semez à l'extérieur, dès que la terre peut être travaillée sans coller, **oignons, choux, navets, épinards** et **panais,** tous amateurs de temps frais.

Autres légumes à semer tout de suite: les **gourganes.** Le sol doit être humide mais pas trempé. N'arrosez pas après le semis pour éviter les risques de pourriture.

Le **petit pois** aussi préfère pousser quand les températures sont fraîches, mais vous pouvez attendre encore un peu que la terre soit réchauffée.

Deux à trois semaines avant le début du Printemps Deux, semez en rangs les **bettes à carde et les betteraves,** à 2 cm de profondeur et 15-20 cm d'intervalle.

Plantation et transplantation

Dans une terre bien égouttée, plantez de l'**ail** à 5 cm de profondeur si vous ne l'avez pas fait

62

Petit pois

Betterave

Rhubarbe

l'automne dernier. Plantez aussi des tubercules de **topinambour** que vous avez conservés en chambre froide, à 10 cm de profondeur et 40 cm d'intervalle.

Plantez les **pommes de terre** aussitôt que la terre est prête, dans une terre sablonneuse de préférence. Coupez les gros tubercules en deux et, avant de les déposer dans le trou, étendez-y une mince couche de cendre de bois riche en potassium.

Plantez aussi les griffes d'**asperge** dès que la terre est prête à les recevoir, à 20 cm de profondeur et 50-60 cm d'intervalle.

Éclaircissage

Chaque graine de **betterave** produit plusieurs plants. Il faut donc éclaircir les semis ou, pour utiliser le terme consacré, les démarier. Cette opération a lieu quand les plants ont environ 5 cm de hauteur.

Multiplication

Dès que la **rhubarbe** sort de terre, on peut la diviser. Comme elle est très vigoureuse et produit une quantité impressionnante de feuilles, il est indispensable de la planter dans une terre riche en matière organique (compost ou fumier). Vous pouvez également vous en servir en façade comme plante vedette qui atteindra son apogée au moment de la floraison.

Oseille

Fertilisation

Si vous tenez absolument à fertiliser vos légumes — pour remporter un **concours** ou pour toute autre raison —, attendez la fin du Printemps Deux ou le début de l'Été.

Récolte

Les jardiniers gourmands recouvrent d'une planchette de bois les plants de **pissenlit** qui osent pointer le bout des feuilles dans la pelouse ou les plates-bandes. Ainsi privées de lumière, les feuilles resteront blanches et jaunes et se laisseront consommer dans les plus savoureuses salades. À essayer avec du cassoulet ou des fèves au lard!

Si vous avez laissé en terre des tubercules de **topinambour** pour les consommer, récoltez-les avant le début de la croissance. Une fois celle-ci lancée, les tubercules se vident de leurs substances nutritives au profit des tiges et des racines et ils deviennent immangeables.

Si vous possédez des plants d'**asperge** de plus de 5 ans, divisez-les dès que les jeunes pousses sortent de terre. Récoltez-en quelques-unes auparavant pour ne pas perdre toute la récolte.

C'est aussi le temps de diviser les plants d'**oseille** pour leur redonner de la vigueur. Une fois les jeunes plants prélevés, bouchez les trous autour de la plante-mère avec du compost. Tous les 3 à 5 ans, transplantez celle-ci dans une terre meuble fraîchement enrichie.

PELOUSE

Préparation du sol

Que vous semiez votre gazon ou que vous posiez des plaques, la phase la plus importante dans le travail de finition du sol consiste à râteler tous les **débris** et **cailloux** qui, une fois la pelouse établie, risquent de se faire aspirer par la tondeuse et de se transformer en dangereux projectiles.

Semis

Préparez la surface du terrain dès que vous pouvez marcher dessus sans vous enfoncer, mais attendez que toute l'eau de la fonte des neiges soit partie avant de semer ou de poser des plaques de gazon. Vous devrez probablement attendre le Printemps Deux.

Nettoyage

Avant de passer le râteau à feuilles ou le râteau déchaumeur pour enlever le vieux gazon, il faut attendre que le dessus de la terre ait commencé à **sécher** après la fonte des neiges.

Gardez l'**herbe séchée** que vous ramassez au râteau et servez-vous-en, soit pour enrichir le compost, soit comme paillis que vous étendrez au pied des légumes, des annuelles ou des vivaces. Ce qui vient de la terre doit y retourner, n'est-ce pas?

Si votre pelouse a été aspergée de neige et de sel projetés sur votre terrain par la machinerie municipale, vous lui rendrez un grand service **en la rinçant** dès que l'eau de la fonte des neiges sera bien égouttée. Arrosez plusieurs heures de suite aux endroits atteints.

Si vous êtes de ceux que la présence de pissenlits ou de plantains dans la pelouse rend malade, pensez à utiliser un **herbicide** si ça peut vous remettre sur pied. Mais de grâce ne vaporisez de ce produit que sur les intrus et seulement si la température est assez élevée (plus de 15 °C) et qu'il fait soleil! Si ces contraintes vous agacent, essayez donc l'arrachage manuel. C'est dur au début, mais ça devient une formalité lorsque l'opération est effectuée régulièrement.

La meilleure façon d'enlever l'herbe sèche qui garnit la pelouse au printemps, c'est de la gratter avec un râteau déchaumeur. Cet outil aux lames en demi-lune permet de travailler sans se fatiguer. On règle l'angle des lames en fonction de l'épaisseur du chaume et de la taille du jardinier. Avec cet outil, il faut compter environ 2 heures sans se presser pour nettoyer une pelouse de 500 m². Passez l'outil dans les deux sens si vous aimez fignoler votre travail.

Tonte

Avant que la pelouse ait besoin d'être tondue, **faites vérifier** la tondeuse: aiguisez la lame et équilibrez le système rotatif. Les vibrations seront ainsi réduites et votre travail sera beaucoup plus agréable.

Si la pelouse n'a pas été tondue assez ras en automne, tondez-la de **très bonne heure** au printemps même s'il y a peu à couper. N'attendez pas trop avant de pratiquer la **première tonte,** sinon votre gazon risque d'être jaune et laid pendant une bonne partie du printemps.

Fertilisation

Si vous voulez mettre de l'engrais sur la pelouse, la **première application** doit avoir lieu dès le début de la croissance mais après le nettoyage printanier.

Utilisez de préférence un **engrais naturel.** Son action est moins spectaculaire, mais beaucoup plus efficace à long terme.

Réparations

Pour réparer les **trous** dans la pelouse, creusez légèrement et ajoutez de la terre neuve à laquelle vous aurez mélangé des graines. Tassez légèrement et arrosez.

Soins printaniers

Dès que le sol de la pelouse s'est raffermi, on procède aux travaux suivants, dans l'ordre: le **roulage,** l'**aération** et le **terreautage.** Il n'est pas nécessaire de faire tout ça chaque année. Une fois tous les 2 ou 3 ans suffit. Plus la terre est pauvre, plus la fréquence doit être accrue.

À partir du moment où le sol commence à dégeler jusqu'à ce qu'il soit ferme et que l'eau de la fonte des neiges soit bien égouttée, il est fortement recommandé de **ne pas marcher** sur la pelouse et encore moins de la piétiner.

Par contre, dès que le sol s'est raffermi, vous pouvez passer un **rouleau** rempli d'eau à moitié pour enlever les poches d'air qui se sont formées dans le sol sous l'action du gel et du dégel. Cette opération n'est pas indispensable mais votre pelouse risque d'être moins plane si vous ne la pratiquez jamais.

Ne passez pas le rouleau ou l'aérateur juste **après une pluie.** Attendez que le sol s'égoutte.

Pour **aérer** une pelouse, vous pouvez louer un aérateur ou utiliser des souliers auxquels vous aurez attaché des planches à clous. Marchez ensuite sur la pelouse.

Posez vous-même un **diagnostic** sur les chances de votre pelouse de bien se comporter toute l'année. Découpez un carré de pelouse et soulevez-le avec ses racines. S'il n'y a qu'un peu de sable par-dessus la terre de remblai, votre pelouse aura des problèmes pendant très longtemps si vous ne remédiez pas rapidement à la situation. Pour lui redonner vigueur et nourriture, vous devrez procéder à un terreautage épais tous les ans, pendant au moins 3 ans.

PLANTES D'INTÉRIEUR ET POTÉES FLEURIES

Lumière

Les considérations générales concernant la lumière sont expliquées à la p. 275.

Les **violettes africaines** vivent très bien près d'une fenêtre exposée au sud-est ou au sud-ouest. Le soleil ne leur nuira ni au printemps ni en automne, s'il est filtré par un rideau léger. En été, éloignez un peu les plantes de la fenêtre.

Si certaines plantes, **fougères** en tête, poussent si bien dans les églises, où la lumière est assez faible à cause des vitraux, c'est grâce à la température fraîche qui y règne toute l'année. Elles poussent généralement très lentement mais, à Saint-Jean-Port-Joli, les hoyas arrivent à fleurir, du côté sud! Sans doute grâce au pouce vert du sacristain...

Température

Vous trouverez les considérations générales concernant la température et l'arrosage aux pp. 276-277.

En début de saison, remettez dans des conditions normales les plantes à fleurs que vous avez laissées à des températures fraîches pendant l'hiver: **passiflore, laurier, pachystachys, euphorbes, cuphéa, crossandra, dipladénia**, etc.

Laurier, *Nerium oleander*

Fougère, *Nephrolepis exaltata*

Violette africaine, *Saint-Paulia*

Hoya, *Hoya carnosa*

Cactus, *Hildewintera aureispina*

Palmier, *Livistonia chinensis*

Spathiphyllum floribundum

Semis

Si vous trouvez un magasin qui vend des graines, semez des **cactus** ou des **palmiers.** Armez-vous de patience. La germination et la croissance sont lentes. Pour les accélérer, recouvrez le plateau à semis d'une vitre que vous retirerez pendant quelques minutes une fois tous les 3 ou 4 jours pour aérer.

Rempotage

Les plantes qui n'ont pas besoin d'être changées de pot et dont la terre est meuble sur le dessus apprécient le **surfaçage.** Cette technique consiste à enlever la terre de surface et à la remplacer par une terre fraîche, enrichie de compost.

La terre utilisée pour produire les plantes en serre et en pépinière n'est en général pas adaptée à leur vie ralentie dans nos intérieurs. Par principe, rempotez-les **quand vous les achetez au printemps et en été.** Si les racines sont nombreuses ou forment un chevelu compact, n'ayez

Sansevière, *Sansevieria trifasciata* 'Golden Hahnii'

Streptocarpus (hybride)

pas peur de réduire la motte du tiers au couteau. Choisissez un pot, en terre cuite de préférence, légèrement plus large que la motte et préparez un terreau contenant au moins 25 p. 100 de perlite pour limiter le compactage causé par les arrosages successifs.

Idéalement, la taille printanière devrait être **combinée** à un rempotage en règle dans un terreau riche en compost. Rempotez les petites plantes dans un pot légèrement plus grand, les plus grosses, à partir des pots de 25 cm, dans le même pot ou, si leur vigueur l'exige, dans un pot d'une pointure supérieure. Pour ces plantes-là, réduisez au couteau la motte de racines de un quart à un tiers puis remplissez les espaces libres avec une terre contenant au moins 25 p. 100 de perlite.

Après avoir divisé les **spathiphyllums**, empotez chaque section dans une terre riche en compost, en vermiculite et en perlite. Cette précaution permet de satisfaire aux exigences en eau des plantes sans pour autant nuire à la respiration des racines.

Rempotez les **sansevières** dans une terre très légère, contenant une bonne proportion de gravier et même des petites pierres.

Rempotez les **streptocarpus** dans une terre riche en compost pour obtenir une floraison spectaculaire.

Les **bromélias** sont des plantes épiphytes ayant besoin d'une toute petite quantité de terre organique ou de compost pour pousser. Tenez compte de leurs dimensions mais empotez-les dans le plus petit pot possible.

Les **cactus** ont la réputation de se contenter de presque rien, mais ils aiment se faire gâter. Préparez un terreau de rempotage avec un tiers de terre sablonneuse, un tiers de perlite et un tiers de vieux fumier. Placez-les en plein soleil.

Bromélia,
Neoregelia carolinæ 'Tricolor Perfecta'

Les **fougères** aussi raffolent du vieux fumier. Dans le terreau, mettez-en un tiers et ajoutez un tiers de tourbe de sphaigne et un tiers de terreau de rempotage commercial.

Multiplication

Vous trouverez les considérations générales concernant la multiplication aux pp. 278-280.

Bouturez les **plantes retombantes** ou **grimpantes** en les taillant pour les forcer à se ramifier. Réduisez les tiges jusqu'aux deux tiers de leur longueur.

Divisez les plantes qui poussent en touffe comme certains **dieffenbachias**, les **spathiphyllums**, les **aglaonémas**, etc.

Bouturez les petites plantes herbacées qui ne restent pas belles si elles ne sont pas taillées pour se ramifier, par exemple: **irésine, hypœstes, piléa, pachystachys, fittonia, sténandrium, strobilanthes,** etc.

Divisez les **sansevières** qui sont trop serrées dans leur pot.

Dieffenbachia picta 'Bali Hai'

Aglaonema commutatum 'Pseudobracteatum'

Fittonia verschafeltii

Taille

Quand vous achetez une plante à tiges dures, ligneuses, comme les **ficus,** les **polyscias,** les **scheffléras,** les **pittosporums,** etc., facilitez leur adaptation à leur nouvel environnement en favorisant la formation de nouvelles feuilles. N'hésitez donc pas à tailler. Il vaut mieux faire tomber les feuilles encore vertes que de les voir tomber jaunes!

Tout en gardant à chaque plante une forme générale esthétique, réduisez les branches vigoureuses:

- du tiers sur les ficus,
- de la moitié ou des deux tiers sur les autres plantes. Éliminez ensuite les tiges frêles sur les ficus. Contentez-vous de les étêter sur les autres plantes.

Schefflera arboricola 'Capella'

Ficus allii

Polyscia filicifolia

Beloperone guttata

Alamanda carthartica 'Hendersonii'

Clerodendron thompsonæ

Dès le mois de mars, dans toutes les régions, taillez vos plantes pour leur donner de la vigueur et pour leur signaler que le vrai printemps est proche:

- Taillez des deux tiers les plantes, grimpantes ou non, qui fleurissent à l'extrémité des nouvelles tiges: **crossandra, dipladénia, hibiscus, laurier, bélopérone, alamanda, pachystachys, oranger, clérodendron,** etc.
- Raccourcissez librement les branches maîtresses des **ficus** et légèrement les latérales.
- Coupez la tête des **dracénas, diffenbachias, aglaonémas** et autres plantes à tiges tendres pour les aider à se ramifier et leur faire produire de nouvelles pousses à la base.
- Divisez les plantes en touffes (**asperge, fougère, araignée,** etc.).
- Réduisez d'un tiers à la moitié les tiges des **plantes retombantes**... et faites-en des boutures.

Oranger, *Citrus mitis*

Réduisez du tiers de leur longueur les jeunes tiges vigoureuses du **gardénia**; du quart les moins vigoureuses.

Taillez de moitié les tiges de **stéphanotis** pour en augmenter la floraison.

Floraison

Pour stimuler les plantes à **floraison printanière** ou **estivale**, placez-les dans un endroit très éclairé, voire ensoleillé.

Fertilisation

Si vous êtes de ceux qui pensent que l'**engrais** est indispensable — pas moi —, commencez lentement au quart de la dose prescrite. Augmentez progressivement la dose jusqu'en été.

> ### *Mise en garde*
> Ne jetez jamais au compost les plantes attaquées par les insectes ou les maladies. Vous ne voulez quand même pas infester tout votre jardin!

Insectes et maladies

Quand vous achetez une plante, faites-lui passer une sorte de **quarantaine** en arrivant chez vous. Isolez-la dans un endroit très clair et donnez-lui des bains ou des aspersions de produits naturels insecticides, savon ou autres, à 10 jours d'intervalle pendant un mois. Il suffit en effet de quelques œufs d'insectes bien cachés pour qu'une véritable colonie s'installe en quelques semaines. Imaginez si vos plantes déjà en place se trouvaient à proximité...

Si vous vous êtes battu tout l'hiver contre des insectes récalcitrants et que rien n'en est venu à bout, faites un dernier effort: élevez un bûcher et **immolez les plantes infestées**. Repartez en neuf avec des plantes résistantes.

Entretien printanier

Procédez à la **toilette** de printemps de vos plantes. Dépoussiérez les feuilles avec un plumeau, enlevez les feuilles mortes, coupez les bouts de tiges mortes. Bref, redonnez un air tout neuf à vos plantes.

Retaillez l'**hydrangée** que vous avez reçue en cadeau à Pâques à 6-7 cm du sol. Plantez-la ensuite dehors dans un endroit ombragé et à l'abri. Si la terre est acide et si elle est bien protégée en hiver, elle devrait refleurir dans un an.

Sortez dehors le **rosier** que vous avez reçu à Pâques pour qu'il puisse profiter des températures fraîches de la fin du printemps. Plus tard, vous le planterez dans une plate-bande et il **refleurira** peut-être. Sinon, il faudra attendre l'année suivante.

Hydrangée, *Hydrangea macrophylla*

ROSIERS

Plantation et transplantation

Même si la plantation des rosiers greffés peut avoir lieu au Printemps Un dans un sol égoutté, on conseille généralement d'attendre le Printemps Deux. Pour la plantation des autres rosiers, appliquez les conseils donnés pour les arbres et les arbustes, aux pp. 26 à 28 et 35-36.

Pour acheter sans vous tromper

N'achetez pas de rosiers greffés vendus en emballages de carton dans les magasins à grande surface **s'ils ont commencé à pousser.** Les jeunes tiges qui se développent à l'intérieur, là où la lumière leur fait dramatiquement défaut, vont griller littéralement lorsque vous les planterez au jardin, et il y a peu de chances qu'elles repoussent. Soyez encore plus méfiant si les rosiers sont vendus à rabais.

Multiplication

S'il y a encore des **fruits** sur vos rosiers, vous pouvez les ouvrir et semer les graines dans un coin de plate-bande sablonneux et ensoleillé.

Taille

Dès que la protection hivernale a été enlevée sur les rosiers **greffés,** taillez-les. Ils produisent des fleurs seulement sur les jeunes tiges. Il faut donc les couper sévèrement à environ 10-15 cm du sol, en ne gardant au maximum que cinq tiges. Éliminez les tiges qui poussent vers le centre et débarrassez-vous du bois mort.

Rosier greffé, *Rosa* (hybride de thé) 'Brandy'

Rosier grimpant, *Rosa* 'Swan Lake'

Rosier rustique, *Rosa rugosa* 'Marguerite Hilling'

Rosa Meidiland 'Bonica'

Rosa Explorer 'John Cabot'

Rosa Morden 'Centennial'

Sur les rosiers **miniatures,** coupez à ras les tiges frêles, éliminez les plus vieilles et réduisez des deux tiers celles qui restent.

Remplacez chaque année une ou deux branches principales sur les rosiers **grimpants** et supprimez les tiges frêles et le bois mort.

Taillez les rosiers **rustiques faibles** comme les rosiers greffés. Sur les autres, enlevez les vieilles branches, puis sélectionnez les six à huit plus vigoureuses et taillez-les de moitié. Éliminez les autres.

Grosso modo, la règle précédente s'applique aussi aux nouveaux rosiers des séries **Morden, Explorer** et **Meidiland.**

Floraison

Si vous aimez le parfum des roses, procurez-vous des rosiers rustiques odorants, en particulier la variété **Rosa rugosa 'Agnès',** jaune

Rosa rugosa 'Agnès'

Rosa rugosa 'Robusta'

Insectes et maladies

La **mouche** du rosier a l'avantage d'être attirée par le persil frisé. Plantez donc préventivement quelques touffes de ce condiment dans votre roseraie. Quand vous remarquerez que la mouche s'y est installée, il vous suffira soit de couper le persil tout entier et de le jeter, soit de l'asperger d'un insecticide.

Pour éloigner les **pucerons**, plantez dès que possible parmi vos rosiers quelques gousses d'ail, de l'ail décoratif, ou encore de la ciboulette ordinaire ou à l'ail. Ajoutez à cela un couvre-sol de thym et votre plantation restera aussi saine qu'un nouveau-né.

Hivernation

Enlevez la **protection hivernale** sur les rosiers greffés dès que le sol est dégelé. Dans le cas où les rosiers ont été buttés avec de la terre ou de la tourbe, il est important de défaire cette butte aussitôt que possible.

pâle, qui enivrera vos visiteurs si vous la plantez près de la porte d'entrée.

Les rosiers rustiques ont des fleurs beaucoup plus simples que les autres rosiers, si simples parfois qu'elles n'ont pas plus de cinq pétales. Un des plus beaux exemples de ces roses magnifiques est *Rosa rugosa* '**Robusta**', d'un saisissant rouge sang.

Fertilisation

Assurez-vous que vos rosiers ont assez de **compost** à leur pied pour alimenter généreusement les tiges florifères prêtes pour leur parade annuelle.

Si vos rosiers sont bien nourris avec du compost, l'engrais granulaire n'est pas absolument nécessaire, sauf si vous participez à un concours de production de roses.

> ### Mise en garde
> À cause de la condensation qui risque d'avoir lieu à l'intérieur des cônes qui protègent les rosiers greffés, des maladies peuvent se développer. Il est donc fortement recommandé de traiter les rosiers avec un fongicide quand on enlève les protections hivernales.

PLANTES VIVACES, BISANNUELLES, GRAMINÉES ET FOUGÈRES

Préparation du sol

Au pied des vivaces d'un an, épandez environ 3 à 5 cm de **compost,** qui favorisera le développement de racines superficielles nécessaires à une bonne croissance.

Quand vous plantez la plupart des vivaces, il faut les installer dans une **terre riche.** Comptez environ deux sacs (une demi-brouette) de compost ou de fumier par mètre carré de plate-bande.

La **benoîte** est très prolifique lorsqu'elle est plantée dans une terre riche en matière organique. Si le cœur vous en dit, vous pouvez même la planter directement dans un sac de fumier ou de compost.

De manière générale, les **bisannuelles** (pensées, digitales, pavots d'Islande, œillets de poète, cheiranthus, myosotis, etc.) ont besoin d'une terre riche qui ne sèche pas en été. Ne lésinez donc pas sur la matière organique.

Benoîte, *Geum Chilense* 'Mrs Bradshaw'

Digitale, *Digitalis* (hybride)

Pavot d'Islande, *Papaver nudicaule*

Myosotis alpestris

Œillet de poète, *Dianthus barbatus*

Cheiranthus allionii

Molinia cærulea

Osmonde, *Osmunda cinnamonea*

Au pied des **fougères** déjà bien installées, déposez une ou deux poignées de compost.

Avant de planter des **fougères**, enrichissez le sol de compost et de tourbe de sphaigne à raison d'environ une pelletée de chacun par plant, pour acidifier légèrement le sol et le rendre plus humide. Faites la même chose pour une graminée, la **molinia,** qui a une nette préférence pour les sols acides.

Dryopteris thelypteris

Onoclée,
Onoclea sensibilis

À éviter

Ne mélangez pas de poudre d'os ni de chaux à la terre qui accueillera les *Iris ensata* et les *Iris versata*.

Iris ensata 'Prairie Tapestry'

Les dryoptéris, les onoclées et, jusqu'à un certain point, les osmondes sont des **fougères** qui ne dédaignent pas pousser dans une terre très humide, ou même partiellement immergée. Plantez-les dans une terre consistante ou même à un endroit que vous aurez aménagé comme une sorte de marais, avec une toile de plastique posée au fond d'un trou.

Semis

Certaines vivaces sont très faciles à **semer** et elles peuvent l'être très tôt au printemps ou même en automne. Essayez les plus faciles: l'ancolie, l'alyssum, le pavot, le lychnis, le lin.

Rose trémière,
Althæa rosea

Monnaie-du-pape,
Lunaria alba

Pensée, *Viola cornuta*

Vous pouvez les semer dans un endroit abrité que vous aurez aménagé en pépinière. Vous transplanterez les jeunes plants à leur place définitive quand ils auront au moins trois feuilles bien développées.

Quand les jeunes **plants issus de semis** à l'intérieur ont trois feuilles bien formées, empotez-les dans des pots de 10 cm que vous placerez pendant au moins 10 jours à l'ombre légère avant de les installer en plein soleil. Surveillez l'arrosage tous les jours par temps chaud. Plantez au jardin dès que le pot est plein de racines ou presque.

Semez les **bisannuelles** dans une terre bien préparée: cheiranthus, pensées, myosotis, roses trémières, monnaie-du-pape, digitales, etc.

Choix des plants

Quand vous achetez des vivaces en **pots,** choisissez les plus denses, les plus grosses. Avant la plantation, sortez-les du pot et coupez-les en deux ou en trois avec un couteau tranchant. Vous aurez ainsi une plate-bande qui prendra ses airs adultes plus rapidement.

Mise en garde

Les meilleures vivaces sont celles qui sont vendues par les producteurs eux-mêmes et par les centres-jardin qu'ils approvisionnent. Dans les magasins à grande surface, les vivaces arrivent très tôt en saison et sont ni plus ni moins empilées sur des chariots de 8 à 10 étages et placées dans les rangées, loin de sources lumineuses adéquates. Au bout de 2 à 3 semaines, les plants souffrent de sécheresse et d'insuffisance lumineuse. Ils deviennent rapidement faibles et inutilisables sauf pour les jardiniers amateurs qui les achètent uniquement pour leur prix, au risque de créer un jardin avec des rachitiques.

Plantation et transplantation

Dans les endroits très mouillés, ombragés ou non, plantez, s'il y a de la place, des plantes géantes: **astilboïdes, pétasites, peltiphyllum, rodgersia.**

Pour peupler rapidement un terrain humide, voire marécageux, plantez une fougère très vigoureuse, quasi aquatique, l'**onoclée sensible,** ou une graminée, la **spartine,** qui se plaît même dans l'eau salée.

Mise en garde

Attention en plantant les **fougères!** Prenez soin de ne pas leur enterrer le cœur. Elles ne s'en remettraient pas. Ne plantez pas trop profond.

Petasites japonicus

Peltiphyllum peltatum

Spartine, *Spartina pectinata* 'Aureomarginata'

Pour réduire l'entretien

Les plantes qui se reproduisent par rhizomes (tiges souterraines), comme *Macleaya, Hakonechloa, Matteuccia, Miscanthus sacchariflorus, Phragmites, Petasites* et *Spartina,* peuvent être assez facilement contrôlées si vous mettez en place, dès la plantation, une installation capable de modérer leurs ardeurs.

- Trouvez de vieux bidons de métal et assurez-vous qu'ils ne contiennent pas de produits toxiques. Découpez-en le fond pour obtenir un cylindre. Coupez le cylindre dans le sens de la hauteur.

- À l'emplacement choisi, creusez un trou capable de contenir en entier un demi-cylindre. Placez celui-ci de façon que le rebord supérieur soit un soupçon plus bas que le niveau du sol environnant.

- Dans la brouette, mélangez la terre à trois ou quatre pelletées de compost et autant de vermiculite. Versez le tout dans le cylindre et tassez légèrement à la main.

- Plantez et arrosez. Théoriquement, les rhizomes devraient rester bien sagement dans leur enclos.

Phragmites communis 'Berlandieri'

Miscanthus sacchariflorus

Hakonechloa macra 'Aureola'

Macleaya microcarpa

81

Taille

Taillez les plus vieilles tiges des **bambous** (*Arundinaria, Phylostachys, Pseudosasa*) au ras du sol pour stimuler leur croissance.

Contrôlez le développement des **graminées**. Réduisez les touffes à la bêche quand elles menacent d'envahir leur entourage.

Arundinaria viridistriata 'Chrysophylla'

Floraison

Si vous souhaitez encourager la production de feuilles sur vos **hostas,** ou si les plants sont encore jeunes, coupez les fleurs dès qu'elles pointent du bourgeon.

Multiplication

Théoriquement, toutes les vivaces peuvent être divisées au printemps, mais si l'on veut être sûr de la floraison des **printanières,** pivoines ou autres, il est préférable de les diviser à l'automne. Il arrive cependant qu'une division très hâtive, pratiquée avec des précautions de chirurgien, ne compromette pas leur floraison.

Quand on **divise** les vivaces, il est préférable, pour créer de nouvelles touffes, d'utiliser les sections prélevées à la périphérie de la vieille, car c'est à partir du centre que la plante se développe. Le centre est donc beaucoup plus vieux et moins vigoureux.

Anthemis tinctoria 'Kelway'

Groupe de hostas

Aster alpinus 'Goliath'

Marguerite, *Chrysanthemum maximum*

Anemone canadensis

Divisez les **espèces à floraison estivale** dès leur sortie de terre: anthémis, aruncus, astilbes, asclépiades, asters, chrysanthèmes, marguerites, anémones, lysimaques, delphiniums, œillets, fraxinelles, aconits, campanules, scabieuses, knautias, kirengéshomas, tritomas, lavatères, phlox paniculés, liatris, hémérocalles, lins, lotiers, statices, etc.

Multipliez les **campanules** hautes le plus tôt possible. Divisez les espèces vivaces, *C. persicifolia* et *C. pyramidalis.* Semez l'espèce bisannuelle: *C. calycanthema.* Vous pouvez diviser les espèces basses et rampantes, *C. bellidifolia, C. carpatica, C. muralis, C. cochlearifolia,* mais vous pouvez aussi prélever des sections de tige enracinées sur place.

Les **saxifrages** ne devraient être divisées que lorsqu'elles sont installées depuis au moins trois ans, histoire d'avoir le temps de prendre des forces.

Campanula calycanthema

Campanula carpatica

Campanula bellidifolia

Lysimaque, *Lysimachia punctata*

Saxifrage, *Saxifraga arendsii*

83

Delphinium X 'Black Night'

Aconit, *Aconitum napellus*

Lotier, *Lotus corniculata*

Œillet, *Dianthus deltoides* 'Zing Rose'

Astilbe arendsii 'Erica'

Liatris spicata 'Floristan Violet'

Les touffes de **monardes** ont tendance à se dégarnir dans le centre au bout de quelques années. Déterrez-les tout entières dès que la terre le permet; divisez-les et plantez les petits plants ainsi obtenus dans une terre consistante, copieusement enrichie de matière organique.

Monarde, *Monarda X* 'Blue Stocking'

Quand les **armoises** commencent à dépérir, il est grand temps de les diviser. À noter que les espèces *absinthium* et *ludoviciana* ont une plus grande longévité, mais elles n'ont pas la forme arrondie des espèces plus courantes.

Divisez les plantes à grandes feuilles, **peltiphyllum, pétasites, rhéum, astilboïdes, rodgersia, hostas,** aussitôt que les jeunes pousses sortent de terre, frileusement enroulées dans leur manteau d'hiver. La manipulation en est facilitée.

Orge barbue, *Hordeum jubatum*

Si vous ne l'avez pas fait en automne, semez les **graminées vivaces** dans une terre sablonneuse. Divisez les plus vigoureuses le plus tôt possible. Semez aussi la seule graminée annuelle de nos jardins, l'**orge barbue**.

Divisez aussi les **fougères** dès que les jeunes feuilles commencent à se dérouler.

Armoise, *Artemisia ludoviciana*

Mise en garde

Les fougères **osmondes**, indigènes au Québec, tolèrent mal que l'on perturbe leurs racines. C'est pourquoi il est conseillé de les reproduire par semis. Toutefois, un prélèvement soigné de plants entiers a des chances de réussir.

Rheum palmatum

Les fougères **matteuccia** et **onoclée**, deux autres indigènes, produisent de nouveaux plants à partir de leurs rhizomes. Ce mode de multiplication facile est une véritable aubaine pour le jardinier économe de son énergie: il suffit de les prélever avec un plantoir et de les cultiver en pots pendant 2 à 3 mois.

Hosta (hybride) 'Blue Angel'

Désherbage

Ne désherbez pas trop vite autour de vos **anco-lies**. Les graines tombées sur le sol l'été dernier sont peut-être en train de donner naissance à de nouveaux plants qui rendront votre plantation plus massive. C'est en grosses touffes que les ancolies produisent le plus bel effet.

Fertilisation

Versez une fine couche de **compost** au pied des vivaces et grattez légèrement pour le mélanger à la terre de surface.

Si vous voulez mettre de l'**engrais** sur vos vivaces à floraison estivale, utilisez un engrais naturel de formule équivalente à 12-6-8: la concentration d'azote (12) est le double de celle du phosphore (6) et 50 p. 100 plus élevée que la potasse (8).

Insectes et maladies

Une façon très efficace de lutter contre l'**oïdium**, aussi appelé le «blanc», qui affecte certaines vivaces comme les monardes, les phlox, les asters et les rudbeckies, consiste à les asperger dès leur sortie de terre avec de l'urine fraîche. Vous pouvez utiliser ce produit naturel tel quel ou dilué à moins de 50 p. 100. Traitez chaque plant à l'arrosoir au moins une fois par semaine — deux s'il pleut — jusqu'au début de l'été.

Les iris sont parfois la cible de **vers** qui mangent les rhizomes. Si vous avez de bonnes raisons de croire à une attaque en règle, il y a deux façons de lutter contre une épidémie: traiter au *Cygon* ou, écologiquement, éliminer complètement les iris et cultiver une autre vivace vigoureuse comme le pavot, la monarde ou le chrysanthème pendant au moins 3 ou 4 ans. En l'absence de leur cible favorite, il y a

des chances que les vers déménagent leurs pénates... chez un voisin. Les traitements au *Cygon*, quant à eux, ont lieu dès que les feuilles sortent de terre. Mouillez bien la terre à la base des feuilles sur un diamètre légèrement supérieur à la touffe. Vaporisez également les feuilles: le produit est systémique, c'est-à-dire qu'il est absorbé par toutes les parties de la plante et circule librement dans les tissus.

Les feuilles de hostas sont très recherchées par les **limaces**. Dès que les feuilles sortent de terre, entourez-les de coquilles d'œuf broyées sur lesquelles les mollusques se couperont le pied.

Soins particuliers

De façon à éviter un dépérissement trop rapide de vos **chrysanthèmes**, arrachez la touffe tous les 3 ou 4 ans, dès qu'elle sort de terre. Divisez-la et plantez une section prélevée à l'extérieur de la touffe à l'endroit d'où vous l'avez extirpée... et d'autres ailleurs. Au préalable, enrichissez la terre en compost.

Même en zone 5, placez l'**arrhénathérum**, une graminée réputée rustique en zone 3, dans un endroit abrité des vents et recevant une bonne couche de neige.

Arrhenatherum bulbosum 'Variegatum'

deuxième saison:

Printemps Deux

Dans les villes où la période de croissance des plantes est inférieure à 170 jours, le Printemps Deux commence à peu près à la date moyenne du dernier gel établie par l'atlas agroclimatique du MAPAQ 1982; environ deux semaines après cette date dans les villes où elle est supérieure à 170 jours. Il y a des risques de gelées blanches jusqu'à 15 jours après cette date.

AMÉNAGEMENT

Préparation générale

Les suggestions concernant la planification générale de votre jardin ou de votre aménagement sont concentrées dans le chapitre *Aménagement* de l'Hiver.

> *Pour vous distinguer*
>
> Pour accentuer les perspectives créées par plates-bandes, allées et constructions, plantez les fleurs les plus foncées vers l'avant, les plus claires vers l'arrière.

Plate-bandes

Fleurissez les **endroits secs** avec des valeurs sûres: des vivaces à feuillage gris, plus ou moins velu, plus ou moins épais, spécialement conçues par la nature pour vivre là où l'eau risque de manquer de façon chronique ou sporadique: *Artemisia* (variétés), *Lavandula* (variétés), *Alyssum saxatile*, *Thymus lanuginosus*, *Stachys lanata*, *Veronica spicata* 'Incana', *Cerastium tomentosum*.

Lavande, *Lavandula angustifolia*

Alyssum saxatile

Thym, *Thymus lanuginosus*

Armoise, *Artemisia schmidtiana* 'Silver Mound'

Épiaire, *Stachys lanata*

Véronique, *Veronica spicata* 'Incana'

l'espèce la plus haute au centre et la plus petite à l'extérieur. Soignez le dégradé et agencez bien les couleurs, les plus claires devant être placées au milieu.

Pavot vivace,
Papaver orientale 'Allegro'

Mertensia virginica

Pour vous distinguer

Pour restreindre le développement des menthes envahissantes *(Mentha requienii)*, plantez-les dans une vieille souche pourrissante, ou dans un cadre de bois ou de béton que vous aurez esthétiquement intégré dans les surfaces de circulation de votre aménagement.

Menthe, *Mentha requienii*

Coreopsis lanceolata 'Goldteppich'

Pour cacher en été le feuillage dépérissant des **pavots** vivaces ou des **mertensias**, plantez devant ceux-ci des annuelles de hauteur moyenne: nicotines, némophiles, reines-marguerites, soucis, zinnias ou d'autres vivaces, comme des coréopsis, des corydalis, etc.

Massifs

En créant un massif de **forme géométrique,** rond par exemple, rappelez-vous de planter

Au pied d'un jeune bouleau d'environ 4 m de hauteur, créez un petit massif rond d'environ 2 m de diamètre et enrichissez la terre avec une brouette de compost. Plantez des **cléomes** roses ou violets. L'effet est saisissant. Assurez-vous cependant que les branches basses du bouleau soient au moins à 2 m du sol.

Rocailles

Dans votre rocaille, là où l'accumulation de neige est la plus importante, plantez quelques **rosiers miniatures**. Vous vous assurez ainsi de la couleur permanente pour l'été entre les pierres.

Du côté le plus visible, déployez un éventail de surprises pour vos visiteurs de fin de printemps: plantez des cactus vivaces, des *Opuntia humifusa,* qui peuvent passer l'hiver sous une épaisse couche de neige et qui portent de spectaculaires fleurs jaunes à cœur rouge en juin.

Cactus, *Opuntia humifusa*

Entre deux grosses pierres de rocaille serrées l'une contre l'autre, l'espace disponible, même aussi réduit que 5 à 10 cm, peut recevoir des plantes qui se contentent de peu et qui sont capables d'explorer assez loin pour trouver leur pitance: **aubriétie** et **alyssum** vivaces, **pourpier** et **gazania** annuels.

Pour habiller les pierres avec du volume, de la légèreté et de la grâce tout à la fois, essayez une de ces trois prolifiques variétés de *Coreopsis verticillata,* aux feuilles étroites, courtes et minces: 'Moon Beam' (jaune pâle), 'Rosea Nana' (rose) et 'Zagreb' (jaune vif, compact).

Dans un coin de la rocaille partiellement ombragé, plantez des vedettes, indigènes au Québec, les **cypripèdes** royaux ou sabots de Vénus, que vous pourrez obtenir dans les pépinières spécialisées ou dans les commerces horticoles avant-gardistes. Ce sont des orchidées que vous pouvez associer à des adiantums, à des petits-prêcheurs et à des conifères miniatures.

Aubrietia cultorum

Pourpier, Portulaca grandiflora

Gazania splendens

Coreopsis verticillata 'Rosea Nana'

Acidanthera bicolor

Coreopsis verticillata 'Zagreb'

Petit prêcheur,
Arisæma atrorubens

Arctotis grandis

Autres dénivellations
(pentes, buttes, murets, etc.)

Vous avez une pente, un coin de plate-bande qui sèche vite? Semez des **arctotis** annuels, qui résistent bien à la sécheresse, naturelle ou causée par les vacances du jardinier.

Pour garnir rapidement une pente, plantez des graminées basses comme l'arrhénathérum, le **phalaris** et l'hakoné-chloéa.

Si vous aimez les plantes dont les fleurs sont plus ou moins tournées vers le bas **(acidanthéra, lis, fritillaire)**, mettez-les en valeur: placez-les au sommet d'une butte, d'une rocaille ou d'un muret afin de pouvoir admirer l'intérieur de chaque fleur sans avoir à vous allonger par terre.

Garnissez temporairement une pente ou les interstices entre les pierres de la rocaille avec une plante grasse cultivée comme une annuelle, la **délosperma**, à petites fleurs rose carmin, luisantes.

En haut d'une butte, d'un muret, d'une rocaille, plantez un **groupe de lis**. Cette position en surplomb met en vedette leur allure majestueuse et royale.

Lis, *Lilium X 'Regale'*

Fritillaire, *Fritillaria imperialis 'Rubra Maxima'*

Célosie, *Celosia argentea* 'Flamingo'

Delosperma cooperi

Fenêtres et terrasses

Pour décorer patios, terrasses et escaliers, confectionnez de magnifiques potées fleuries avec des **soucis** *(Calendula)*.

Pour garnir les pots décorant les patios, terrasses et escaliers, prélevez une touffe enracinée de votre **chrysanthème** vivace préféré et plantez-la dans une terre légère et riche. Avant l'hiver, vous devrez, pour sauver cette nouvelle plante, la transplanter au jardin quitte à répéter toute l'opération au printemps prochain.

Au centre des pots décoratifs ou des petits bacs, essayez l'une ou l'autre des variétés de *Celosia argentea* dans différents tons de jaune, de rouge et d'orange.

Pour vous distinguer

Pour varier l'apparence de vos boîtes à fleurs ou de vos paniers suspendus, plantez-y quelques plants de lierre d'intérieur que vous pourrez rentrer à l'automne devant une fenêtre bien éclairée. Vous pouvez aussi utiliser des boutures de ces lierres à condition qu'elles aient été faites en février.

Pour vous distinguer

Confectionnez une **mini-tourbière** pour y planter des espèces de milieux acides, comme les fougères, les rhododendrons, les azalées, les andromèdes du Japon, les daphnés, les cypripèdes (sabots de Vénus), les gentianes, les sarracénies, les kalmias, les bleuets, les thé du Labrador (*Ledum*), les molinias, etc. Voici une méthode de base:

- Creusez un trou d'environ 1 m de diamètre et de 60 à 80 cm de profondeur.
- Recouvrez le fond d'une toile imperméable. Percez-la au couteau à deux ou trois endroits afin d'assurer un très léger écoulement.
- Remplissez le trou avec un mélange contenant au moins 50 p. 100 de tourbe de sphaigne; le reste peut être constitué de compost ou encore d'un mélange de terre consistante et de compost.

Pour créer un simple **milieu humide**, peu ou pas acide, utilisez la même méthode, mais ne mettez pas de tourbe de sphaigne dans le trou.

Daphne mezereum

Molinia cærulea 'Variegata'

Gentiane, *Gentiana dahurica*

Sarracénie, *Sarracenia purpurea*

Azalée, *Azalea* 'Golden Light'

Kalmia polifolia

Façade et cour arrière

Si vous possédez une maison de pierres de style ancien ou si vous voulez fleurir les abords d'une vieille grange en bois, plantez des **roses trémières** le long des murs, dans une plate-bande d'au moins 75 cm de largeur. Le meilleur effet est produit avec des fleurs simples dans les tons de rose et de rouge. Ces bisannuelles se ressèment toutes seules, selon les fantaisies de Dame Nature.

Couvre-sol

Une fois les plates-bandes garnies de vos plantes préférées, choisissez les espèces de **couvre-sol** qui conviennent le mieux aux différentes parties de votre aménagement.

Autour des azalées, rhododendrons, hydrangées, fougères, magnolias et autres plantes de sols acides et de tourbières, plantez un arbuste rampant, indigène et rustique jusqu'en zone 2, le **lédon du Labrador,** qui donne des fleurs blanches et ne dépasse pas 60 cm de hauteur.

Dans une plate-bande ensoleillée ou semi-ombragée de zone 4 ou 5, où les plantes principales sont plutôt du genre vertical, utilisez **l'houttuynia,** une plante très originale à feuillage vert, jaune et rose, qui se répand par voie souterraine. Il lui faut deux ou trois ans avant de former un tapis compact, mais quel spectacle! Parfois très zélé, il nécessite un contrôle de croissance suivi.

Houttuynia cordata 'Chameleon'

PLANTES ANNUELLES

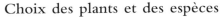

Choix des plants et des espèces

Lorsque vous voulez acheter des annuelles en **caissettes**, voici les points sur lesquels vous devez vous attarder:

- Un feuillage jaune ou jauni est un signe de stress: n'achetez pas.
- Plus les tiges sont courtes, plus le plant est trapu et plus facile sera la reprise.
- Moins il y a de fleurs, plus les plants en produiront une fois installés.
- Une terre friable dans la caissette rend la transplantation difficile, car elle s'effrite, exposant les racines à l'air.

Comptez le **nombre de plants** par caissette. Il doit y en avoir:

- 9 pour impatiens, bégonia, célosie, coléus;
- 12 pour tagète, grand zinnia, pétunia double, dahlia;
- 15 pour les autres espèces.

Géranium

Si vous prévoyez un été sec, si vous planifiez de longues vacances ou si, tout simplement, la terre de votre jardin sèche rapidement, optez pour des espèces qui résistent assez bien à des manques d'eau plus ou moins prolongés: **nicotines, œillets d'Inde, roses d'Inde, zinnias, géraniums** et **pourpiers**.

Préparation du sol

Bêchez bien la terre avant d'y installer vos annuelles. Bien ameublie, elle contiendra l'air nécessaire aux racines et il sera facile d'y planter vos espèces préférées à la main et rapidement. Cela présente un avantage à la fois pour les plantes et pour le jardinier.

Semis

Deux à trois semaines avant la fin définitive des risques de gelée, vous pouvez semer directement au jardin **cosmos, soucis, coquelicots, œillets d'Inde, zinnias, tournesols, clarkias, godétias, capucines, centaurées, brachycomes et browallias, statices, lins rouges, silènes, ibéris.**

Pour des **cléomes** produits directement au jardin, semez-en dès le début de la saison. Les gels légers ne devraient pas faire trop de dégâts.

Pour obtenir de jeunes plants de **cléomes** en toute fin d'été, voire en début d'automne, semez-en en fin de Printemps Deux. Les tiges droites et souples, non ramifiées, donnent d'excellentes fleurs coupées, de longue durée, en début de floraison.

À la mi-saison, dans toutes les régions, semez **lobélias** et **lysianthus**.

Godetia grandiflora

Capucine, Tropæolum majus

Brachychome iberidifolia

Lin, Linum grandiflorum
'Rubrum'

Browallia elata

Silene armeria

Cleome spinosa

Lysianthus

Clarkia elegans

Éclaircissage

L'éclaircissage n'est pas absolument obligatoire si vous avez semé clair, mais il est fortement recommandé pour donner à chaque plante sélectionnée l'espace nécessaire pour bien développer à la fois ses tiges et ses racines. **Distancez** les plants en tenant compte des dimensions adultes de chaque espèce.

Si vous semez des **clarkias** directement au jardin, éclaircissez dès que les plants atteignent 5-7 cm de hauteur afin qu'ils puissent se ramifier librement et fleurir abondamment. Espacez-les de 10-15 cm et, pour augmenter la ramification, coupez le bourgeon terminal.

Plantation et transplantation

Même si la tentation vous tenaille, ne succombez pas. Ne plantez pas les annuelles trop serré. Les **intervalles** à respecter sont directement proportionnels à la hauteur des espèces qui vous intéressent. Ils vont de 20 cm pour les basses à 50 cm pour les hautes. Tenez compte de l'effet que vous voulez produire avant de choisir l'espèce que vous planterez.

Mise en garde

On conseille généralement d'enterrer la tige des annuelles à la plantation pour favoriser la formation de racines supplémentaires. Cette méthode n'est pas recommandée pour les impatiens et les bégonias qui risquent de jaunir et même de pourrir.

Impatiens

Begonia semperflorens

Pour vous faciliter la tâche

La distance qui sépare, une fois la main écartée, l'extrémité du pouce et l'extrémité de l'auriculaire est d'environ 20 cm. Servez-vous de ce merveilleux instrument!

Dans les bacs et les **boîtes à fleurs,** les intervalles peuvent être réduits mais jamais assez pour donner immédiatement un effet de plénitude. On a déjà vu des jardiniers de bonne volonté planter des caissettes entières dans des boîtes à fleurs de 60 cm de longueur. Quelle horreur une fois le mois d'août venu!

À la plantation, éliminez **fleurs** et **bourgeons à fleurs.** Cette opération a pour but de concentrer l'énergie des plantes sur la formation de racines, car une plante bien enracinée et bien établie se mettra plus rapidement à pousser et fleurira plus abondamment. La floraison est retardée de 2 à 3 semaines, mais elle aura vite rattrapé le temps perdu.

Si vous êtes du genre étourdi ou hyperoccupé, évitez de planter des **browallias** dans les boîtes à fleurs. Les risques de sécheresse sont très élevés et les plantes ne s'en remettraient pas.

Plantez la **délosperma** et le **pourpier,** annuelles rampantes à feuilles épaisses, dans un sol qui sèche relativement facilement. Un excès d'eau leur serait fatal. Comme leur développement est réduit et leurs exigences minimales, ils peuvent se débrouiller dans quelques poignées de terre, même assez pauvre. Plantez-en dans les moindres interstices et vous serez surpris. Arrosez ou laissez faire les pluies.

Multiplication

Les **coléus** sont des plantes qui se bouturent
facilement. Prélevez des portions de tiges dès
que les jeunes pousses ont 10 cm de longueur. Faites-les enraciner dans un pot contenant de la vermiculite pure ou mélangée avec
un peu de terre. En quelques semaines, à partir d'un seul plant, vous aurez tôt fait de créer
un petit massif. Imaginez avec une demi-
douzaine de plants…

Taille

La plupart des annuelles fleurissent beaucoup
plus si on leur coupe la tête au moment de la
plantation ou quand elles atteignent 10-
20 cm de hauteur. Si vous hésitez, limitez-
vous aux **espèces à feuillage décoratif**: coléus,
kochie, marjolaine dorée, immortelle (*Helichrysum petiolatum*) et aux **espèces hautes**: cléomes,
cosmos, giroflées, célosies, centaurées, mufliers,
tithonias et autres tournesols.

Coleus blumei

Kochie, *Kochia scopparia*

Immortelle, *Helichrysum petiolatum*

Centaurée, *Centaurea cyanus*

Muflier, *Anthirrhinum*

Tithonia rotundifolia

Floraison

Pour cascader des boîtes à fleurs, les **géraniums lierres** sont de véritables acrobates. Résistants, peu exigeants, capables de se passer de boire pendant plusieurs jours, ramifiés quand on les taille, ils ne déçoivent jamais. Dans cette catégorie, n'oubliez pas la série des «rois des balcons», très florifères et à feuilles plus petites. Époustouflants!

Fertilisation

Dans une bonne terre, et même dans les boîtes à fleurs, la fertilisation n'est pas nécessaire avant l'été, mais en fin de saison, commencez à arroser les annuelles avec du **«thé de compost»**, dont la recette se trouve à la p. 129.

Soins particuliers

Si vous avez planté des espèces qui risquent de **geler** avant la fin complète des risques de gelées blanches du matin, il est préférable d'avoir sous la main une toile de polypropylène ou une toile de polyéthylène thermique avec laquelle vous couvrirez vos cultures. Ces toiles protègent jusqu'à –2 °C. Comme elles ne coûtent pas très cher, elles peuvent entrer dans la panoplie du jardinier dans toutes les régions.

> ### Mise en garde
> Arroser le sol autour des plants, le soir, lorsqu'une gelée est annoncée, n'est pas une bonne idée: au contraire, les plantes risquent de geler encore plus au niveau des racines. Les gelées dangereuses sont les gelées blanches qui ont lieu au lever du soleil. Elles laissent une couche de givre blanc sur les plantes. Ce phénomène provient du passage direct de la vapeur d'eau contenue dans l'air à l'état solide de givre sans passer par l'état liquide.

En prévision d'un été chaud et humide, étendez un paillis au pied des **annuelles** pour qu'elles ne manquent pas d'eau et pour que leurs racines bénéficient d'une température relativement fraîche, propice à une croissance ininterrompue.

PLANTES AQUATIQUES ET JARDINS D'EAU

Préparation du sol

Tout autour du bassin, là où vous planterez les plantes de rivage, apportez une bonne **terre consistante**. Si vous plantiez directement dans le sable ayant servi à la construction du bassin, vous vous exposeriez à de sérieux problèmes de sécheresse en plein été et vos plantes de lieux humides ne feraient pas long feu.

Plantation et transplantation

Attendez une bonne **semaine** que votre construction se stabilise avant d'installer les plantes autour et dans le bassin.

Dès que les gels ne sont plus à craindre, introduisez les **plantes flottantes** (jacinthes et laitues d'eau) et les **plantes tropicales** (cypérus, nénuphars tropicaux et lotus) dans le bassin.

Bien que la végétation des jardins d'eau soit surtout constituée d'arbustes et de vivaces, vous pouvez essayer une annuelle relativement peu colorée qui, associée aux graminées ornementales, produit des effets très doux, très discrets, très élégants. Il s'agit de *Celosia argentea 'Flamingo'* (40-50 cm), aux petits épis rose et blanc.

Très jolie plante à installer au jardin d'eau à cause de son feuillage souple et arqué, le **liatris,** blanc ou violet, ne peut cependant pas vivre les racines dans l'eau.

Pour ajouter du mouvement et de la majesté aux berges du bassin et pour contraster avec l'étendue horizontale de l'eau, plantez les imposants *Ligularia stenocephala 'The Rocket'* ou une espèce semblable, *Ligularia prezewalski,* qui tolèrent assez bien de vivre les racines dans l'eau.

Autres plantes qui ne dédaignent pas la baignade du bout des racines: les **lobélies**. Il existe

Lotus, *Nelumbo* 'Mrs. Penny D. Slocum'

Jacinthe d'eau, *Eichhornia crassipes*

Liatris spicata 'Floristan Blanc'

Cyperus alternifolius

Ligularia stenocephala 'The Rocket'

Lobelia gerardii X
'Vredariensis'

maintenant quatre variétés de ces grandes élégantes, deux à fleurs rouges, une à fleurs bleues et une à fleurs presque violettes, époustouflante, la *Lobelia gerardii X* 'Vredariensis'.

Les feuilles étroites, effilées et droites sont souvent associées dans notre esprit aux milieux aquatiques, au même titre d'ailleurs que les feuilles du même genre mais arquées. Parmi celles de la première catégorie qui méritent une attention particulière, il y a bien sûr les mini quenouilles, mais aussi une ravissante graminée, l'**acorus,** à feuillage vert ou panaché selon la variété.

Multiplication

Le début de la saison est la meilleure époque pour diviser les vraies plantes aquatiques. Sortez **nénuphars** et **lotus** de leurs paniers et divisez-les en partageant les rhizomes en trois ou quatre touffes égales.

Floraison

Pour une floraison régulière et abondante des nénuphars *(Nymphæa)*, assurez-vous qu'il n'y a pas de grandes variations du **niveau d'eau.**

Les poissons

On estime à **1 m²** la superficie de bassin nécessaire pour faire vivre un poisson de petite taille; trois fois plus pour un poisson de grande taille.

En début de saison, redonnez leur **liberté** aux poissons qui ont passé l'hiver dans un aquarium à l'intérieur et, si vous en avez pris l'habitude, recommencez à nourrir ceux qui ont passé l'hiver dehors, en hibernation.

Soyez délicat avec les poissons, quelle que soit l'espèce. Avant de les lâcher dans le bassin, laissez flotter le sac dans lequel vous les avez transportés pendant 30 minutes, histoire de les **acclimater** tranquillement à la température de celui-ci. Ensuite, ouvrez-le et redonnez leur liberté aux poissons.

Pour économiser

Dans un bassin où la vie aquatique est équilibrée, il n'est pas nécessaire de nourrir les poissons. De toute façon, la moulée n'est qu'un supplément alimentaire.

Fertilisation

En milieu de saison, vous pouvez fertiliser **une première fois** les plantes aquatiques et de lieux humides qui sont cultivées en paniers. Bien que cette opération ne soit pas obligatoire, elle est fortement recommandée, car la quantité de terre mise à la disposition des plantes est très limitée. Procurez-vous les engrais appropriés chez un spécialiste. Il est recommandé, mais pas obligatoire, de fertiliser une fois par mois.

Nettoyage

Continuez à introduire des **bactéries** dans tous les bassins chaque semaine mais surtout dans les petits. Ces micro-organismes transforment l'ammoniaque provenant des excréments de poissons en nitrates que les plantes peuvent assimiler par la suite. Les bactéries consomment les mêmes minéraux que les algues et leur font une concurrence impitoyable. Elles ont donc un grand rôle à jouer dans la propreté de l'eau.

ARBRES

Préparation du sol

Vous trouverez les conseils concernant la préparation du sol à la p. 26.

Choix des plants

Avant de payer les arbres que vous avez choisis, passez-les à la loupe: assurez-vous que le **tronc** est bien droit et qu'il n'est marqué ni de plaies ni de boursouflures. Vérifiez ensuite que les **branches** sont en bon état, que les **feuilles** sont saines, entières et de la bonne couleur. Enfin, la **terre** devrait être humide, même légèrement.

Plantation et transplantation

Les conseils généraux de plantation sont énoncés aux pp. 26 à 28.

Le **catalpa** et le **tulipier** sont des arbres dont la limite de rusticité officielle ne dépasse guère la région de Montréal (zone 5). En zone 4 — et peut-être même en zone 3, il faudrait essayer —, ils survivent à l'hiver à deux conditions:

• la couverture de neige doit être aussi épaisse que possible (1 m minimum);

• vous devrez considérer vos arbres comme des arbustes. En effet, leurs branches gèleront au-dessus de la couche de neige protectrice et de nouvelles

Catalpa speciosa (jeune)

tiges partiront de la base. Elles pourront dépasser 2 m de croissance par année dans une bonne terre, mais il n'y aura jamais de tronc.

Mises en garde

- Ne plantez pas de catalpa ou de tulipier dans un endroit venteux.
- Ne plantez pas de tilleul dans un terrain qui risque d'être inondé, même temporairement.

Multiplication

Prélevez les gourmands enracinés à la base de l'**aralie japonaise** et empotez-les dans des pots de 20 cm contenant une terre légère, des copeaux fins, de la vermiculite et du

Aralie japonaise, *Aralia elata*

Pommetier, *Malus* (hybride)

compost. Cultivez à l'ombre partielle pendant un an. Enfouissez les pots dans une tranchée pour passer l'hiver.

En début de saison, sortez les boutures de **pruniers** décoratifs, de **pommetiers** et de **mûriers** que vous avez enfouies dans du sable l'été dernier et plantez-les une par une dans une plate-bande sablonneuse ou en pots de 10 cm de diamètre.

Taille

Taillez les **pommetiers** et les **aubépines** — surtout les jeunes — aussitôt que la floraison est terminée: coupez les tiges frêles de l'intérieur, éclaircissez celles qui se touchent et se gênent, éliminez les fourches.

Les **pommetiers**, les **aubépines**, les **féviers** et quelques autres espèces ont la manie, même une fois bien formés, de laisser pousser de jeunes tiges le long de leur

Févier, *Gleditsia triacanthos* 'Shademaster'

beau tronc bien droit. Ne succombez pas à leur caprice et, d'un coup de lame précis, coupez leur excès de zèle. Sinon, comme ces jeunes tiges sont plus près des racines que le reste de la ramure, l'arbre y déversera toute son énergie au détriment de sa propre esthétique.

Lorsqu'un jeune arbre est bien formé et que des branches vigoureuses lui assurent une charpente solide et équilibrée, ne laissez pas pousser de **gourmands** à la base du tronc. Taillez-les le plus près possible des racines de façon à limiter les risques de récidive.

Aubépine, *Cratægus crus-galli*

Mise en garde

Chez les bouleaux, la taille devrait être réservée aux jeunes sujets et encore, avec parcimonie. Les adultes réagissent très mal à l'élagage intempestif. Ils ne supportent qu'une taille d'entretien régulière dont les origines remontent à la taille de formation. Celle-ci a pour but, comme sur toutes les espèces, de sélectionner les meilleures branches latérales comme éléments de charpente du futur adulte.

Jeune bouleau pleureur, *Betula pendula* 'Youngii'

Si, en fin de saison, certaines branches de **catalpa** ne montrent aucun signe de reprise, vous pouvez les tailler, mais ne laissez pas de chicots, complices des parasites.

À la plantation des **pruniers décoratifs,** choisissez trois à cinq latérales bien réparties autour du tronc et éliminez les autres. Au fur et à mesure de la croissance, choisissez de nouveaux étages de latérales. Ne coupez pas la tête des arbres tant qu'ils n'ont pas atteint la hauteur désirée.

La beauté des **aulnes,** surtout ceux qui ont des feuilles découpées, est rehaussée lorsque leur tronc unique est dégarni sur au moins 1,50 m de hauteur. Coupez à ras tout ce qui pourrait nuire à cet équilibre.

Hêtre pleureur, *Fagus sylvatica* 'Pendula'

Soins particuliers

Si vous créez des plates-bandes au pied des arbres adultes et si vous devez pour cela remblayer quelque peu, aménagez une cuvette à la base du tronc. C'est là en effet, à la jonction de la partie aérienne et de la partie souterraine de l'arbre, que se trouve le **collet.** Celui-ci, très sensible, risquerait littéralement d'étouffer et d'entraîner l'arbre dans sa décrépitude s'il était enfoui.

Voici un truc pour faire pousser une branche sur un jeune tronc lisse, dans la direction que vous voulez. Il ne fonctionne cependant pas à tous les coups. Avec un couteau finement aiguisé, faites une **coupure horizontale,** dans l'écorce seulement, sur environ un quart à un tiers de la circonférence. Si, en dessous de la coupe, se trouve un bourgeon latent, il va se mettre à pousser sous la force de la sève venant des racines. En lui coupant l'arrivée de sève des feuilles, vous l'aurez réveillé.

Insectes et maladies

Lorsque les fleurs de votre **pommetier** noircissent au lieu de brunir et que vous observez des coulées de liquide noir des branches vers le bas du tronc, cela signifie qu'il est atteint d'une maladie bactérienne. Éliminez les parties malades avec un couteau ou un sécateur que vous désinfecterez à l'alcool par la suite.

ARBUSTES

Fustet, *Cotinus coggygria*

Sorbaria sorbifolia

Physocarpe, *Physocarpus opulifolius* 'Aureus'

Préparation du sol

Si vous plantez un **fustet** *(Cotinus)*, ne vous fatiguez pas à enrichir la terre. Cet arbuste se contente en effet de sols caillouteux, bien drainés, contenant si possible de petites quantités d'argile.

Choix des plants

Avant de payer les arbustes que vous avez choisis, passez-les à la loupe comme on le fait pour les arbres. Voir p. 105.

Plantation et transplantation

À cause de leur feuillage très décoratif et de leur floraison plumeuse, les **sorbarias** forment de magnifiques massifs. Ils s'étendent rapidement par la production abondante de drageons. Donc:

- Ne les plantez pas trop serrés: à 1,50–2 m d'intervalle.
- Bêchez la terre sur un diamètre d'au moins 1,50 m autour de l'emplacement des futures plantes.

Pour que le feuillage de *Physocarpus opulifolius* **'Aureus'** soit le plus jaune possible et que ses tiges soient très solides, cultivez cet arbuste en plein soleil, même s'il supporte bien de passer le plus clair de sa vie à l'ombre.

Multiplication

En début de saison, profitez d'un temps libre pour essayer de bouturer les racines des arbustes suivants: **cognassier du Japon, cotonéaster, daphné, fustet, lilas, sorbaria, symphorine, vinaigrier.** Prélevez une portion de racines de 5 à 6 cm de longueur, grosse comme un crayon, et plantez-la verticalement dans un pot de 10 cm de diamètre.

Toutes les espèces qui produisent des **drageons** (tiges partant des racines), vinaigriers, acanthopanax, sorbarias, corêtes, sureaux, etc., peuvent être multipliées par prélèvement de ceux-ci avec une bêche bien affûtée. Arrosez avant l'opération et dégagez une bonne motte de terre. Empotez les drageons dans des pots de 20 cm contenant une terre légère, des copeaux fins, de la vermiculite et du

Érable du Japon, *Acer palmatum* 'Ornatum'

Cotoneaster dammeri

Cognassier du Japon,
Chænomeles superba

Spirée, *Spiræa X bumalda*
'Anthony Waterer'

Noisetier, *Corylus maxima* 'Purpurea'

compost. Cultivez à l'ombre partielle pendant un an. Enfouissez les pots dans une tranchée pour passer l'hiver.

Pratiquez le marcottage sur les **érables du Japon**, les **noisetiers**, les **spirées**. Recouvrez de terre au moins 10 à 20 cm de la longueur d'une branche basse vigoureuse, couchée, et maintenez-la en place avec une pierre grosse comme la main.

Taille

Les vieux **lilas** peuvent être rajeunis si l'on coupe les vieilles tiges à environ 1-1,5 m du sol. Mais, pour ne pas défigurer complètement la plante et pour se ménager une floraison permanente, il est préférable de couper simplement un tiers du nombre des tiges chaque année. Le rajeunissement est donc réparti sur 3 ans.

Après la floraison du **cognassier du Japon**, éliminez les branches les plus vieilles, raccourcissez les autres de 25 à 30 p. 100 de leur longueur et supprimez les tiges frêles qui poussent vers l'intérieur.

Lorsque les **caraganas** auront fini de fleurir, raccourcissez d'environ un tiers les branches les plus vigoureuses pour favoriser la croissance de nouvelles tiges qui porteront des fleurs l'an prochain.

Après la floraison des **cytises**, réduisez de moitié les tiges les plus vigoureuses et supprimez les plus faibles. Ne laissez pas trop vieillir les branches principales: éliminez les plus anciennes et remplacez-les par les plus jeunes.

Caragana arborescens 'Pendula'

Lilas, *Syringa prestoniæ*

Cytise, *Cytisus præcox* 'Albus'

Supprimez les drageons qui sortent de terre au niveau des racines sur les **corêtes** et les **sureaux** en particulier. Ils détournent la sève qui devrait alimenter la plante principale.

Limitez la taille des **rhododendrons** à l'élimination graduelle et régulière des branches de plus de 5 ans. Leur capacité à fleurir diminue avec l'âge.

Après la floraison des **pruniers décoratifs** et des **robiniers**, supprimez les branches de plus de 5 ans pour favoriser à la base la croissance de jeunes tiges plus florifères. Si des branches se gênent, éliminez celles

Robinier, *Robinia hispida*

qui se dirigent vers l'intérieur, celles qui sont très verticales ou trop horizontales. Respectez la forme générale arrondie de l'arbuste.

Après la floraison des **philadelphus**, taillez du tiers les branches vigoureuses. Éliminez les branches maîtresses de plus de 4-5 ans. Lorsqu'il en repoussera d'autres, vous garderez uniquement les plus vigoureuses.

Les **mahonias** vivent bien si on les laisse proliférer à leur gré, mais ils ne dédaignent pas que l'on pratique sur eux, un peu chaque année, une taille de rajeunissement. En effet, une branche de plus de 5 ans peut être considérée comme vieille. Tous les ans, taillez à 15-20 cm du sol un cinquième des branches en commençant par les plus âgées. Cette méthode permet de garder une forme équilibrée à l'arbuste, de lui assurer une floraison continue, bref de bien répartir ses énergies.

Les **bouleaux arbustifs** n'ont théoriquement pas besoin de taille, car leurs formes sont naturellement très élégantes. Le jardinier audacieux peut stratégiquement couper quelques branches pour en mettre en valeur la direction ou la courbure, mais il devra attendre la fin de la saison.

Sureau, *Sambucus nigra* 'Laciniata'

Mahonia aquifolium

Bouleau arbustif, *Betula dissectum* 'Trost Dwarf'

Floraison

Dès que la floraison des lilas est terminée, éliminez les **fleurs fanées** et raccourcissez les branches qui ont fleuri.

Mise en garde

Attention en enlevant les vieilles fleurs fanées sur les azalées! De jeunes pousses se forment juste en dessous. Les arracher compromettrait la future floraison.

Enlevez aussi les fleurs fanées sur les **azalées** et les **rhododendrons** pour les empêcher de dépenser leur énergie à fabriquer des graines. Tout ce que vous voulez, c'est qu'ils fabriquent de nouvelles pousses sur lesquelles s'installera en abondance la prochaine floraison.

Fertilisation

En fin de saison, commencez à arroser les arbustes à fleurs avec du «**thé de compost**», dont la recette se trouve à la p. 129.

Insectes et maladies

Vers la fin de la saison, surveillez les **pucerons** sur les rosiers, les viornes, les physocarpes. L'extrémité des jeunes pousses constitue leur mets préféré. Pour vous en débarrasser de façon écologique, plusieurs méthodes s'offrent à vous. Commencez par déloger les intrus en les aspergeant avec un jet d'eau assez fort. Une fois par terre, ils ouvriront peut-être l'appétit d'un oiseau ou d'un batracien. S'ils récidivaient, préparez une potion à base de feuilles de rhubarbe, d'ail, d'oignon ou de poivre de Cayenne. Ils finiront par se décourager... avant vous. Les pucerons sont aussi sensibles aux applications de savon insecticide et les **chenilles** à l'application d'un produit bactériologique appelé B.T.

Soins particuliers

Lorsque vous juxtaposez un arbuste à **feuillage vert ou rouge** (genre *Prunus cistena*) et un arbuste à feuillage panaché (genre *Cornus alba* 'Elegantissima'), espacez-les largement. Le premier est souvent génétiquement plus vigoureux que le second. Il finira par l'étouffer s'il empiète sur l'espace vital de l'autre.

Cornouiller, *Cornus alba* 'Elegantissima'

BULBES

1-ANNUELS

Culture à l'intérieur

On commence la **culture intérieure** des bulbes annuels environ 4 semaines avant leur sortie au jardin. Si vous n'y avez pas encore songé, ne tardez plus.

Quand vous empotez des tubercules de **bégonias** à l'intérieur ou quand vous les plantez directement au jardin, assurez-vous d'une part que la terre est plutôt du genre sablonneux et d'autre part que le dessus des tubercules n'est recouvert que d'une mince couche de terre. Gardez le tout humide mais sans excès.

Begonia tuberosa

Glaïeul, *Gladiolus*

Crocosmia crocosmæflora

Préparation du sol

Si vous ne l'avez pas fait au Printemps Un, bêchez la terre en y incorporant une bonne dose de **matière organique.**

Plantation et transplantation

Les plus beaux **glaïeuls** sont produits dans les sols légers, plutôt sablonneux, mais riches. Si vous les plantez serrés (un bulbe tous les 6-8 cm), le tuteurage sera sans doute superflu, mais s'il est nécessaire, utilisez de petits tuteurs de bambou verts que vous disposerez près des plants adultes de manière qu'ils soient invisibles ou presque, cachés par le feuillage.

Pour vous distinguer

Si vous plantez tous vos bulbes de glaïeuls en même temps, vous récolterez toutes leurs fleurs coupées en même temps. Pour étaler le plaisir, étalez la plantation. Essayez par exemple de planter 10 bulbes par semaines pendant 3 ou 4 semaines. Et pour raffiner encore le principe, regroupez les fleurs de même couleur par cinq. C'est en effet le nombre de tiges qu'il faut pour composer un bouquet spectaculaire... et le spectaculaire l'est encore plus quand on ne mélange pas les couleurs.

Cultivez le **crocosmia** en touffes de 5 à 10 bulbes espacés de 5-10 cm. Placez-les devant un arrière-plan sobre, végétal ou non, d'une part pour que les lignes vigoureuses de leurs feuilles élancées affichent toute leur élégance, d'autre part pour que les petites fleurs rouges, jaunes ou orange soient bien visibles.

Si vous souhaitez **transplanter** des plantes en cours de croissance ou pendant la floraison, il vous suffit de prendre quelques précautions: arrosez copieusement la veille, préparez le trou à l'avance, procédez à la transplantation le plus rapidement possible, tassez légèrement et arrosez aussitôt.

Floraison
Cueillez les fleurs de bulbes annuels quand la couleur commence à paraître sur les premiers bourgeons qui s'ouvrent.

Soins particuliers
Sortez les bacs contenant les **agapanthes** 1 ou 2 semaines avant la fin des risques de gel. Si les jeunes pousses sont sorties, attendez que tout danger soit écarté.

2- VIVACES

Préparation du sol
Voici un truc pour préparer **à l'avance** la terre de vos plantations de bulbes vivaces, sans pour autant garder le terrain nu tout l'été. Bêchez les endroits que vous avez sélectionnés pour les tulipes, narcisses, etc. et enfouissez en même temps une brouette de vieux compost ou de vieux fumier pour 2 m^2 de culture. Décorez le tout avec des annuelles jusqu'aux premiers gels d'automne, puis arrachez celles-ci. Il vous suffira d'un léger coup de croc et de râteau pour mettre la terre en état de recevoir les belles du printemps.

Plantation et transplantation
Si vos plantations de **tulipes** ont plus de 5 ans, il serait judicieux de les arracher et de replanter les bulbes une fois que vous aurez enrichi la terre d'une bonne dose de vieux compost. Si vous enfouissez du fumier, vous devrez attendre 1 an avant de planter. Vous pouvez arracher les bulbes maintenant et les regrouper dans une tranchée au fond du jardin jusqu'à ce que le feuillage ait jauni, ou bien attendre cet indispensable jaunissement avant de les déterrer.

Agapanthe, *Agapanthus umbellatus*

Tulipe, *Tulipa 'Rosy Wing'*

Lis, *Lilium* 'Rosita'

Multiplication

Si vous avez été tellement séduit par une variété de **lis** que vous souhaitez la reproduire à plusieurs exemplaires, arrachez deux ou trois bulbes dès que la terre le permet. Détachez-en soigneusement les écailles extérieures les plus charnues et plantez-les soit dans une plate-bande sablonneuse aménagée en pépinière, soit dans des pots de 10 cm que vous ferez hiverner dans une tranchée l'automne prochain. Replantez ce qui reste de chaque bulbe dans un coin de plate-bande fraîchement préparé.

Quand vous arrachez vos bulbes pour une raison ou pour une autre, récoltez les **bulbilles** qui se développent à leur base et plantez-les dans une terre sablonneuse où ils grossiront pendant plusieurs années avant de fleurir à leur tour.

Floraison

En vous promenant dans votre jardin ou en inspectant vos plantations, d'un coup de poi-gnet vif, supprimez les fleurs fanées de tulipes, narcisses et autres plantes bulbeuses ou, si les pétales sont tombés, le petit sac charnu qui contient les graines. Vos plantes ont besoin de concentrer leur énergie à se préparer pour le printemps prochain. Pas à faire des petits.

Insectes et maladies

Surveillez la présence d'**insectes rouges** et de leurs larves sur les feuilles de lis qu'ils peuvent dévorer en quelques jours. Il existe des produits chimiques pour détruire les indésirables mais, par souci écologique, délogez-les en aspergeant les plants avec de l'eau sous pression. Lorsqu'ils sont par terre, écrasez-les d'un coup de pied rageur et vindicatif. Ensuite, plantez à la base des lis toutes sortes de plantes aromatiques dont les effluves ont des chances d'envoyer les intrus… chez les voisins.

Soins particuliers

Même quand la floraison des tulipes, des narcisses et autres plantes bulbeuses est terminée, laissez les feuilles en place, car elles sont nécessaires au bulbe pour refaire ses forces en vue de la **prochaine floraison**. Vous pourrez couper ces feuilles quand elles commenceront à jaunir légèrement.

La meilleure façon de camoufler les **feuilles jaunissantes** consiste à planter à proximité des vivaces au feuillage abondant, comme les hostas et les armoises, ou des graminées pas trop envahissantes, à feuillage dense, comme l'arrhénathérum et l'hakonéchloéa. Les annuelles basses, comme les impatiens, font parfaitement l'affaire mais il faut répéter la plantation tous les ans.

CONIFÈRES

Préparation du sol

Vous trouverez les informations générales sur la préparation du sol à la p. 44.

Plantation et transplantation

Les conseils généraux de plantation sont énoncés à la p. 44.

Si vous voulez cultiver des conifères en **bacs,** essayez le *Thuya occidentalis* 'Emerald' qui se prête plutôt bien à l'exercice. Plusieurs précautions s'imposent:

- Le diamètre du bac doit être au moins cinq fois plus élevé que celui du pot. Le bac doit contenir une terre riche (compost), légère (perlite), plutôt acide (tourbe de sphaigne) et gardant bien l'humidité (vermiculite). Il devrait être de couleur claire pour éviter la surchauffe des racines.

- Vous devrez arroser souvent: les conifères sont de grands assoiffés.
- Vous devrez rentrer le bac en hiver dans un endroit froid mais sans excès, ou bien l'enterrer dans un endroit protégé du vent.

Thuja occidentalis 'Emerald'

Multiplication

La meilleure façon de multiplier les conifères est par **semis.** Cette opération peut être effectuée en automne ou au printemps. La récolte des cônes et des graines devrait avoir lieu en automne pour éviter que les graines ne se dispersent pendant l'hiver.

Le **bouturage** est souvent pratiqué par les producteurs. Il nécessite l'utilisation d'une serre ou d'un abri où les conditions de culture sont facilement contrôlables. Sur les thuyas et les faux-cyprès, l'expérience est particulièrement intéressante.

Genévrier, *Juniperus horizontalis* 'Glomerata'

Pruche, *Tsuga canadensis* 'Gentch White'

Épinette blanche, *Picea glauca*

Sapin, *Abies koreana*

Il est relativement facile de **marcotter** les espèces et variétés rampantes de genévrier, de pruche, d'épinette noire et d'épinette blanche. Dégarnissez la partie des tiges qui sera recouverte de terre et maintenez-la enterrée avec une pierre de la grosseur d'une main. Si la plante sélectionnée est déjà installée dans une terre lourde, recouvrez la branche avec de la terre sablonneuse rapportée. Sinon, pratiquez l'opération sur une plante fraîchement sortie de la pépinière après avoir enfoui le pot dans un endroit sablonneux.

Taille

La taille des conifères n'est absolument **pas nécessaire**. Elle a lieu vers la fin du Printemps Deux ou au début de l'Été.

La taille des **pins** *(Pinus)*, celle des **sapins** *(Abies)* et celle des **épinettes** *(Picea)* sont basées sur un principe commun: alors que les toutes nouvelles pousses n'ont pas tout à fait fini leur développement, raccourcissez-les d'un tiers à la moitié.

Si vous souhaitez empêcher **pins, sapins** et **épinettes** de prendre trop d'expansion, éliminez les jeunes pousses dès qu'elles ont 2-3 cm de long, en les tordant avec les doigts. Attention cependant de ne pas pratiquer cette ablation radicale plus de 2 ans de suite, sinon la plante risque de s'affaiblir indûment. Si, pour des raisons d'espace, il faudrait continuer l'opération pendant plus de 2 ans, laissez vos conifères se reposer 2 ans au moins avant de recommencer. Mais demandez-vous alors s'ils ne sont pas plantés trop près d'un autre végétal ou d'une construction. Dans ce cas, envisagez sérieusement la possibilité de les déménager, au prochain Printemps Un.

La taille des **genévriers** *(Juniperus)*, des **cyprès de Sibérie** *(Microbiota)* et des **faux-**

Faux-cyprès, *Chamæcyparis lawsoniana* 'Minima Glauca'

Pin, *Pinus strobus* 'Blue Shag'

If, *Taxus cuspidata* 'Bright Gold'

Cyprès de Sibérie, *Microbiota decussata*

cyprès *(Chamæcyparis)* ne devrait viser qu'à rendre les jeunes branches plus fournies et les plants plus compacts. Coupez les nouvelles pousses d'un tiers ou de la moitié. Si vous souhaitez réduire la dimension des plantes, coupez les plus grosses branches à la jonction d'une jeune pousse dirigée vers le haut qui, en grandissant grâce à un nouvel afflux de sève, finira par cacher l'inesthétique plaie.

Sur les **thuyas**, les **pruches** *(Tsuga)*, les **ifs** *(Taxus)*, vous pouvez enlever jusqu'au deux tiers de la longueur des jeunes pousses, selon la vigueur de la plante, l'espace qu'elle doit occuper et la nécessité de la rendre plus fournie. Les pruches sont les conifères qui supportent le mieux les tailles répétées. Elles forment donc de belles grandes haies.

Fertilisation

Une bonne façon de donner un **coup de fouet** aux conifères au printemps consiste à les vaporiser d'un engrais soluble, du 20-20-20 ou une formule encore plus riche en azote, dès que les risques de gel sont passés et de préférence par temps doux, pour une meilleure absorption par les feuilles.

Si vous préférez les produits naturels, dès le début de la saison, commencez à arroser les conifères avec du «thé de compost», dont la recette se trouve à la p. 129.

PLANTES FRUITIÈRES

Préparation du sol

À l'endroit où vous avez l'intention de planter des pommiers, des poiriers, des cerisiers, des pêchers, des abricotiers, des pruniers, la terre doit être **bêchée** profondément sur une superficie égale à environ 1 m² autour de l'endroit prévu de la plantation. Au moment du bêchage, enfouissez une grande quantité de **fumier** ou de compost, soit environ trois sacs ou une brouette par arbre.

Plantation et transplantation

Les méthodes de plantation et de transplantation des arbres fruitiers, des arbustes fruitiers et des vivaces fruitières sont semblables à celles des arbres (pp. 26-28), des arbustes (pp. 35-36). Les vivaces fruitières se plantent comme les vivaces fleuries.

Choisissez des formats **nains** ou semi-nains d'arbres fruitiers. Leur hauteur varie entre 2 et 3 m et ils s'intègrent parfaitement aux petits terrains.

Même si les fleurs de pommiers, de poiriers et de quelques pruniers sont **auto-fécondes,** il est conseillé de planter deux arbres pour une fécondation maximum. Les abricotiers et les cerisiers doux ont absolument besoin d'être deux pour former une famille nombreuse. Il n'y a que les pêchers et les cerisiers aigres qui se suffisent à eux-mêmes.

Du côté de Kamouraska, on cultive depuis très longtemps des petites prunes, jaunes ou bleues, de type **prunes de Damas**. Malgré sa rusticité apparente en zone 4, cette variété doit quand même être abritée pour bien passer l'hiver en zone 4 ou 5.

Pour obtenir une bonne production de **bleuets**, de **groseilles**, de **cassis**, de **mûres** et de **raisins**, il est recommandé de planter côte à côte deux plants de variétés différentes. Mais vous obtiendrez quand même quelques fruits avec un seul plant.

Taille

Les grands principes de taille sont énoncés aux pp. 49-50.

Floraison

Il est fortement conseillé d'éliminer toutes les fleurs des plantes fruitières l'année de leur plantation pour favoriser leur enracinement. C'est un gage de succès et de bonnes récoltes pour l'avenir.

Prune de Damas

Bleuet

Fraise

Framboise

Éclaircissage

Le mot **alternance** sert à désigner la particularité des arbres fruitiers de produire en abondance une année sur deux. L'**éclaircissage** consiste à ne pas laisser plus de deux fruits par bouquet de fleurs chez les pommiers et les poiriers, et pas plus d'un fruit sur trois ou quatre chez les autres espèces.

Fertilisation

Ne cultivez rien, ni gazon, ni fleurs, ni mauvaises herbes, au pied des arbres et des arbustes fruitiers, pendant 3 à 5 ans. D'abord afin d'éviter la concurrence pour les éléments minéraux, ensuite pour faciliter l'entretien du sol, enfin pour mettre tous les ans à la disposition des jeunes plantes une bonne dose de vieux compost ou de vieux fumier.

> ### *Mise en garde*
> Pendant la floraison, il est fortement déconseillé de vaporiser les plantes fruitières avec un insecticide, car de tels traitements peuvent nuire considérablement aux insectes, abeilles et autres, qui favorisent la fécondation des fleurs, donc la production de fruits.

Pour une floraison et une production de **fraisiers** de la fin du Printemps Deux aux gelées d'automne, essayez les variétés de type «Quatre saisons».

Il existe des variétés dites **remontantes** de fraisiers et de framboisiers. Elles fleurissent et produisent au moins deux fois au cours d'une saison.

Pommier

Poirier

Insectes et maladies

Vous pouvez appliquer des **huiles de dormance,** comme insecticide, sur pommiers et poiriers, à condition qu'il ne gèle pas la nuit et seulement jusqu'à ce que les bourgeons ouvrent leurs écailles. Après, cela endommagerait les jeunes pousses.

Au fur et à mesure que les feuilles poussent, une fois par mois si le temps est au beau fixe, vaporisez pommiers et poiriers préventivement avec des produits **fongicides** naturels (bouillie bordelaise et bouillie soufrée en particulier). Augmentez la fréquence des traitements si le temps est pluvieux.

Il existe des variétés de pommiers résistantes à la **tavelure,** ou maladie de la tache noire: Liberty, Red Free, Jonafree. Si elles ne sont pas plus connues, c'est en partie parce qu'elles n'ont pas tout à fait les mêmes qualités gustatives que les variétés populaires.

Installez dès que possible les **appâts** et les **pièges** qui permettront d'attirer les mâles des insectes nuisibles. En cas d'attaque visible d'insectes, traitez avec des produits naturels dès l'apparition des symptômes. Pas avant.

Autres protections

Pour éviter que les **rongeurs** ne dévorent l'écorce sucrée des jeunes arbres, protégez-en la base avec une spirale de plastique pendant les 3 ou 4 premières années de leur existence. Quand l'écorce aura durci, les rongeurs s'en désintéresseront.

Si ce n'est déjà fait, étendez du gazon séché, du foin ou de la paille autour des plants de **fraisiers, groseilliers, cassissiers** et **bleuetiers.**

Mise en garde

Arroser le sol autour des plants, le soir, lorsqu'une gelée est annoncée, n'est pas une bonne idée: au contraire, les plantes risquent de geler encore plus, surtout au niveau des racines. Les gelées dangereuses sont les gelées blanches qui ont lieu au lever du soleil. Elles laissent une couche de givre blanc sur les plantes. Ce phénomène provient du passage direct de la vapeur d'eau contenue dans l'air à l'état solide de givre sans passer par l'état liquide.

Lorsqu'on veut protéger les végétaux contre les gelées blanches, il faut se lever avant le soleil et les asperger légèrement avec de l'eau de façon à former de la glace qui, elle, empêchera les tissus de descendre à une température inférieure à 0 °C. Cette méthode est particulièrement utilisée pour la protection des bourgeons des arbres fruitiers.

PLANTES GRIMPANTES

1-ANNUELLES

Préparation du sol

Les plantes grimpantes annuelles germent et poussent rapidement. Modérez donc votre hâte à les semer au jardin. Attendez que la terre se soit bien débarrassée de la neige fondue et qu'elle se soit réchauffée. Vous pouvez accélérer le réchauffement en «nourrissant» la terre, soit avec une bonne dose de compost, dont ces plantes sont très friandes, soit en la recouvrant d'un morceau de toile géotextile noire, avant l'hiver évidemment.

Semis

La meilleure façon de faire pousser le **pois de senteur,** au parfum délicat, consiste à en commencer la culture dans la maison, près d'une fenêtre très ensoleillée, dans des pots de 10 cm et une terre riche en compost. On sème environ un mois avant la transplantation au jardin. Le pois de senteur est très sensible aux gelées: il faut absolument attendre la fin des risques de gel avant de l'installer dans une plate-bande. De toute façon, il ne pousse bien que lorsque la terre est réchauffée. Par conséquent, la meilleure époque pour le transplanter, c'est le début de l'Été. Vous couvrirez le sol d'un paillis pour que les racines ne souffrent pas de la canicule.

Directement dehors, dans un sol réchauffé, en fin de saison ou en début d'Été, semez **pois de senteur, haricots d'Espagne, doliques, cobées, ipomées** et **gloires du matin.** Ils s'aggriperont à un treillis.

Plantation et transplantation

Après les avoir arrosés 2 ou 3 heures à l'avance, transférez **au jardin** les plants que vous avez fait pousser à l'intérieur. Attention

Pois de senteur, *Lathyrus*

Dolique, *Dolichos lablab*

Gloire du matin, *Convolvulus*

2- VIVACES

Préparation du sol

Dès que possible, préparez la terre des nouvelles **clématites**: au moins un sac de compost ou de fumier bien décomposé par plant, un peu de tourbe de sphaigne, de vermiculite et une terre de base de préférence consistante (un peu argileuse). Complétez avec une poignée de chaux et une pelletée de cendre de bois.

Choix des plants

Lorsque vous choisirez vos **clématites,** rappelez-vous qu'elles ne fleurissent pas toutes en été. Certaines sont printanières, d'autres, d'introduction plus récentes, automnales. Si cette grimpante vous plaît, achetez plusieurs variétés qui vous permettront d'avoir toujours des fleurs au jardin.

de ne pas perturber les racines. Tassez légèrement, sans forcer, et arrosez à nouveau. Pour amortir le choc de la transplantation, opérez par temps couvert ou pluvieux.

Pour vous distinguer

Voici un tuteur original pour les grimpantes annuelles: une branche d'arbre de 2-3 m de longueur, la plus ramifiée possible. Semez au moins cinq graines par tuteur et vous obtiendrez un véritable petit arbre fleuri.

Fertilisation

En fin de saison, commencez à arroser les grimpantes à fleurs avec du «**thé de compost**», dont la recette figure à la p. 129.

Clématite, *Clematis tangutica* 'Aureolin'

Plantation et transplantation

Il existe quelques **lierres** *(Hedera helix)* rustiques en zone 5. Pour varier le menu des boîtes à fleurs, prenez-en quelques sections enracinées et plantez-les avec les annuelles pour qu'ils retombent en cascade, à l'avant. Vous pouvez aussi pratiquer cette technique dans les paniers suspendus.

Multiplication

Vous trouverez les conseils concernant la multiplication à la p. 53.

Taille

Les conseils généraux de taille sont énoncés aux pp. 53-54.

Floraison

Lorsque les **clématites** printanières hâtives ont fini de fleurir, nettoyez-les en éliminant les tiges sèches et les vieilles tiges de plus de 4 à 5 ans.

Fertilisation

En fin de saison, commencez à arroser les espèces à fleurs avec du «**thé de compost**», dont la recette se trouve à la p. 129.

Soins particuliers

Installez **treillis,** tuteurs ou ficelles pour faire grimper les magnifiques **clématites** que vous avez vues dans les catalogues.

Pour garder les racines de **clématites** au frais, disposez une couche de paillis à leur pied ou bien plantez une vivace couvre-sol de vigueur modérée, du thym ou de la pervenche, par exemple.

Même si les **bignones** *(Campsis)* s'accrochent d'elles-mêmes aux surfaces poreuses, il est recommandé de les aider dans leurs efforts au moins la première année, en les attachant à un treillis ou à quelques piquets discrets. Couvrez le sol d'un paillis.

Lierre, *Hedera helix* 'Baltica'

Bignone, *Campsis grandiflora*

HAIES

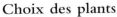

Choix des plants

Quoi qu'on en dise, les meilleurs conifères à haie sont ceux qui ont été cultivés **en pépinière.** Le coût unitaire est plus élevé, mais on en met moins au mètre et le résultat est beaucoup plus esthétique et plus «horticolement correct», à court et à long terme, que celui que l'on obtient avec des plants sauvages à racines nues. Il existe cependant des plants sauvages beaucoup plus vigoureux cultivés en sacs de plastique noir.

Plantation et transplantation

Si vous choisissez de planter des arbustes à haie vendus à **racines nues,** autrement dit qui ne sont pas en pots, vous devez terminer la plantation avant le départ de la végétation sans quoi la reprise risque d'être douloureuse.

Respectez les **intervalles minimum** de plantation sinon vous risquez, au bout de quelques années, d'avoir une haie avec plus de branches que de verdure. C'est laid et impossible à entretenir convenablement.

Mise en garde

Les thuyas («cèdres») sauvages sont peut-être très économiques mais ils sont souvent terriblement affaiblis par la façon irresponsable dont ils sont transportés. Des gens incompétents qui tentent de gagner de l'argent rapidement transportent les malheureux conifères, généralement arrachés n'importe comment, dans des camions découverts, les racines face au vent. Les thuyas sont très sensibles à la sécheresse et donc très exigeants en eau. Ils arrivent dans les pépinières à moitié desséchés... et la plupart des pépiniéristes les acceptent sans poser de questions! Évidemment, des arrosages copieux et réguliers peuvent sauver une partie du chargement, mais les risques de dépérissement sont très élevés. De manière générale, n'achetez aucun thuya sauvage qui n'a pas passé au moins 2 semaines en pépinière. C'est une sorte de garantie que les plus faibles sujets sont morts.

If, *Taxus hicksii*

Thuja occidentalis

Voici les intervalles minimum recommandés:

- thuyas («cèdres»): 1-1,50 m;
- ifs: 75 cm;
- pruches: 1,50-2 m.
- arbustes de plus de 2 m: 1,20 m;
- arbustes de 1 à 2 m: 75 cm;
- arbustes de moins de 1 m: 40-50 cm.

Tout de suite après la plantation, **arrosez** copieusement, même s'il pleut.

Pour être sûr de planter en ligne droite une haie de plus de 3 m de longueur, utilisez un **cordeau**.

Taille

Au moment de planter, taillez les jeunes **arbustes** à 20-30 cm du sol. Cette opération favorise la ramification des plants qui, une fois adultes, seront plus garnis à la base, donc plus beaux. Sur les jeunes **conifères,** contentez-vous de raccourcir de moitié les seules pousses de l'année précédente.

Au printemps des 3 ou 4 années **suivant la plantation,** réduisez d'environ un tiers la longueur des tiges correspondant à la croissance de l'année précédente.

Si votre haie de feuillus est vieille, si les branches sont grosses, brunes et plutôt rugueuses, si les nouvelles pousses sont courtes et chétives et si la taille estivale vous oblige à rogner dans les tiges durcies des années précédentes, il est temps de pratiquer une **taille de rajeunissement.** Commencez par une taille d'entretien: les branches mortes, les chicots, les tiges frêles, celles qui croissent de façon anarchique sont coupées le plus ras possible. Taillez les branches restantes à 30 cm du sol en éliminant celles qui en gênent d'autres: un nombre réduit de branches vigoureuses donne de meilleurs résultats qu'une flopée de branches qui se concurrencent les unes les autres.

> *Mise en garde*
>
> La taille de rajeunissement ne s'applique pas aux conifères, car ils ne se régénèrent que peu ou pas sur les branches âgées de plus de 1 an.
>
> Pratiquez la taille d'entretien sur les arbustes à floraison printanière. Coupez les vieilles branches à la base, éliminez les tiges minces et frêles. Débarrassez-vous des branches mortes, puis réduisez du quart de leur longueur les branches restantes.

Parmi les espèces qui supportent le mieux les tailles répétées, le **troène** (zone 4) figure en tête de liste.

Floraison

> *À éviter*
>
> Si vous voulez une haie d'arbustes à fleurs, prévoyez de la laisser pousser librement. Une taille estivale répétée, en forme géométrique, nuit terriblement à la floraison.

Fertilisation

Étendez une mince couche de **compost** au pied de votre haie, sur toute sa largeur, au moins une fois tous les deux printemps ou encore arrosez-la au «thé de compost». (Voir p. 129.)

JARDINAGE GÉNÉRAL

Préparation du sol

Même si vous avez bêché la terre argileuse de votre potager ou de vos plates-bandes à l'automne, **bêchez-la** à nouveau si le gel ne l'a pas émiettée suffisamment. Les vieux jardiniers appellent cela montrer son amour à la terre...

Si votre terre est très sablonneuse et si elle sèche rapidement en été, vos cultures risquent de souffrir. Pour augmenter la capacité de la terre à retenir l'eau, ajoutez-y de la **vermiculite** à raison d'une brouette par mètre carré. Bêchez pour bien incorporer cet ingrédient. Chaque grain de cette espèce de mica absorbe jusqu'à sept fois son volume d'eau et le restitue rapidement au fur et à mesure que les besoins se manifestent.

Pour vous faciliter la tâche

Vous avez besoin d'humecter rapidement une balle de **tourbe de sphaigne**? Ouvrez le sac et plongez-y directement le boyau d'arrosage ouvert. Faites couler l'eau lentement. En moins de 20 minutes, la masse spongieuse devrait être prête à l'emploi.

Semis

Pour **hâter la levée** des semis de légumes et d'annuelles au jardin en réchauffant la terre, recouvrez-les de plastique transparent ou blanc dont vous enterrerez les bords. Dès que les jeunes plantules pointent le bout des feuilles, ôtez le plastique.

Plantation et transplantation

Même si l'on risque de vous prendre pour un illuminé, n'hésitez pas à planter tout ce qui pousse par **temps pluvieux**. La reprise sera beaucoup plus facile pour vos plantes qui n'auront pas à se battre contre le gros soleil pour maintenir leurs tissus humides et former rapidement nouvelles racines et nouvelles feuilles. Si en plus vous les achetez ces jours-là, les commerces seront beaucoup moins achalandés et vous aurez un meilleur service. Le jardinier doit savoir composer avec les éléments.

Que vous décidiez de planter des arbres, des arbustes, des annuelles ou des vivaces, n'oubliez pas de modeler au pied de chaque plant une **cuvette** dont le diamètre doit être légèrement supérieur à celui de la motte. Relevez les bords de la cuvette assez haut pour que vous puissiez y verser une bonne quantité d'eau. Cela permettra d'éviter par la suite que l'eau de pluie ne glisse sur les côtés sans humecter la terre.

Désherbage

La meilleure façon de se débarrasser des **mauvaises herbes** consiste à les arracher très tôt au printemps. Ainsi, elles n'ont pas la chance de produire des graines et elles sont moins vigoureuses, donc plus faciles à éliminer.

Si vous ne voulez pas étendre de paillis sur les plates-bandes ou au potager, passez le **râteau** souvent, au moins une fois par semaine, non seulement pour que ce soit beau mais aussi pour empêcher les mauvaises herbes de germer.

Ne passez pas le rotoculteur dans une plate-bande ou un potager où le **chiendent** s'ébat librement. Hacher les rhizomes en petits morceaux reviendrait en effet à ensemencer la terre avec cette mauvaise herbe. Bêchez à la main puis passez le croc plusieurs fois de suite à 5 ou 6 jours d'intervalle, en prenant soin de faire remonter les rhizomes à la surface. Ils sécheront au soleil et vous n'aurez qu'à les ramasser au râteau.

Si vous voulez cultiver un coin de votre jardin envahi par les mauvaises herbes, reportez votre projet d'un an et **semez du sarrazin**. Cette plante à développement rapide a le pouvoir d'étouffer tout ce qui veut pousser autour d'elle. En plus, lorsque vous l'enfouissez dans le sol en fin d'été ou en automne, avant la floraison, vous incorporez une bonne dose de matière organique qui se transformera rapidement en humus, donc en nourriture à plantes.

Fertilisation

Une des meilleures fertilisations organiques qui soient s'appelle le «**thé de compost**». Remplissez un grand arrosoir avec de l'eau chaude et jetez-y quatre ou cinq grosses poignées de compost bien mûr, commercial ou domestique, ou même de vieux fumier. Laissez macérer pendant 24 heures en mélangeant plusieurs fois. Une fois les matières solides déposées dans le fond, arrosez annuelles, légumes, plantes à bulbes, vivaces, etc.

Compostage

Les grandes lignes de la **fabrication** du compost sont expliquées aux pp. 270-271.

Une fois, en cours de saison, **retournez** votre plus vieux tas de compost.

Taille

La taille n'est pas juste une question de technique, c'est aussi une question de soin. Investissez dans un **bon sécateur**. Sur les meilleurs modèles, la lame glisse sur une contre-lame et permet une coupe franche qui n'abîme pas l'écorce. Leur entretien est généralement très facile.

Protections

Un grand principe à respecter dans les **traitements** contre les ennemis des cultures: on n'applique des insecticides que lorsque les insectes sont présents sur les plantes sous forme d'œufs, de larves ou d'adultes. Ils sont curatifs. Par contre, les fongicides ont une action préventive contre les maladies.

La **cendre de bois** n'a de valeur insecticide que lorsqu'elle est fraîche. Dès qu'elle est mélangée au sol et humide, elle perd rapidement ses vertus curatives.

Des plantes **vigoureuses** sont beaucoup plus résistantes aux attaques de maladies et d'insectes que des plantes affaiblies. Par conséquent, pour maintenir vos plantes en bonne santé, donnez-leur l'exposition dont elles ont besoin, une terre riche et équilibrée, des arrosages réguliers et un voisinage exempt de mauvaises herbes et de bois mort.

Préparation du sol

Dans la planification de votre potager, prévoyez de ne pas cultiver les mêmes légumes deux années de suite au même endroit. Organisez une **rotation**. Dessinez un plan si cela vous aide. Cette rotation se fait en fonction des catégories de légumes. Divisez donc vos futures récoltes en quatre groupes: légumes-racines, légumes-feuilles, légumes-graines et légumes-fruits. La consommation de chacune de ces catégories de plantes en éléments minéraux n'est pas la même. La rotation permet de mieux exploiter la terre et d'obtenir de belles récoltes.

Si cela n'a pas été fait depuis longtemps, avant d'ajouter quoi que ce soit pour enrichir la terre de votre potager, faites faire une **analyse de sol** qui saura vous guider dans vos achats.

Si vous avez conservé la **cendre de bois** de votre foyer, vous pouvez l'étendre au potager et l'enfouir légèrement au moment du béchage. Elle enrichira le sol en potassium. Vous pouvez aussi l'utiliser un peu plus tard autour des oignons pour lutter contre les vers.

Si la terre est sablonneuse, vous devez l'améliorer considérablement avant de pouvoir cultiver du **maïs**, car cette céréale a besoin de beaucoup d'eau. Incorporez donc au sol un mélange à parts égales de vermiculite, de tourbe de sphaigne humide et de compost ou de fumier. Béchez profondément.

Cantaloup, concombre, courge, citrouille, pastèque, tous de la même famille, craignent la sécheresse, mais aussi l'excès d'humidité. Pour équilibrer les approvisionnements en eau, ajoutez de la vermiculite et du fumier dans la terre avant la plantation et, par la suite, recouvrez le sol d'un paillis. Celui-ci permettra, en plus, de garder les fruits propres et les mauvaises herbes à l'écart.

Pastèque

Cantaloup

Semis

Les **pois** aiment les températures fraîches. Les meilleurs semis sont donc ceux du printemps, ce qui limite évidemment la possibilité de procéder à des semis successifs pour ces légumes.

Pois

Pour vous distinguer

Une façon originale de camoufler le tas de vieux compost consiste à s'en servir comme potager. Semez-y quelques graines de concombre, de citrouille, de melon ou de courge et vous devriez battre des records à la récolte.

Concombre

Courge

Betterave

Haricot

Radis

De 4 à 6 semaines avant leur sortie officielle au jardin, semez à l'intérieur **concombres, courges, melons, citrouilles, pastèques, laitues.**

Vous pouvez semer directement au jardin **betteraves, carottes, radis, laitues,** un petit peu toutes les 2 semaines de façon à avoir une récolte échelonnée sur tout l'été. S'il gelait après le début du Printemps Deux, le pire qui pourrait arriver, c'est que vous ayez à recommencer vos semis. Mais s'il ne gèle pas, vous aurez gagné 1 mois sur la première récolte.

Carotte

Semez le **maïs** vers la fin du Printemps Deux, dans une terre chaude, ensoleillée et capable d'accumuler une bonne réserve d'eau (argile, vermiculite, tourbe). Faites au moins deux rangs afin que la fécondation des fleurs femelles se fasse plus régulièrement. C'est une garantie d'obtenir de gros épis pleins.

Pour vous distinguer

Pour hâter la récolte de maïs, essayez la méthode suivante. Avant de semer, couvrez la terre avec du plastique noir dont vous enterrerez légèrement les bords. Fendez le plastique à l'emplacement des rangs et semez comme d'habitude. Le plastique noir a plusieurs fonctions. En réchauffant la terre, il active la germination et accélère la croissance. Il empêche les mauvaises herbes de pousser. Enfin, il limite l'évaporation de l'eau, ce qui réduit considérablement les arrosages. Et on sait que le maïs est un grand buveur: il faut environ 500 litres d'eau pour produire 1 kg de grain. À quand les épluchettes en juillet?

Les graines de **haricots** ont beau être en général protégées par un fongicide, il est préférable de ne pas courir le risque de les faire pourrir. Il vaut donc mieux les semer comme si elles n'avaient aucune protection. Tout d'abord, faites tremper les graines pendant 6 à 8 heures avant le semis. La terre doit être humide mais pas trempée. Que vous semiez en rangées ou en groupes, faites un creux de 2 ou 3 cm, installez les graines et recouvrez-les d'une très mince couche de terre. Si la terre est très sèche, versez un peu d'eau au fond du creux juste avant de semer.

Mise en garde

Ne semez pas de haricots dans une terre contenant de la chaux. Cela risquerait de faire durcir le légume et de rallonger le temps de cuisson.

Éclaircissage

Lorsque les plants de **laitues** ont 5-10 cm de hauteur, éclaircissez-les à 20 cm d'intervalle. Mettez les plants superflus dans un sac de plastique contenant quelques gouttes d'eau si vous voulez les transplanter ailleurs au jardin ou en donner à des amis.

Laitue

Éclaircissez les semis de **carottes**, de **rutabagas** et de **navets** quand les jeunes plants ont 6-7 cm de hauteur. Gardez un plant tous les 5 cm. Vous pouvez aussi attendre que les légumes soient légèrement formés et les déguster cuits avec un rôti de porc.

Rutabaga

Plantation et transplantation

Au moment de planter les **poireaux,** coupez les feuilles du tiers pour limiter l'évaporation.

De 2 à 4 semaines avant la fin de la saison, lorsque le sol est chaud, plantez les **artichauts** dans une terre préparée, riche, consistante et bien drainée.

Si les plants de **piments,** de **poivrons** et d'**aubergines** que vous avez achetés en caissettes portent des fruits, enlevez-les. Vous les aiderez ainsi à bien s'établir pour mieux produire.

Juste avant de les mettre en terre, supprimez les fruits des plants de **tomates** achetés en caissettes. Sur les plants achetés en gros pots, laissez-les: la récolte est imminente.

Enterrez les jeunes plants de **tomates** à environ la moitié de leur longueur et plantez-les couchés si la tige est longue. Cette méthode a deux avantages. D'abord, il se forme des racines à l'emplacement des feuilles, ce qui augmentera l'alimentation du plant et donc sa croissance. Par ailleurs, les gourmands de la base, que vous devrez éliminer dans quelque temps, porteront de jeunes racines; ainsi, vous pourrez les transplanter dans un espace libre et obtenir une récolte un peu plus tardive.

Pour cultiver des **tomates au balcon,** vous avez le choix entre deux options:

- Acheter des plants déjà en pots d'au moins 25 cm. Ils auront rapidement besoin d'engrais soluble.
- Planter vous-même de jeunes plants en caissettes dans de gros pots (30 cm) contenant une bonne terre enrichie de compost, de vermiculite et d'un matériau anti-compactage: perlite, fins copeaux, petit gravier.

Poireau

Artichaut

Des **tomates** dans une boîte à fleurs? C'est possible, mais il vous faudra des contenants de grand format (30 cm x 30 cm x 80 cm) pleins de terre enrichie de fumier. Et pour une récolte digne de ce nom, vous devrez sans doute arroser régulièrement avec un engrais soluble.

Pour vous distinguer

Si vous cultivez des tomates, des poivrons, des aubergines dans de gros pots de plastique noirs ou dans des bacs foncés, la chaleur attirée par la couleur réchauffera la terre et les racines, ce qui devrait vous permettre de récolter des fruits de 2 à 3 semaines avant tout le monde. Mais attention, il faudra arroser souvent!

Techniques particulières

Si vous envisagez de créer un petit potager et si les rangs doivent contenir plus d'un légume, généralisez l'**intervalle** entre les rangs à 50 cm sauf pour les choux, où la distance pourra atteindre 60 cm.

Étendez un **paillis** de vieux gazon séché au pied de tous les légumes produisant des fruits. C'est important en particulier pour les concombres, melons, courges, citrouilles, etc., dont la récolte risquerait de pourrir si elle reposait directement sur un sol humide.

Utilisez la datura, une annuelle aux tissus toxiques, comme **plante compagne** au potager. De leur côté, le pétunia et la nicotine contiennent de la nicotine, un insecticide. Le pyrèthre et le chrysanthème renferment un autre insecticide, le pyrèthre. Enfin, les plantes plus ou moins aromatiques, y compris les œillets d'Inde et le géranium citronnelle, en perturbant le système de repérage des insectes, ont un effet répulsif certain.

Pour vous distinguer

Pour empêcher **chiens** et **chats** de transformer votre potager en terrain vague nauséabond et glissant, éloignez-les en couchant sur le sol des bouteilles en plastique remplies d'eau. Il en faut à peu près une pour 3 m². L'explication est obscure, mais c'est très efficace.

Multiplication

Plantez les **gourmands** des tomates. Ils s'enracineront rapidement et devraient vous donner quelques fruits en fin d'été.

Taille

Pour activer l'apparition des fleurs et des fruits, supprimez les tiges latérales sur **piments** et **poivrons**. Quand les premiers fruits sont formés, laissez-les pousser librement.

Poivron vert

Taillez l'**aubergine**. Ce n'est pas absolument nécessaire mais, parce que la taille favorise la fructification, elle permet de compenser légèrement pour la période de croissance courte qui caractérise notre climat. Éliminez les tiges latérales tant que le plant n'a pas produit sa première fleur. Ne laissez ensuite se développer que quatre latérales. Lorsque celles-ci portent deux ou trois fleurs, coupez-leur la tête et ne laissez aucune autre latérale se développer.

Taillez les **cantaloups** pour activer l'apparition des fleurs femelles qui se forment après les fleurs mâles (les mâles sont toujours pressés, n'est-ce pas?):

Tomate

- Lorsque la tige a trois feuilles, coupez-en l'extrémité.
- Lorsque les deux nouvelles tiges ont six à huit feuilles, coupez-en aussi l'extrémité.
- Plus tard, lorsque les jeunes cantaloups sont bien formés, coupez l'extrémité des tiges porteuses et supprimez ensuite toute tige latérale afin de concentrer l'énergie de la plante dans ses fruits.

Sur les **tomates**, la taille la plus simple consiste à:

- éliminer les tiges latérales, ou gourmands, au fur et à mesure que la plante grandit;
- couper la tête du plant en fin d'été, pour favoriser la maturation des derniers fruits.

Fertilisation

Apporter de l'engrais au potager quand la terre est bien nourrie vous servira seulement à gagner des **concours** de la plus grosse carotte ou du plus long concombre. Si c'est ce que vous voulez, choisissez des engrais à forte concentration en phosphore et en potasse. Ce sont en effet les éléments minéraux qui aident le plus à la constitution de fruits, de graines et de racines.

Dans le cas contraire, économisez en commençant l'arrosage des légumes avec du «**thé de compost**», dont la recette se trouve à la p. 129.

Insectes et maladies

Dans les petits potagers résidentiels, les insectes et les maladies font **rarement** de gros dégâts. Il n'y a donc aucune raison d'inonder les cultures de produits toxiques.

136

Épinard

Autres protections

Par temps pluvieux prolongé, parsemez quelques poignées de coquille d'œufs autour des plants d'aubergines, de laitues, de choux, d'épinards, de haricots et d'oseille. Les **limaces** s'y couperont le pied.

Si vous avez planté des espèces qui risquent de **geler** avant la fin complète des gelées blanches du matin, il est préférable d'avoir sous la main une toile de polypropylène ou une toile de polyéthylène thermique avec laquelle vous couvrirez vos cultures. Ces toiles protègent jusqu'à –2 °C. Elles ne coûtent pas très cher, c'est pourquoi elles peuvent entrer dans la panoplie du jardinier, dans toutes les régions.

Mise en garde

Arroser le sol autour des plants, le soir, lorsqu'une gelée est annoncée, n'est pas une bonne idée: au contraire les plantes risquent de geler encore plus, surtout au niveau des racines.

Récolte

Commencez la récolte d'**asperges** dès que les jeunes pousses (ou turions) ont de 15 à 20 cm de hauteur. Ne récoltez pas plus de 8 à 10 pousses par plant adulte. Ensuite, buttez la base des tiges.

Commencez la cueillette de la **rhubarbe** par les feuilles sorties les premières. Ne récoltez pas plus des deux tiers des tiges sur un même plant. Les jardiniers gourmands peuvent essayer d'obtenir une deuxième récolte en arrosant la rhubarbe pendant 2 ou 3 semaines avec un engrais soluble à forte concentration en azote. Coupez les fleurs dès qu'elles apparaissent, sauf bien sûr si vous aimez leur panache décoratif.

Asperge

PELOUSE

Préparation du sol

Avant d'installer une pelouse, faites **analyser** la terre et apportez les améliorations qui s'imposent. La terre est la fondation de la pelouse. Elle doit être solide et équilibrée.

Semis et pose de plaques

Si vous n'êtes pas pressé de faire une pelouse, attendez donc **le milieu de l'été**. Le climat sera, théoriquement, plus propice. En attendant, pourquoi ne pas créer de belles grandes plates-bandes? En leur donnant la priorité dans votre planification, vous leur attribuerez une place prépondérante et vous ne risquerez pas de tomber dans les excès de la «pelousite». Rappelez-vous que, d'un point de vue strictement esthétique, la pelouse sert de lien, uniformément vert, entre les différentes parties de l'aménagement.

Entretien printanier

Un petit coup d'engrais organique annuel peut donner un léger coup de fouet à la pelouse en début de saison, mais un **terreautage** tous les 3 ou 4 ans avec une terre riche en compost produira le même effet... à moindre coût.

Le **terreautage** peut être réalisé au printemps mais, pour des raisons esthétiques, il est préférable... et aussi efficace d'attendre la fin de l'été.

Avec le temps, la terre, surtout la terre argileuse, se tasse, se compacte et perd une partie de l'air qui permet aux racines et aux organismes vivant dans le sol de respirer. Pour l'alléger et l'oxygéner, il faut passer l'aérateur, un appareil motorisé qui pratique des trous dans le sol. La fréquence de l'**aération** varie en fonction de l'utilisation de la pelouse. Si le piétinement est intense, aérez au minimum tous les 2 ans. S'il est quasi nul, aérez tous les 5 ans pour remédier au tassement causé par la pluie et l'arrosage. Il est recommandé mais pas obligatoire de faire suivre l'aération d'un terreautage.

Enlever l'herbe sèche au printemps est une sage précaution, mais pour une pelouse poussant dans une terre profonde, riche, au pH équilibré, pour une pelouse bien entretenue, donc, et non stressée, le **déchaumage** n'est pas obligatoire. L'herbe morte pourrira sans doute sur place au cours de l'été.

Tonte

La **première tonte** a lieu vers la fin du Printemps Un ou au début du Printemps Deux, selon les régions et l'exposition. Cette première tonte doit être effectuée le plus tôt possible même si le gazon n'est pas très dense. Voici deux règles à retenir:

- Ne coupez pas plus du tiers de la longueur des brins d'herbe à chaque tonte, peu importe la hauteur de la pelouse, sinon elle s'affaiblit et devient vulnérable à l'invasion de mauvaises herbes.
- La hauteur de coupe idéale se situe à 5-6 cm.

Si la pelouse a besoin d'être tondue, passez la tondeuse lorsque la terre n'est **pas trop molle**.

Réparations

Pour réparer les petits **endroits endommagés** de la pelouse, découpez une motte de terre superficielle en enlevant en même temps une partie de l'herbe saine sur environ 5 cm de largeur. Creusez légèrement sur 10 cm de profondeur, ajoutez de la terre fraîche puis semez du gazon. Pour terminer, tapez légèrement les graines sur le sol pour les enfoncer et arrosez.

Si votre pelouse est plus haute que les surfaces environnantes (allées, stationnement, patio, etc.), vous risquez d'avoir des problèmes pour passer la tondeuse. Voici comment en **baisser le niveau** sans avoir à la refaire complètement. Découpez des plaques de 40 cm de largeur et 1 m de longueur le long de la surface en question. Déterrez-les en glissant une bêche dans la terre, à 6-7 cm de profondeur. Une fois la terre mise à nu, grattez au râteau pour enlever l'épaisseur de terre nécessaire. Reposez les plaques et arrosez abondamment.

Fertilisation

Si votre pelouse nécessite une fertilisation, quelle qu'en soit la raison, optez pour des **engrais naturels**. Sans doute moins spectaculaires — mais tout aussi efficaces — que les engrais chimiques, ils sont beaucoup plus doux pour la terre et pour les plantes.

À éviter

Pas d'engrais et pas d'herbicide sur une pelouse fraîchement semée. Attendez la deuxième année si vous considérez l'utilisation de tels produits nécessaire.

Les engrais azotés dits chimiques sont une des causes de l'acidification des sols. Or les pelouses souffrent dans les **sols acides**. Si vous êtes un adepte de ce type de fertilisation — pas nécessaire dans une terre riche —, faites faire une analyse de sol au maximum tous les 2 ans et rectifiez le pH au besoin avec de la chaux.

Mise en garde

Attention! Un engrais n'est pas un remède! C'est un aliment riche qu'on ne donne pas à des pelouses rachitiques et sous-alimentées, posées sur du sable ou de la terre de remblai. Si la vôtre n'est pas en super forme, profitez des prochaines saisons pour la renforcer par un ou deux terreautages en règle. Alors et seulement alors, vous pourrez gratifier votre pelouse de la plus importante fertilisation de l'année: **celle de l'automne**.

Mauvaises herbes

Pour vous débarrasser de la **mousse** qui nuit à votre pelouse:

- tondez le plus court possible;
- appliquez du sulfate de fer à raison de 3 kg/100 m^2 de pelouse;
- quand la mousse sera noire (au bout de 10 jours environ), grattez avec le râteau même si cela doit faire souffrir un peu le gazon;
- faites vérifier l'acidité du sol et rectifiez au besoin;
- vérifiez que le terrain est bien drainé et, si la terre est très argileuse, procédez à des terreautages de terre légère en mai et en août pendant au moins 2 ans.

Commencez la lutte aux **pissenlits** dès le début de la végétation. Surveillez la moindre feuille qui sort de terre et, avec un couteau, faites sauter les racines. Vous pouvez manger les jeunes plants en salade.

Mise en garde

Que vous détruisiez les pissenlits ou que vous les tondiez avec la pelouse, ne les laissez pas produire des graines, sinon vous allez infester votre terrain et celui de vos sympathiques voisins. N'attendez pas que la fleur soit complètement épanouie pour l'arracher, les graines y sont déjà formées.
Ne laissez pas non plus le chiendent et la digitaire, deux graminées envahissantes, répandre leur progéniture à tous vents.

Au cas où vous utiliseriez un **herbicide**, associé ou non à de l'engrais, attendez que la température ambiante dépasse 15 °C sinon l'effet ne sera pas complet.

PLANTES D'INTÉRIEUR ET POTÉES FLEURIES

Vous trouverez les considérations générales concernant la lumière, la température et l'arrosage aux pp. 275-277.

Plantation et transplantation

Dès que les risques de gel sont passés, plantez à l'extérieur les **caladiums** que vous avez élevés dans la maison depuis février. Abritez-les du vent. Ils donnent de la couleur aux plates-bandes ombragées.

Si vous avez des boutures de **coléus** enracinées, vous pouvez les installer dehors, au soleil de préférence, à condition que tout risque de gel soit passé. Celui-ci serait fatal.

Caladium

Coleus blumei

Rempotage

Les conseils généraux de rempotage sont énoncés aux pp. 68-70. Le rempotage peut avoir lieu sans problème entre l'équinoxe du printemps et celui de l'automne.

Mise en garde

Attention en rempotant les fougères! Prenez soin de ne pas leur enterrer le cœur: elles ne s'en remettraient pas. Ne plantez pas trop profond.

Multiplication

Les considérations générales concernant la multiplication sont expliquées aux pp. 278-280. Le **bouturage** peut avoir lieu sans problème entre l'équinoxe du printemps et celui de l'automne.

Vous pouvez essayer de bouturer directement vos plantes à l'extérieur dans une plate-bande ombragée où la terre est moelleuse, bien travaillée et riche, et contient une bonne proportion de sable. Plantez les boutures directement dans la terre et recouvrez-les d'une feuille de plastique transparente maintenue au sol avec de petites pierres. Enlevez la feuille de plastique après 2 ou 3 semaines. Dès que les boutures sont prêtes, empotez-les et rentrez-les.

Taille

Les conseils généraux de taille sont énoncés aux pp. 71-72.

En début de saison, taillez votre **poinsettia** à 10-20 cm du sol. Si vous arrivez à le faire refleurir l'automne prochain, ce sera sur des jeunes tiges. Autant que ce soit des tiges vigoureuses. Un rappel en passant: une tige est d'autant plus vigoureuse qu'elle naît près des racines. Profitez de cette opération pour en exécuter une autre: changez la terre en défaisant la motte actuelle et en la remplaçant par un terreau neuf, riche de compost. Pour une meilleure croissance, placez votre poinsettia près d'une fenêtre ensoleillée.

Fertilisation

Les jours allongent et la lumière est plus forte, pourtant les plantes d'intérieur ne reçoivent pas forcément toute la lumière dont elles ont besoin. Méfiez-vous donc des apports d'**engrais** intempestifs. Les plantes qui poussent dans un terreau riche n'ont pas besoin d'engrais artificiel. Quand on leur donne de l'engrais, on les force à pousser alors que souvent la lumière n'est pas suffisante pour leur donner l'élan nécessaire à une croissance vigoureuse.

Soins particuliers

Si vous voulez stimuler la croissance de petites plantes enracinées ou que vous avez bouturées vous-même, vous pouvez les **sortir à** l'ombre pour commencer et ne les mettre au soleil que 1 ou 2 heures par jour, ou encore les laisser à l'ombre en permanence. Pour vous faciliter le travail, regroupez tous les pots dans des plateaux de plastique, ce qui vous permettra de les sortir tous à la fois. Attention, ne laissez aucune plante dehors si les températures doivent descendre au-dessous de 12 °C.

Mise en garde

Si vos plantes d'intérieur sont vigoureuses et en bonne santé dans la maison, il n'est pas nécessaire de les sortir dehors pour l'été, d'autant plus qu'elles risquent d'attraper des insectes pendant leur séjour en plein air. Attention en particulier aux plantes à feuilles minces ou longues, comme dracénas et hibiscus! Elles se déchirent à la moindre brise.

Les seules plantes qui peuvent théoriquement passer directement d'une fenêtre ensoleillée à l'intérieur au plein soleil à l'extérieur sont le **laurier** et les espèces apparentées, comme l'**adénium** et la **carissa,** par exemple. Mais si vous n'êtes pas sûr de vous, allez-y plus lentement.

Laurier, *Nerium oleander*

Adenium obesum

Carissa grandiflora

ROSIERS

Préparation du sol

Nombreux sont les jardiniers qui se découragent facilement quand la terre de leur jardin est **argileuse**. S'ils savaient que les rosiers, moyennant quelques assouplissements au compost, au sable, à la tourbe et à la perlite, trouvent dans cette terre la consistance et l'humidité dont ils sont si friands, le Québec aurait sans doute les plus belles roseraies du monde.

Une bonne façon de cultiver les rosiers consiste à creuser une **fosse** d'environ 60 cm de profondeur, à y mettre environ 20 cm de terre argileuse et à remplir le reste avec un mélange de 20 p. 100 de terre argileuse, 30 p. 100 de compost et 50 p. 100 de terre sablonneuse.

Plantation et transplantation

Plantation d'un rosier à **racines nues**: creusez un trou de 50 cm de diamètre et de 40 cm de profondeur, déballez le rosier, raccourcissez les racines et supprimez celles qui vous paraissent malades. Versez de la bonne terre dans le fond du trou de façon que le point de greffe (légèrement renflé) soit placé à peu près au niveau du sol environnant. Étalez les racines au fond du trou, rebouchez, tassez légèrement et arrosez copieusement.

Que vous achetiez des rosiers greffés à racines nues ou des rosiers en pot, plantez-les dans une terre bien égouttée en prenant soin de ne **pas enterrer le point de la greffe**. Arrosez abondamment, car les rosiers sont de grands assoiffés.

Taille

Si ce n'est pas déjà fait, taillez les **rosiers greffés** à 10 ou 15 cm de la base des tiges. Ne gardez que trois à cinq tiges bien placées et vigoureuses. Un rappel en passant: une tige est d'autant plus vigoureuse qu'elle naît près des racines. Pour porter de belles roses, les pousses de cette année devront être en pleine forme.

Les jeunes plants de **rosiers rustiques** (*Rosa rugosa*) bénéficient d'une taille assez courte la première année de leur existence. Si vous raccourcissez toutes les tiges à environ 40 cm de hauteur, il se formera rapidement,

Rosa hybride de thé 'Alpine Sunset'

Rosier rustique, *Rosa rugosa* 'Hansa'

Rosier rustique, *Rosa rugosa* 'Robusta'

et pendant tout l'été, un grand nombre de tiges vigoureuses qui pourront même, si les conditions sont bonnes, porter des fleurs avant l'automne. Les années subséquentes, taillez plus modérément: coupez les vieilles tiges à ras et raccourcissez légèrement celles qui ont fleuri l'année précédente.

Mise en garde

Cette technique de taille courte n'a pas le même effet spectaculaire sur toutes les variétés. À vous d'essayer; vous ne risquez pas de faire souffrir vos plantes. Chose certaine, la technique fonctionne à merveille sur le *Rosa rugosa* 'Robusta' lorsqu'il est planté dans une terre riche et consistante.

Floraison

La floraison des rosiers est fabuleusement augmentée quand on les alimente tous les ans avec une bonne dose de **compost** ou de vieux fumier. Si vous n'avez pas encore rempli cette formalité, c'est le temps de le faire.

Fertilisation

En fin de saison, commencez à arroser les rosiers avec du «**thé de compost**», dont la recette se trouve à la p. 129.

Insectes et maladies

Vers la fin de la saison, surveillez les **pucerons**. Voir p. 76.

PLANTES VIVACES, BISANNUELLES, GRAMINÉES ET FOUGÈRES

Préparation du sol

Là où vous voulez planter une **brunnéra**, bêchez le sol profondément (50-60 cm) en y incorporant un peu de tourbe de sphaigne et de vermiculite, tout ça pour augmenter la capacité en eau du sol. La brunnéra est en effet une grande buveuse.

Si vous aimez les **népétas**, les **matricaires** et les **mertensias** et si vous n'avez

qu'une terre argileuse, procurez-vous un peu de terre sablonneuse et autant de compost ou de vieux fumier, un peu de perlite aussi, et mélangez-les à la terre existante. C'est un gage de longévité pour votre plantation.

Si vous voulez associer des vivaces à des arbustes de sol acide, plantez des **mertensias**, des **lobélias** et des **fougères**.

Nepeta mussinii

Mertensia virginica

Brunnera macrophylla

Matricaire, Matricaria aurea

Lobelia cardinalis

Semis

Les conseils généraux de semis sont énoncés aux pp. 78-79.

Plantation et transplantation

Vous pouvez planter des **primevères** et des **pensées** en fleurs même s'il risque encore de geler.

Dans les lieux humides, les **iris versicolores** et les **iris des marais** peuvent avoir les racines constamment dans l'eau. Les iris panachés, les iris japonais et les iris de Sibérie tolèrent seulement une immersion passagère.

Si vous en trouvez quelques plants en pépinière, faites-vous plaisir et essayez l'*Iris versata*, issu d'un croisement récent entre l'iris versicolore et l'iris japonais.

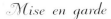

Mise en garde

Ne plantez pas les espèces à grosses feuilles (pétasites, rhéum, astilboïdes, rodgersia) au sommet d'une dénivellation car l'eau dont elles sont très gourmandes y est plus rare que sur un terrain plat ou en bas d'une pente.

Petasites japonicus

Rheum palmatum

Primevère, *Primula denticulata*

Pensée, *Viola cornuta*

Iris versicolor

Iris de Sibérie, *Iris sibirica* 'Steve Warner'

Iris des marais, *Iris pseudacorus* 'Alba'   Iris panaché, *Iris pallida* 'argenteo-variegata'   Iris japonais, *Iris ensata* 'Good Owen'

Aster alpinus

Les **asters** ont tendance à épuiser le sol. Il est donc recommandé mais pas obligatoire de les changer de place aussitôt que possible après 3 à 5 ans au même endroit, et de les replanter, entièrement ou une fois divisés, dans un sol riche qui se draine rapidement. On peut aussi pallier temporairement cet inconvénient en incorporant un peu de compost au niveau des racines tous les printemps.

Pour vous faciliter la tâche

Même si vos vivaces sont couvertes de feuilles et atteignent des hauteurs respectables, vous pouvez en déménager des sections ou la plante entière sans en compromettre la floraison. Quelques précautions s'imposent cependant. Arrosez l'élue au moins une journée à l'avance; choisissez une journée nuageuse ou, mieux, pluvieuse et fraîche; creusez le trou qui recevra la nouvelle plante avant de déterrer celle-ci; prenez le plus possible de racines et de terre et arrosez copieusement la jeune transplantée. Surtout, faites l'opération rapidement.

Pour une reprise encore meilleure, vous pouvez couper les tiges ou les feuilles de moitié. Cette taille permet de réduire l'évaporation par les feuilles, mais elle n'est pas absolument indispensable si toutes les précautions sont prises.

147

Multiplication

Si le feuillage des vivaces que vous êtes prêt à diviser est très développé mais que les sections prélevées sont petites, il vaut mieux les **empoter** dans des pots de 10 cm ou de 15 cm plutôt que les transplanter directement dans une plate-bande. Dans un pot, le développement des racines est beaucoup plus rapide qu'en pleine terre. De 8 à 10 semaines de culture intensive avant la plantation au jardin, dont les trois ou quatre premières à l'ombre, vous assureront des plants vigoureux qui pourraient fleurir l'année même de leur division.

Vous pouvez diviser les **phlox rampants** tout de suite après la floraison si vous taillez les tiges de moitié.

Vous pouvez aussi diviser les fougères délicates, comme l'**adiantum** ou capillaire, alors que leur feuillage est pleinement développé, si vous prenez soin de replanter très vite la motte et de l'envelopper dans un sac de plastique pendant qu'elle est hors de terre. Les racines ne doivent absolument pas manquer d'eau.

Si vous divisez aussi les **graminées** en pleine croissance, prenez une précaution sup-

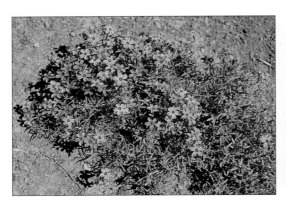

Phlox rampant, *Phlox subulata*

Adiantum pedatum

plémentaire: coupez les nouvelles feuilles en deux dans le sens de la hauteur pour limiter la perte d'eau par évaporation.

Attendez que vos plants de **pyrèthre,** de **platycodon** et de **mertensia** aient atteint l'âge de 3 ou 4 ans avant de les diviser et faites-le seulement en cas de nécessité absolue. Toute perturbation excessive risque de compromettre la floraison.

Si vous pratiquez sur les **campanules,** les **anthémis** et les **delphiniums** la technique

de taille expliquée au paragraphe suivant, profitez-en pour bouturer les portions de tiges que vous avez coupées. Insérez 6 à 8 boutures par pot de 15 cm, couvrez-les d'un sac de plastique pendant 2 semaines environ et placez le tout à l'ombre.

Taille

Certaines vivaces doublent ou triplent le nombre de leurs fleurs en se ramifiant lorsqu'on les coupe de moitié dès qu'elles

Pyrèthre, *Pyrethrum coccineum*

Platycodon grandiflorum

Campanule, *Campanula glomerata*

Anthemis tinctoria 'Sancti Johannis'

Delphinium pacific giant 'Guinevere'

149

atteignent de 20 à 30 cm de hauteur. La floraison est retardée, mais quel spectacle! Essayez **œnothères**, **monardes**, **anthémis**, **campanules hautes**, **échinacées**, **lavatères**, **lysimaques**, **marguerites**, **phlox paniculés**, **chrysanthèmes** et **delphiniums**. Cette technique présente aussi l'avantage de donner de la force aux tiges. Les risques que la touffe s'écrase ou s'ouvre sous le poids des pluies se trouvent donc considérablement diminués.

Floraison

Si vous cherchez des fleurs coupées d'une grande élégance et qui durent très longtemps une fois en vase, plantez des **lobélies.** Il en existe une variété à fleurs rouges et à feuillage vert, une autre à fleurs rouges et à feuillage pourpre, une troisième à fleurs bleues et à feuillage vert et une dernière à fleurs violettes et à feuillage vert.

Œnothère, *Œnothera missouriensis*

Phlox paniculé, *Phlox paniculata*

Échinacée, *Echinacea purpurea*

Monarde, *Monarda X* 'Cambridge Scarlet'

Fertilisation

En fin de saison, commencez à arroser les vivaces avec du «**thé de compost**», dont la recette se trouve à la p. 129.

Protections spéciales

Autour des **hostas**, des **buphtalmums**, des **delphiniums** et des **bergénias,** épandez par temps pluvieux quelques poignées de coquille d'œuf pour empêcher les limaces de se régaler de leurs feuilles.

Soins particuliers

Mise en garde

L'asclépiade est une des dernières vivaces à sortir de terre. Au printemps, dans votre hâte à tout voir pousser vigoureusement, ne concluez pas trop vite que votre plante est morte. Attendez un peu avant de piocher, de bêcher ou de désherber intempestivement.

Asclépiade, *Asclepias syriaca*

Hosta aureo-maculata

Buphtalmum speciosum

Bergenia cordifolia

151

troisième saison:

Été

*Dans toutes les villes du Québec,
l'Été commence environ trois
semaines après la date du début du
Printemps Deux. Selon les régions,
la saison commence entre
le 1ᵉʳ juin et le 15 juillet.
Mais dans la plupart des cas,
elle commence entre
le 15 et le 30 juin.*

Préparation générale

Les suggestions concernant la planification générale de votre jardin ou de votre aménagement sont concentrées dans le chapitre *Aménagement* de l'Hiver.

Allées

Pour garnir les interstices entre les pierres naturelles d'une allée, mieux vaut cultiver des vivaces que les sols secs ne dérangent pas. Les différentes variétés de **thym** sont les plus utilisées mais, pour varier, plantez des **œillets** deltoïdes, vivaces qui vous obligeront à lever un peu plus les pieds, ou même des **délospermas,** généralement cultivées comme annuelles à cause de leur trop faible rusticité comme vivaces.

Plates-bandes et massifs

Pour trôner majestueusement au milieu des plates-bandes et des massifs, plantez des **fritillaires** impériales, belles certes, mais aux fleurs et aux bulbes nauséabonds qui ont la particularité d'éloigner les écureuils.

Fritillaire, *Fritillaria imperialis* 'Lutea Maxima'

Thym, *Thymus serpyllum*

Œillet, *Dianthus deltoides* 'Zing'

Dénivellations

Il reste un peu de place entre deux grosses pierres de la rocaille? Versez-y un peu de bonne terre et plantez un **cytise** dont la forme rampante habillera rapidement la masse minérale environnante.

Dans une grande rocaille, essayez deux **campanules,** spectaculaires, chacune dans son genre:

- *Campanula pyramidalis* dont les tiges de presque 2 m de hauteur se couvrent de bas en haut de clochettes blanches ou bleues, selon la variété, qui s'ouvrent presque toutes en même temps. Comme ces fleurs sont littéralement collées sur la tige, celle-ci reste bien droite même sous les bourrasques et les fortes pluies. Cela en fait un substitut aux delphiniums très facile à entretenir, partout où des plantes hautes et étroites sont requises pour l'harmonie du jardin.
- *Campanula bellidifolia* dont les clochettes blanches ou bleues, selon la variété, naissent le long de multiples tiges rampantes qui courent vigoureusement sur

et entre les pierres. Elles forment des tapis élégants, ajourés, fascinants à observer au fil de leur croissance.

Pour envelopper de rose les pierres d'une rocaille, pensez au *Lychnis viscaria* **'Splendens',** dont les fleurs jaillissent verticalement d'une petite touffe compacte de feuilles légèrement arquées.

Techniques spéciales

Remplissez le cœur d'une **vieille souche coupée courte,** préalablement creusée, avec une terre riche, contenant environ 30 p. 100 de vermiculite, et plantez-y une vivace comme la menthe, le céraiste, l'alyssum vivace. Cette décoration improvisée permettra d'atteindre plusieurs objectifs:

- camoufler la souche embarrassante,
- la signaler, grâce à la végétation, pour éviter les accidents,
- aider le bois à pourrir. Quand ce sera fait, il faudra bien sûr déménager la plante que vous aurez sans doute divisée plusieurs fois dans l'intervalle.

Cytise, *Cytisus decumbens*

Campanule, *Campanula pyramidalis*

Lychnis viscaria 'Splendens'

Préparation du sol

Pour enrichir facilement la terre des plates-bandes et des massifs, cultivez ce que l'on appelle un **engrais vert,** du seigle d'hiver par exemple. Semez-le dès qu'une parcelle de terrain est libérée des récoltes de l'été. Quand l'herbe aura quelques centimètres de hauteur, en automne, enfouissez-la à la bêche ou au rotoculteur.

Plantation et transplantation

Browallia elata

Si, 1 à 2 semaines avant les premières gelées, vous décidez de transformer les **géraniums** du jardin, les **bégonias,** les **coléus,** les **browallias** et les **impatiens** en potées fleuries pour l'hiver, faites-le dès que les températures nocturnes s'approchent dangereusement du point de congélation. Installez-les dans un pot de 15 cm rempli de terreau léger et arrosez aussitôt. Placez-les près d'une fenêtre ensoleillée pour qu'ils puissent profiter des températures fraîches. Laissez la terre sécher complètement entre les arrosages, jusqu'en fin d'hiver.

Pour vous distinguer

La **lavande** peut facilement pousser comme une annuelle dans les régions où elle n'est pas assez rustique pour être cultivée comme une vivace. Pour éviter d'avoir à racheter des plants chaque année, déterrez la plante encore en pleine forme au début de septembre, divisez-la en deux ou trois sections selon sa croissance de l'année et empotez ces sections dans des pots de 15 cm. Arrosez et entretenez les plants à l'extérieur jusqu'en milieu d'automne. Conservez-les ensuite dans une chambre froide jusqu'au printemps prochain.

Coleus blumei

Lavande, Lavandula angustifolia

Multiplication

En milieu de saison, au jardin, bouturez les **géraniums,** les **impatiens, les délospermas** et les **sénécios** et faites-en des potées fleuries que vous placerez à l'endroit le plus ensoleillé de votre logement. Enlevez les feuilles du bas et trempez la plaie de coupe dans une hormone d'enracinement. Pour limiter les pertes d'eau qui risquent de faire sécher les boutures avant la formation de racines, coupez les feuilles restantes en deux dans le sens de la longueur.

Pour les semis de l'an prochain, récoltez les graines de **cosmos, zinnias, centaurées** et de **soucis** dès que les fleurs ont fané.

Senecio mikanioides

Souci, Calendula officinalis

Zinnia elegans

Mise en garde

Les **cléomes,** les **cosmos** et les **soucis** sont très prolifiques. Chaque plant produit des centaines de graines, qui se répandent partout dans les plates-bandes. Si l'idée de voir pousser une myriade de plants l'an prochain (les graines passent l'hiver sous la neige) et même 1 ou 2 ans plus tard ne vous enchante pas, coupez au ciseau les gousses des premiers, les vieilles fleurs des deux autres. Dans le cas contraire, laissez les plants répandre leur progéniture. Attention alors de ne pas bêcher la terre trop tôt au printemps, vous détruiriez les jeunes plants à peine germés ou encore vous retarderiez la germination jusqu'en lieu d'été, au risque de n'avoir aucune floraison. Voilà ce qui s'appelle vraiment jouer avec la nature.

Cleome spinosa

Cosmos bipinnatus

Taille

En début de saison, si vous jugez que les plants d'**amaranthe tricolore** ne sont pas assez fournis, coupez l'extrémité de toutes les jeunes pousses.

Quand les **tournesols** atteignent 1,50 m, coupez-leur la tête. Vous retarderez la floraison, mais au lieu d'avoir une fleur, vous en aurez quatre ou cinq. Celles-ci, plus petites, feront de merveilleuses fleurs coupées.

Si, en tout début de saison, certains **impatiens** poussent plus vite que d'autres, raccourcissez-les pour permettre aux autres de les rattraper. Vous pouvez tout aussi bien choisir de les laisser faire: un massif arrondi, où les plantes du centre poussent plus haut que les autres, produit un effet spectaculaire.

Vers le milieu de l'été, taillez de moitié les annuelles qui ont bien fleuri et arrosez-les avec une dose d'engrais soluble. Elles **refleuriront abondamment** 2 ou 3 semaines plus tard et jusque tard en automne.

Amaranthe tricolore, *Amaranthus tricolor*

Floraison

Une bonne façon de faire ramifier rapidement vos **cléomes** consiste à leur couper la tête dès que la première grappe de fleurs commence à se former. Coupez la tige à la base de la grappe. Cette opération n'est cependant pas nécessaire si vous êtes patient. La ramification naturelle commence en effet au cours des 6 premières semaines d'été, quand la floraison est déjà bien amorcée. C'est alors que les plants deviennent les merveilleux monstres sacrés qu'ils sont à l'âge adulte...

Tout en vous promenant au jardin, le matin avant le boulot ou le soir en rentrant, enlevez les **fleurs fanées** de vos annuelles... sans vous énerver toutefois si vous en oubliez. Elles fleuriront mieux. À moins, bien sûr, que vous ne vouliez en garder quelques-unes pour en recueillir les graines.

Les fleurs de **cosmos** et de **zinnias** figurent parmi les annuelles les plus durables en bouquets. Laissez-en quelques-unes produire des graines; vous pourrez alors les laisser se répandre sur le sol pour qu'elles germent rapidement au printemps prochain ou les ensacher pour vos prochains semis.

Arrosage

Quand vous arrosez, assurez-vous que la terre est mouillée sur au moins **20 cm de profondeur,** même si la plate-bande est recouverte de paillis.

Surveillez l'arrosage des massifs et plates-bandes situés **sous les arbres** adultes. Le sol y est très sec car l'eau des pluies est déviée par les feuilles.

Surveillez d'un œil attentif les **cléomes**, les **browallias** et les **œillets d'Inde** qui tolèrent très mal de manquer d'eau même un court instant.

Les **clarkias** sont réfractaires à la chaleur humide. Pendant la canicule, aspergez-les rapidement une ou deux fois par jour pour les rafraîchir.

Œillet d'Inde, *Tagetes*

Fertilisation

Dans une bonne terre, il n'est **pas nécessaire** de fertiliser les annuelles, sauf si vous participez au concours du plus gros pétunia.

Ne donnez pas d'engrais aux **capucines**. Elles fleurissent d'autant mieux que la terre est pauvre. Et il vous faut beaucoup de leurs fleurs pour décorer vos salades, n'est-ce pas?

Les **annuelles en pots,** en paniers suspendus, en bacs ou en boîtes à fleurs peuvent théoriquement se passer d'engrais si la terre utilisée est suffisamment riche. Mais, en plein milieu de l'été, si elles ont poussé et fleuri éperdument, elles risquent d'avoir une baisse d'énergie marquée. Pour prévenir celle-ci ou pour enrayer les effets désastreux qu'elle pourrait avoir, arrosez vos plantes avec un engrais soluble de formule égale ou équivalente à 15-30-15.

Clarkia elegans

Ne fertilisez pas à l'engrais soluble si la terre est **sèche**. Offririez-vous un verre de sirop d'érable à un aventurier venant de traverser le désert sans boire?

Plusieurs fois au cours de l'été, arrosez les plantes annuelles avec du «**thé de compost**», dont la recette se trouve à la p. 129.

Capucine, *Tropæolum majus*

PLANTES AQUATIQUES ET JARDINS D'EAU

Multiplication

Vous pouvez encore **diviser** les vraies plantes aquatiques, en milieu de saison, après la floraison.

Nettoyage

Si ce n'est déjà fait, installez dans votre bassin des plantes qui fourniront l'oxygène nécessaire à la vie aquatique (poissons, plantes, grenouilles): élodée et vallisnérie. Elles ont aussi un rôle à jouer dans le nettoyage en participant à la lutte contre la prolifération des **algues.** Dans le même ordre d'idées, assurez-vous qu'il y a assez de nénuphars pour faire de l'ombre dans le bassin afin d'empêcher l'eau de trop se réchauffer. La chaleur favorise la formation d'algues.

Coupez les **feuilles jaunes** des nénuphars.

Floraison

> ### Mise en garde
> Au cours des journées ensoleillées et chaudes, le niveau de l'eau du bassin peut baisser rapidement à cause de l'évaporation, ce qui nuit à la santé des plantes et à la vie de l'ensemble du jardin d'eau. Faites le plein régulièrement ou installez un système de flotteur qui déclenchera une arrivée d'eau automatique au bon moment.

Fertilisation

Si nécessaire, fertilisez vos plantes en paniers en **juin, juillet** et **août.**

Hivernation

Début septembre dans toutes les régions, rentrez à l'intérieur les plantes aquatiques **non rustiques**: cypérus, nénuphars tropicaux.

Après le premier gel de fin de saison, retirez les **plantes flottantes** et, comme elles sont considérées comme des annuelles, déposez-les sur le tas de compost. Rentrez les poissons tropicaux dans un aquarium.

Soins particuliers

Continuez à introduire chaque semaine des **bactéries** dans tous les bassins, surtout dans les petits. Ces micro-organismes transforment l'ammoniaque provenant des excréments de poissons en nitrates que les plantes assimilent par la suite. Elles consomment les mêmes minéraux que les algues et leur font une concurrence impitoyable. Elles ont donc un grand rôle à jouer dans la propreté de l'eau.

Préparation du sol

Si vous suivez vos impulsions et achetez un arbre qui vous a séduit, n'oubliez pas de **bêcher** et d'enrichir la terre avant de le planter.

Plantation et transplantation

Si les pépinières offrent des arbres à **racines nues** en fin de saison, plantez-les immédiatement. Raccourcissez légèrement les racines et trempez-les dans une boue contenant, moitié moitié, de la terre consistante et du vieux fumier. Il est recommandé mais pas obligatoire de jeter une poignée de poudre d'os fossile autour des racines avant de remplir le trou.

Vous pouvez aussi planter tous les arbres offerts en pots.

N'oubliez pas de tuteurer! Placez le tuteur du côté des vents dominants, soit du côté ouest généralement.

Pour économiser

Attachez le tuteur à l'arbre avec un bas de nylon usagé. En plus d'être bon marché, ce lien ne risque pas d'abîmer l'écorce. N'oubliez pas de croiser le bas entre l'arbre et le tuteur.

Multiplication

Si vous souhaitez marcotter vos arbres, **bêchez** là où vous enfouirez les tiges. Mélangez à la terre quelques poignées de sable et de poudre d'os fossile pour faciliter l'enracinement.

En début de saison, pratiquez le marcottage sur les branches basses de **magnolia**. Il faut

Mûrier, *Morus alba* 'Pendula'

Vinaigrier, *Rhus typhina* 'Laciniata'

environ 2 ans avant que l'enracinement soit assez fort pour qu'on puisse séparer sans risques le nouveau plant de la plante-mère.

À la même époque, prélevez des boutures sur le **mûrier** et le **vinaigrier**. Ce dernier peut aussi être multiplié par prélèvement des drageons et par boutures de racines, tout comme les **ormes** d'ailleurs. Prélevez aussi des boutures de 20 cm sur les **oliviers de Bohème**. Protégez-les du vent.

En fin de saison, prélevez des boutures de 20 cm de longueur de **pruniers décoratifs**, de **mûriers**, de **peupliers** et de **pommetiers**. Enlevez les feuilles. Attachez-les par paquets de 10 avec un élastique. Enfouissez-les dans une terre sablonneuse ou dans du sable, à 60 cm de profondeur. En fin de saison, vous protégerez la tranchée avec des branches d'épinettes ou de pins. Au printemps suivant, vous planterez les boutures dans une plate-bande ou en pots de 10 cm de diamètre.

Taille

Attendez la chute complète des feuilles avant d'élaguer.

Orme, *Ulmus glabra* 'Pendula'

Peuplier, *Populus nigra* 'Thevestina'

Pommetier, *Malus sp*

En début de saison, pratiquez une taille de formation sur le *Magnolia soulangeana*. Ce petit arbre, très particulier à cause de ses grandes fleurs apparaissant avant les feuilles, mérite d'être élevé comme une pièce de collection, épurée du superflu, de port altier et sobre. La première année, coupez à la base les jeunes branches que vous n'aurez pas choisies pour assurer la charpente de l'arbre. Limitez le nombre à 3 ou 5. Les années subséquentes, éliminez sur les charpentières les tiges latérales faibles et courtes. Gardez seulement, à larges intervalles et de façon irrégulière, des branches secondaires qui, avec les charpentières, donneront à l'arbre les lignes et les directions dont l'élégance mettra en valeur les magnifiques fleurs. Une fois que l'arbre a atteint la forme et les dimensions que vous souhaitiez, la taille n'a pour but que de préserver l'équilibre de la présentation.

Magnolia soulangeana 'Ricki'

Arrosage

Surveillez l'arrosage des **jeunes arbres** de 1, 2 ou 3 ans. Leurs racines ne plongent pas assez en profondeur pour pallier une sécheresse prolongée. Arrosez abondamment à 2 semaines d'intervalle si la canicule dure un peu trop longtemps. Un manque d'eau pourrait causer une faiblesse et favoriser ainsi l'infestation par des insectes et des maladies qui n'oseraient pas s'attaquer à des arbres vigoureux et forts.

S'il ne pleut pas pendant plusieurs semaines, ce sont les **grands arbres** qui souffriront le plus, car leurs racines sont profondes. Procurez-vous une sonde spéciale et injectez de l'eau au niveau des racines.

Insectes et maladies

Les petites cloques que l'on aperçoit sur les feuilles d'érables, de près seulement, sont causées par des insectes minuscules appelés **phytoptes**, apparentés aux araignées. Leur apparition sur les arbres n'est pas systématique d'une année à l'autre et les dégâts qu'ils causent sont infimes. Il n'est donc pas nécessaire de s'en débarrasser à tout prix. Mais si vous êtes tenté par l'arsenal phytosanitaire, sachez que les traitements doivent être effectués au Printemps Un, avant la sortie des feuilles, avec ce que l'on appelle des huiles de dormance.

Hivernation

Pour assurer à vos arbres les meilleures chances de **passer l'hiver** avec le minimum de stress, ne leur donnez pas d'engrais contenant de l'azote. Une croissance tardive rend la végétation très vulnérable au gel.

Bien qu'on ne dispose pas de preuves scientifiques pour corroborer cette expérience de jardinier, les arbres relativement peu rustiques, comme les catalpas et les liriodendrons, semblent passer un meilleur hiver lorsqu'on vaporise les feuilles, deux ou trois fois en deuxième moitié de saison, avec un engrais soluble à haute teneur en phosphore (le deuxième chiffre de la formule).

Plantation et transplantation

Vous pouvez encore planter tous les arbustes offerts en pots.

Arrosez les arbustes en pots au moins une demi-journée **avant de les planter** afin que les tissus, les racines en particulier, soient gorgés d'eau au moment de la plantation. Ils auront ainsi assez de réserves pour survivre avant que les racines commencent leur exploration aquatique en pleine terre.

Lorsque les racines des arbustes que vous avez achetés en pots sont rassemblées dans une masse compacte et dense, n'ayez pas peur d'en casser plusieurs en **brisant la motte** avec les mains, allant jusqu'à l'écarteler si nécessaire. Cette technique permet aux racines d'explorer plus rapidement la terre environnante et empêche souvent les plantes de souffrir de sécheresse.

Pour vous distinguer

Il est toujours possible de planter des arbustes peu ou pas rustiques dans votre région, mais, pour assurer leur survie, vous devez créer un microclimat à l'abri d'un écran ou d'une haie de conifères qui coupent les vents froids et qui forcent l'air le plus chaud à rester au jardin.

Les **caraganas** aiment les sols sablonneux. Ils sont donc capables de tolérer une certaine sécheresse. Mais pour leur éviter un stress inutile, recouvrez le sol d'un paillis.

Multiplication

Si vous souhaitez **marcotter** vos arbustes, bêchez là où vous enfouirez les tiges. Mélan-

gez à la terre existante quelques poignées de sable et de poudre d'os fossile pour faciliter l'enracinement.

Pour vous faciliter la tâche

Protégez les **boutures** du vent et du soleil soit avec une vieille boîte de conserve rouillée ouverte aux deux bouts, soit avec une vieille bouteille d'eau de Javel sans fond, dont vous aurez enlevé le bouchon.

Berberis thunbergii 'Crimson Pygmæ'

Cotoneaster adpressus

En première moitié de saison, prélevez des boutures semi-herbacées (encore un peu vertes) de 15-20 cm sur les **berbéris, caraganas, caryoptéris, chèvrefeuilles, cornouillers, cotonéasters, forsythias, groseilliers décoratifs, physocarpes, potentilles, pruniers, amandiers et cerisiers décoratifs, saules, spirées, tamaris et viornes.**

À la même époque, pratiquez le **marcottage** sur les branches basses de **magnolia**, de **pivoine arbustive**, de **philadelphus**, de **pyracantha** et de **mahonia**. Il faut environ 2 ans avant que l'enracinement soit assez fort pour qu'on puisse séparer sans risques les nouveaux plants de la plante-mère.

En deuxième moitié de saison, prélevez des boutures de **forsythia**, d'**hydrangée**, de **physocarpe**, de **saule**, de **viorne** et de **weigéla** sur des tiges dont l'écorce brune est bien formée. Ces tiges sont dites *aoûtées* parce que c'est généralement pendant le mois d'août que l'écorce se forme pour mieux résister au froid. Plantez ces boutures de 10-12 cm dans

Amandier, *Prunus triloba*

Caragana lobergii

Forsythia 'Northern Gold'

une plate-bande sablonneuse aménagée en pépinière et protégez-les avec des feuilles et des branches de conifères avant l'hiver. Elles devraient être prêtes à être transplantées au début du Printemps Deux.

Vers le milieu de la saison, bouturez les **fusains**, les **azalées** et les **buddléias** en prélevant des portions de tiges de 10-15 cm de longueur munies à leur base d'un petit bout de la branche portante (1 cm). Plantez-les directe-

ment dans une plate-bande sablonneuse aménagée en pépinière ou dans des pots de 15 cm remplis d'une terre légère, à raison de 6 à 10 boutures par pot. Placez le tout à l'ombre légère et recouvrez les boutures d'un sac de plastique transparent ou blanc, percé de deux ou trois petits trous, que vous garderez en place pendant 4 à 6 semaines. À la fin de l'automne, vous enfouirez les pots dans une tranchée, là où la neige s'accumulera en couches épaisses.

Pivoine arbustive, *Pæonia montana*

Philadelphus X virginalis

Hydrangée, *Hydrangea paniculata*

Fusain, *Euonymus alatus*

Tamaris, *Tamarix ramossissima*

À la même époque, prélevez des boutures de 10 cm sur les **cytises** et les **daphnés**. Faites aussi des boutures de 20 cm de **pruniers décoratifs**. Attachez-les par paquets de 10 et plantez-les dans une terre sablonneuse ou dans du sable. À la fin de l'automne, vous les protégerez avec des branches d'épinettes ou de pins.

Quand les tiges d'**acanthopanax** se sont endurcies et couvertes d'écorce, en août, prélevez des boutures d'extrémité, plantez-les dans une plate-bande sablonneuse et ombragée et protégez-les du vent. Pour multiplier cet arbuste, vous pouvez aussi déterrer des drageons et les empoter.

Tout l'été, marcottez les branches du bas des **corêtes, cornouillers, cotonéasters, saules, pyracanthas, sorbarias, viornes, symphorines, spirées, sureaux, genêts, cognassiers du Japon,** etc. Maintenez les branches enterrées avec une pierre.

Sureau, *Sambucus racemosa* 'Sutherland'

Prunier décoratif, *Prunus pumila* 'Depressa'

Viorne, *Viburnum rhytidophyllum*

Stephanandra incisa

Éliminez les **branches mortes** en les coupant le plus ras possible. La propreté favorise la croissance et limite considérablement les risques d'infestations par les insectes et les maladies.

Spirée à fleurs blanches, *Spiræa X vanhouttei* 'Trilobata'

Prélevez aussi les **drageons** qui jaillissent de terre à la base de certaines de ces espèces.

En vous promenant dans votre petit paradis, tirez légèrement sur les branches de **stéphanandra** et de **raisin d'ours** qui touchent le sol. Si vous sentez une résistance, c'est que ces branches se sont enracinées. N'hésitez pas à prélever les jeunes plants au sécateur et à les placer, en pots ou en pleine terre, dans une plate-bande aménagée en pépinière.

Quand les **spirées à fleurs blanches** ont fini de fleurir, coupez environ un tiers des tiges florifères au-dessous de la dernière fleur. Cette taille stimule la croissance de nouvelles tiges qui porteront des fleurs l'an prochain.

Taille

À quelques exceptions près, la **taille estivale** n'est pas obligatoire.

À éviter

La taille bien pensée, bien exécutée se doit de respecter la forme naturelle des arbustes. Pour redonner leur élégance à ceux qui ont été contraints à la cisaille d'épouser des formes géométriques, pratiquez sur eux, en début de saison, une taille de rajeunissement en réduisant les branches maîtresses à 30-40 cm du sol.

À éviter

La taille d'été des spirées à fleurs roses n'est pas déconseillée bien qu'elle ne soit pas vraiment nécessaire. Mais de grâce, ne faites pas d'excès de zèle. Contentez-vous de raccourcir de moitié les pousses de l'année les plus vigoureuses, celles qui enlèvent de sa régularité à la masse de feuillage.

Spirée à fleurs roses, *Spiræa X bumalda* 'Shirobana'

Après sa floraison, taillez la **corête**: raccourcissez les vieilles branches le plus près possible du sol jusqu'à l'intersection d'une tige latérale assez vigoureuse.

Floraison

Pour une croissance plus vigoureuse de vos **potentilles,** supprimez à la main les fleurs fanées et les jeunes fruits.

Potentille, *Potentilla fruticosa* 'Abbotswood'

Mise en garde

Philadelphus coronarius 'Aureus' est souvent «massacré» plusieurs fois au cours de l'été et taillé en forme de boule ou autre bizarre géométrie. Cette taille excessive donne rarement de bons résultats, accélère le dépérissement de l'arbuste, l'affaiblit et, conséquemment, favorise le développement de maladies qui ajoutent à la laideur.

Philadelphus coronarius 'Aureus'

Mise en garde

Quand vous enlèverez les fleurs fanées des **lilas** et des **azalées**, prenez garde de ne pas compromettre la floraison de l'année prochaine. En effet, les futures tiges porteuses de fleurs prennent naissance exactement à la base de la vieille grappe de fleurs. Allez-y doucement.

Groupe d'azalées

Rhododendron P. J. M.

Sorbaria sorbifolia

Lilas nain, *Syringa meyerii*

Les bourgeons à fleurs des **azalées,** des **rhododendrons** et de plusieurs autres espèces se forment au cours de l'été. Les racines, qui fournissent aux plantes la matière nécessaire à cette création, ne doivent souffrir d'aucune façon sous peine de compromettre la floraison de l'an prochain. Ne les laissez ni sécher ni se noyer; surveillez les arrosages.

Désherbage

Soyez prudent quand vous désherbez autour des **sorbarias.** Ces arbustes drageonnent beaucoup et vigoureusement, et c'est ce qui fait leur charme car ils forment de magnifiques massifs. Si vous voulez limiter leurs proportions, tranchez les drageons en même temps que les mauvaises herbes. Sinon, surveillez les petites pousses qui sortent de terre et entourez-les de soins attentifs.

Arrosage

Les **daphnés** sont de petits arbustes aux racines relativement superficielles, donc vulnérables par temps sec. Surveillez l'arrosage et assurez-vous de toujours ménager une cuvette au pied de la plante.

Les arbustes de sol acide, **hydrangées, azalées** et **rhodendrons** en tête, ont généralement des racines très fines, rassemblées en un

chevelu dense. Tout manque d'eau risque donc de faire mourir les racines et dépérir les plantes. N'attendez pas que celles-ci flétrissent pour les arroser. Soyez attentif aux premiers signes de problèmes et agissez rapidement.

Fertilisation

Plusieurs fois en cours d'été, arrosez les arbustes avec du «**thé de compost**», dont la recette se trouve à la p. 129.

Insectes et maladies

Si vous observez un arrêt de croissance sur vos jeunes **azalées**, doublé d'un rabougrissement et d'une décoloration des feuilles, observez à la loupe le dessous de celles-ci. Il y a des risques que votre plante soit infestée par de minuscules acariens qui en sucent la sève. Si l'attaque est mineure, traitez-la soit avec un produit naturel soit avec un produit de synthèse, mais si la survie de la plante est compromise, raccourcissez les branches de moitié et traitez-la à trois reprises, à 2 ou 3 semaines d'intervalle.

Hivernation

Pour donner à vos arbustes les meilleures chances de passer l'hiver avec le **minimum de stress,** ne leur donnez plus d'engrais contenant de l'azote. Une croissance tardive rend la végétation très vulnérable aux gels.

Précaution à prendre

Bien qu'il n'y ait pas de preuves scientifiques pour corroborer cette expérience de jardinier, les arbustes relativement peu rustiques, comme les **érables du Japon**, les **deutzias**, les **andromèdes**, les **piéris**, les **cognassiers du Japon** et les **rhododendrons**, semblent passer un meilleur hiver lorsqu'ils sont vaporisés, deux ou trois fois en deuxième moitié de saison, avec un engrais soluble à haute teneur en phosphore (le deuxième chiffre de la formule).

Érable du Japon, *Acer palmatum* 'Inaba Shidare'

Cognassier du Japon, *Chænomeles japonica*

BULBES

1- ANNUELS

Préparation du sol

Binez ou sarclez vos plates-bandes pour aérer le sol et éliminer les mauvaises herbes.

Plantation et transplantation

Si, en pleine saison, vous jugez que vos **cannas** sur le point de fleurir ne sont pas à la bonne place ou qu'ils produiraient un meilleur effet ailleurs, n'hésitez pas à les transplanter. Arrosez abondamment la veille de l'opération. Préparez le trou pour les accueillir avant l'arrachage. Découpez à la bêche une motte d'au moins 25 cm de diamètre et transportez-la rapidement dans le trou. Ménagez une cuvette au pied de la plante et arrosez copieusement. Les chances de réussite augmentent quand la terre est consistante et quand le nouvel emplacement est situé légèrement à l'ombre.

Canna

Multiplication

Quand vous arrachez vos bulbes pour une raison ou pour une autre, récoltez les **bulbilles** qui se développent à leur base et plantez-les dans une terre sablonneuse où ils grossiront pendant plusieurs années avant de fleurir à leur tour.

Tuteurage

Tuteurez les **acidantheras**, les **crocosmias** et les **glaïeuls** s'ils sont placés dans un endroit venteux.

Tuteurez aussi les **dahlias à grosses fleurs** pour éviter la casse par temps pluvieux. Dissimulez les tuteurs dans le feuillage.

Crocosmia crocosmæflora

173

Acidanthera bicolor

Glaïeul, *Gladiolus*

Floraison

Les **glaïeuls** sont les fleurs coupées de l'été par excellence. Au lieu de les tuteurer, cueillez-les dès que les deux premières fleurs de la base de l'épi montrent leur couleur.

Dès que les bourgeons de **dahlias** sont formés, décidez du genre de floraison que vous voulez. Pour obtenir une foule de petites fleurs, supprimez les bourgeons du centre. Pour admirer quelques énormes fleurs, ne gardez que les bourgeons du centre.

Arrosage

Dès que vous voyez l'épi floral pointer au sommet des feuilles, ne laissez pas les **glaïeuls** manquer d'eau.

Quand vous arrosez les **dahlias,** faites-le abondamment. Ces fleurs de fin d'été sont de grandes assoiffées. Orientez le jet d'eau vers le sol pour ne pas mouiller inutilement les feuilles.

Fertilisation

Plusieurs fois en cours d'été, arrosez les plantes bulbeuses avec du «**thé de compost**», dont la recette se trouve à la p. 129.

Cueillette

Quand vous coupez des **fleurs** de bulbes annuels, glaïeuls en tête, laissez le plus de feuilles possible pour qu'elles puissent fabriquer les matières qui nourriront le bulbe l'an prochain.

Hivernation

La règle d'or pour l'**arrachage** des bulbes annuels? Attendre que le feuillage soit gelé. Tant que les bulbes restent en terre, vous pouvez attendre tard en automne avant de les arracher.

Soins particuliers

Si ce n'est déjà fait, étendez du paillis à la base des **cannas** et des **dahlias.** L'abondance de feuilles oblige les plantes à consommer beaucoup d'eau. Inutile donc de la laisser s'évaporer dans l'atmosphère.

2- VIVACES

Choix des bulbes

Dès que les bulbes sont arrivés dans les centres horticoles, au cours du mois de septembre, allez faire votre choix pour obtenir les spécimens **les plus gros.**

Vérifiez que les bulbes sont **sains** et exempts de blessures.

En attendant le moment de planter, placez votre butin au **réfrigérateur,** dans un récipient fermé pour éviter le dessèchement.

Préparation du sol

Ameublissez la terre en profondeur avant de planter. Bêchez et incorporez un peu de matière organique au sol.

Mise en garde

Pour éviter les risques de pourriture, il est fortement recommandé de ne pas enrichir le sol avec du fumier juste avant la plantation de bulbes printaniers. L'apport de cet amendement doit se faire une année à l'avance. Le compost cause moins de problèmes s'il est bien décomposé, ajouté en petite quantité et bien mélangé à la terre.

Les **ornithogales** sont réfractaires aux terres argileuses. Avant de planter, bêchez en incorporant un mélange moitié moitié de terre sablonneuse et de compost.

Pour vous faciliter la tâche

L'os moulu est un excellent ingrédient pour aider les bulbes à fabriquer des racines avant l'hiver, mais son odeur fait la joie des écureuils. Pour contourner le problème, utilisez à la place la poudre d'os fossile, beaucoup plus inoffensive.

Plantation

Même si, en théorie, la plantation des bulbes doit être terminée au moins **6 semaines** avant le début de l'hiver, vous pouvez les planter jusqu'à ce que le sol commence à geler, sauf les narcisses.

Crocus, scilles et **muscaris** doivent être plantés le plus tôt possible à partir du 1er septembre à 5 cm de profondeur et autant de distance.

Mise en garde

Les **muscaris** produisent des feuilles avant l'hiver. Ne les arrachez pas! Ils fleuriront au printemps, comme tout le monde.

Crocus

Scille, *Scilla sibirica*

Muscari armeniacum

Plantez quelques poignées de bulbes de scilles, de crocus, de chionodoxes ou de muscaris dans un coin de la pelouse peu fréquenté et où un peu de couleur attirerait l'attention. Pour que la plantation ait

Chionodoxe, *Chionodoxa lucillæ* 'Pink Giant'

l'air naturel dès la première année, jetez les bulbes sur le sol d'une hauteur d'environ 1 m et plantez-les là où ils tombent. Rassurez-vous, ils ne s'abîmeront pas en tombant sur l'herbe molle.

Association

Pour donner de la légèreté et de la délicatesse aux plantations de tulipes hautes dans une plate-bande, sous les arbres ou carrément dans le bois, plantez l'espèce vivace ou l'espèce bisannuelle de **myosotis**. Les myriades de minuscules fleurs bleues s'harmonisent parfaitement avec les grosses fleurs multiples de la «reine du printemps».

Multiplication

En zone 5, lorsque les *Ornithogalum nutans* ont passé 3 ans au même endroit, déterrez-les en fin de saison ou en début d'automne. Coupez les feuilles et récoltez tous les bulbes, petits et gros. Mettez-les à sécher dans un endroit frais et replantez-les au début d'octobre.

Quand le feuillage des **lis** a jauni, déterrez les bulbes des touffes que vous voulez diviser et replantez-les tels quels à l'endroit choisi. La mul-

Ornithogale,
Ornithogalum nutans

tiplication par plantation d'écailles a lieu au Printemps Deux.

Arrosage

En cas de sécheresse, même passagère, arrosez les **lis** copieusement. Rappelez-vous cependant qu'ils aiment avoir la tête au soleil et les racines au frais. Un paillis, un couvre-sol ou une végétation environnante plutôt dense leur évitera les effets dévastateurs de la canicule et des oublis involontaires du jardinier.

Soins particuliers

Certaines variétés de **lis** ('Montreux' et 'Mont-Blanc', par exemple) atteignent parfoi 1,50 m de hauteur. **Tuteurez-**les pour éviter les accidents causés par la pluie ou le vent, sinon coupez-les pour en faire des bouquets.

Lis 'Montreux'

Si vous disposez de l'espace nécessaire, plantez des bulbes d'ail décoratif (il y a un choix de huit espèces) parmi les rosiers. Ce **compagnonnage** apparemment insolite diminue les risques d'infestation par les insectes.

Lis 'Mont-Blanc'

Préparation du sol

Les conifères sont de grands assoiffés. Pour prévenir les risques de dessèchement du sol en été, recouvrez-le d'un **paillis,** de préférence composé de thuya haché ou de résidus de taille de conifères.

Plantation et transplantation

Il est fortement déconseillé de planter ou de transplanter les conifères en pleine **canicule.** Attendez que le temps soit nuageux ou pluvieux.

On ne devrait pas planter de conifères plus tard dans la saison que 2 à 2 1/2 mois avant le début de l'Hiver.

Taille

Les principes généraux de taille des conifères sont énoncés aux pp. 118-119.

Coupez les **branches mortes** dès que vous découvrez leur présence pour éviter une infestation par les insectes. Une quantité anormale de ces branches est un signe de problème majeur. Consultez un horticulteur.

Le **cryptomère** est un conifère dont l'élégance est accentuée par un tronc dégarni à la base. En cours de saison, taillez à ras les branches les plus basses. Deux règles à respecter:

- Ne coupez pas plus de trois branches par été.

- La hauteur du tronc dégarni doit être proportionnelle à la hauteur de l'arbre. C'est une question d'esthétique élémentaire.

Fertilisation

Si vous souhaitez stimuler la croissance des conifères, il est trop tard. Il faudra attendre le Printemps Un.

Hivernation

Les problèmes de **sécheresse** des conifères, même passagère, risquent de se répercuter sur leur capacité à passer l'hiver sans incident. Arrosez copieusement grands et petits sujets dès qu'ils en ont besoin. Rappelez-vous que les racines qui absorbent l'eau se trouvent approximativement à la même distance du tronc, dans le sol, que le bout des branches les plus longues.

Précaution à prendre

Bien qu'il n'y ait pas de preuves scientifiques pour corroborer cette expérience de jardinier, les conifères sensibles semblent passer un meilleur hiver lorsqu'ils sont vaporisés, deux ou trois fois en deuxième moitié de saison, avec un engrais soluble à haute teneur en phosphore (le deuxième chiffre de la formule).

Soins particuliers

Si vos thuyas font le délice des **chevreuils** et autres cervidés, vous pouvez toujours ériger une clôture, mais elle devra avoir 3 m de hauteur (moins, ce n'est pas efficace). Autre méthode, moins coûteuse: accrochez aux branches, à environ 1 m d'intervalle, des feuilles d'assouplisseur à linge. Il semble que l'odeur et les émanations de ces feuilles répugnent à ces paisibles animaux.

Quand les pluies et les arrosages peuvent être considérés comme normaux, le **dessèchement** des feuilles à l'intérieur des thuyas est un phénomène naturel: les nouvelles pousses voilent la lumière qui se rendait auparavant jusqu'aux plus vieilles, devenues inutiles.

FINES HERBES

Préparation du sol

Bêchez et enrichissez la terre où vous allez replanter les vieilles touffes d'herbes vivaces, une fois divisées.

Semis

Pour une récolte automnale de **persil,** de **cerfeuil** et de **sauge,** semez en début de saison quelques graines dans un coin de plate-bande ensoleillée ou dans des pots que vous rentrerez dès les premiers signes de gelées.

Sauge

Plantation et transplantation

Au bout de 2 à 4 ans au même endroit, les espèces vivaces ont vraisemblablement tiré le meilleur du sol que vous leur aviez offert. En milieu de saison, **arrachez** les touffes, divisez-les en une dizaine de sections de 5 cm de diamètre et replantez celles-ci dans une terre fraîchement enrichie.

Persil

Cerfeuil

> *Pour vous faciliter la tâche*
> Pendant que vous avez en main quelques jeunes plants, sélectionnez les plus vigoureux et plantez-les dans des pots de 15 cm de diamètre remplis d'un terreau dynamite: un tiers de terre sablonneuse, un tiers de compost et un dernier tiers d'un mélange de perlite, de vermiculite et de tourbe de sphaigne. Rentrez-les sur le rebord d'une fenêtre ensoleillée et utilisez-les pour aromatiser vos plats tout l'hiver.

Ciboulette

Floraison

Pour que les fines herbes gardent leur goût particulier pendant toute la période où vous les conserverez, récoltez-les avant qu'elles ne fleurissent. Si vous voulez admirer leur floraison, plantez-en en plusieurs endroits et laissez fleurir les plants que vous ne consommerez pas.

Fertilisation

Plusieurs fois en cours d'été, arrosez les fines herbes avec du «**thé de compost**», dont la recette se trouve à la p. 129.

Récolte

Cueillez les fines herbes **tôt le matin,** par temps ensoleillé, une fois la rosée évaporée. Coupez les tiges aux deux tiers de leur longueur.

Quand vous faites sécher ou congeler vos fines herbes, préparez des **étiquettes** pour identifier les emballages, sur lesquelles vous indiquerez l'espèce et la date de la récolte.

Taille

Que vous consommiez ou non les fines herbes au fur et à mesure qu'elles sont prêtes, taillez-les régulièrement, au moins une fois toutes les 3 à 4 semaines. C'est en effet dans les **jeunes pousses** que se cachent les parfums les plus prononcés, sous forme d'huiles essentielles concentrées.

Pour empêcher la **menthe** de monter en graines, taillez-la souvent et récoltez-en les jeunes feuilles. Pour vous faciliter la tâche, utilisez une cisaille à haie.

PLANTES FRUITIÈRES

Préparation du sol

Avant de planter ou de marcotter, peu importe la saison, **bêchez** la terre profondément en l'enrichissant de compost.

Plantation et transplantation

Repiquez dans une plate-bande spécialement aménagée les jeunes plants de **fraisier** que vous avez mis à enraciner en pots ou qui se sont enracinés d'eux-mêmes au pied des plants déjà établis.

Il est encore temps, jusqu'en début de saison, de planter **fraisiers** et **framboisiers**. N'oubliez pas d'acheter des plants certifiés, exempts de virus.

Plantez aussi des **arbres fruitiers**. Profitez-en s'ils sont en solde dans les pépinières. Jetez une poignée de poudre d'os fossile autour des racines avant de boucher le trou.

N'oubliez pas de tuteurer! Placez le tuteur du côté des vents dominants, soit du côté ouest généralement.

Pour économiser

Attachez le tuteur à l'arbre avec un bas de nylon usagé. En plus d'être bon marché, ces liens ne risquent pas d'abîmer l'écorce.

Multiplication

Marcottez les **groseilliers** et les **cassissiers**. Choisissez une branche basse vigoureuse et grattez l'écorce de la face inférieure sur environ 10 cm. Creusez par terre un sillon de 3-4 cm de profondeur et couchez-y la partie écorcée de la branche. Rebouchez le sillon et maintenez le tout en place avec des pierres. Arrosez régulièrement. La nouvelle plante devrait être prête à sevrer dans 2 1/2 ou 3 mois. Vous couperez alors la branche enterrée à l'endroit où elle pénètre dans le sol et vous transplanterez le nouvel arbuste dans un endroit abrité.

Éclaircissage

L'**éclaircissage** des pommes et des poires est une technique indispensable si l'on veut éviter l'alternance des grosses et des petites récoltes d'une année à l'autre. Lorsque les fruits ont environ 2 cm de diamètre (une grosse bille), n'en laissez pas plus de deux par bouquet. C'est aussi une façon d'obtenir des fruits plus gros et d'empêcher l'arbre de faire tomber lui-même, de façon anarchique, les fruits qu'il se sent incapable d'alimenter correctement.

Coupez les **stolons** de fraisiers avant que de nouveaux plants se forment à leur extrémité. Pour l'instant, l'énergie de vos plants doit être concentrée sur la production de fraises. Lorsque la récolte sera terminée et que de nouveaux stolons se mettront à pousser, enfoncez légèrement les jeunes plants dans le sol. Vous les transplanterez en août, quand ils seront enracinés.

Taille

Fin juillet, sur la **vigne**, la taille d'été a pour but de détourner les énergies des nouvelles pousses et de les diriger vers les fruits. Elle consiste à raccourcir d'environ un tiers les tiges les plus vigoureuses, et de moitié celles

Vigne

Pommier

qui ne portent pas de fruits, à couper les tiges fructifères à deux feuilles au-dessus de la dernière grappe et à supprimer quelques feuilles autour des grappes.

Taillez aussi vos **pommiers** selon le même principe, mais de façon moins radicale.

Tout de suite après la récolte, raccourcissez d'environ un tiers les branches de **framboisiers**, de **groseilliers** et de **cassissiers** qui ont porté des fruits. Supprimez les pousses frêles.

Arrosage
En cas de sécheresse prolongée, arrosez tous vos arbres et arbustes fruitiers. Un manque d'eau pendant la **formation des fruits** risque de compromettre la récolte.

Fertilisation
Plusieurs fois en cours d'été, arrosez les petites plantes fruitières avec du «**thé de compost**», dont la recette se trouve à la p. 129.

Insectes et maladies

Quand les grains sont bien formés et après des pluies abondantes, offrez quelques traitements préventifs à la **vigne** : contre le mildiou avec des fongicides minéraux à base de cuivre, contre l'oïdium avec des produits à base de soufre.

Sur **pommiers** et **poiriers,** la maladie la plus courante est la tavelure qui se manifeste par des taches noires et un jaunissement des feuilles. Traitez les arbres dès l'apparition des symptômes. Traitez aussi le sol en surface aussitôt que vous aurez ramassé et jeté (ou brûlé) les feuilles malades.

Si vos **cerisiers** présentent des traînées de gomme un peu partout, enlevez celles-ci avec une lame que vous désinfecterez à l'alcool par la suite. Si vous constatez la présence de plaies, couvrez-les avec un mastic fongicide pour prévenir l'apparition de chancres.

Récolte

En début de saison, si vous avez peur que les oiseaux ne se gavent de vos **cerises,** recouvrez les cerisiers d'un filet de tulle que vous trouverez dans les magasins de tissu.

Quand vous cueillez **pommes** et **poires,** laissez le pédoncule (la queue) attaché au fruit, sinon les risques de pourriture augmentent. Pour ce faire, faites un mouvement de balancier vers le haut en tenant le bout de l'index appuyé à la partie supérieure du pédoncule.

1- ANNUELLES

Semis

Pour obtenir des fleurs de **pois de senteur** à Noël, dans la maison, semez-en dès la mi-septembre à raison de trois graines par pot de 15 cm. Installez des tuteurs. Laissez les pots à l'extérieur jusqu'à ce que les températures nocturnes descendent sous 10 °C. Rentrez-les ensuite près d'une fenêtre ensoleillée.

Multiplication

Récoltez les **graines** de vos grimpantes annuelles à maturité. Il n'est pas certain que vous obteniez des plantes tout à fait semblables l'an prochain, mais le jeu en vaut la chandelle.

Taille

Pour une floraison accrue du **haricot d'Espagne,** coupez l'extrémité des tiges latérales au fur et à mesure qu'elles apparaissent. Répétez si nécessaire.

Fertilisation

Plusieurs fois en cours d'été, arrosez les plantes grimpantes à fleurs avec du **«thé de compost»,** dont la recette se trouve à la p. 129.

Pois de senteur, *Lathyrus*

Haricot d'Espagne, *Phaseolus*

2- VIVACES

Préparation du sol

Si vous souhaitez marcotter vos grimpantes vivaces, **bêchez** là où vous enfouirez les tiges. Mélangez à la terre existante quelques poignées de sable et de poudre d'os fossile pour faciliter l'enracinement.

Plantation et transplantation

Vous pouvez encore planter des grimpantes vivaces, mais ne vous attendez pas à ce qu'elles s'accrochent à leur support cette année.

Multiplication

Marcottez vos espèces favorites: **clématites, chèvrefeuilles, hydrangées, vignes vierges,** etc. Enterrez une section de tige de 10 cm de longueur à l'endroit où celle-ci touche le sol quand on la laisse retomber librement, le plus près possible de la base du plant, évidemment. Ne faites pas de monticule; creusez plutôt pour garder le milieu plus humide. Déposez une ou deux petites pierres sur le tout pour maintenir la tige en place. Au printemps suivant, des racines devraient être formées. Coupez la tige enracinée à l'endroit où elle pénètre dans le sol à la base du plant. Ne marcottez pas plus de trois tiges par plant à la fois.

Chèvrefeuille, *Lonicera brownii* 'Dropmore Scarlet'

Vigne vierge, *Parthenocissus quinquefolia* 'Engelmannii'

Le marcottage du **kiwi ornemental** *(Actinidia)* ne réussit bien que s'il est pratiqué sur l'extrémité des tiges. Vous pouvez aussi bouturer cette espèce avec des sections de tiges endurcies.

Avec un vieux couteau bien aiguisé, prélevez des plants enracinés d'**houttuynia**, qui jaillissent un peu partout dans la plate-bande qu'on a permis à cette plante d'explorer.

Taille

Environ 1 mois après le début de la saison, coupez l'extrémité des tiges de **clématites** pour les forcer à se ramifier et à produire des fleurs sur les nouvelles tiges.

Kiwi ornemental, *Actinidia kolomikta*

Surveillez la croissance des **vignes vierges,** des **lierres de Boston** et des **hydrangées** déjà bien développés. Taillez les ramifications qui pourraient envahir fenêtres et gouttières.

Fertilisation

Plusieurs fois en cours d'été, arrosez les grimpantes vivaces à fleurs avec du «**thé de compost**», dont la recette se trouve à la p. 129.

Soins particuliers

Faites le tour de vos plantes gimpantes et aidez-les à **s'agripper à leur support**. Pour celles qui produisent des crampons, il suffit souvent de réorienter les tiges en les attachant diagonalement sur un tuteur vertical.

Clématite, *Clematis X 'Bee Jubilee'*

Plantation et transplantation

La plantation des haies d'arbustes à **racines nues** peut être effectuée jusqu'en fin de saison. Celle des haies de conifères doit se terminer au plus tard 2 1/2 mois avant le début de l'Hiver.

À éviter

Ne remontez pas la terre au pied des haies, ne les buttez pas. Cette pratique nuit terriblement aux végétaux. Elle expose les racines au soleil en été, au gel en hiver, et elle fait glisser l'eau de pluie et l'eau d'arrosage hors d'atteinte des racines.

Taille

Taillez légèrement les haies de **conifères** pour réduire la surface d'évaporation des feuilles à l'approche de la canicule. Ne coupez pas plus de la moitié des jeunes pousses.

Mise en garde

Ne vous laissez pas éblouir par la taille perfectionniste des haies aux formes géométriques. C'est mauvais pour les plantes: à trop vouloir les contraindre à épouser des formes qui ne leur sont pas naturelles, vous les feriez souffrir. Conséquence évidente: certaines espèces, affaiblies par des tailles répétées et fréquentes, deviennent des proies faciles pour les maladies. Le cas le plus flagrant est celui du groseillier alpin *(Ribes alpinum)* dont les feuilles se couvrent d'un feutre blanc, ou oïdium, très difficile à éradiquer à moins de détruire la haie.

Quant aux **feuillus,** ne les taillez pas trop ras, car vous risquez de vous retrouver avec des chicots disgracieux.

La fin du mois d'août est le signal de la **dernière taille** des haies de feuillus. Assurez-vous que le taille-haie soit bien aiguisé, car des plaies déchirées se cicatrisent difficilement et sont des voies d'entrée pour les maladies.

Floraison

Pour ne pas nuire à la floraison des arbustes florifères la saison prochaine, restreignez vos élans à **transformer** vos haies en véritables sculptures végétales.

Spiræa vanhouttei

Arrosage

En cas de sécheresse prolongée, arrosez. **Dirigez le jet** d'eau entre deux lignes imaginaires tracées au sol, de chaque côté de la haie, l'une suivant la limite de la haie, l'autre 30 à 50 cm plus à l'extérieur. C'est là que devraient se trouver la plupart des racines.

Hivernation

Pour que vos haies de conifères passent un hiver en douceur, ne les laissez jamais manquer d'eau.

Préparation de la terre

Mon grand-père, qui était ingénieur, essayait toutes sortes de techniques. Il n'était pas féru de jardinage mais il avait inventé une machine rotative pour **tamiser** la terre et la débarrasser de ses éléments grossiers avant de la mettre dans les plates-bandes de ma grand-mère. Il passait quelques heures à cette occupation tous les étés et je l'aidais dans sa tâche. Il me racontait, sans pouvoir m'expliquer vraiment pourquoi, que légumes et fleurs poussaient beaucoup plus vigoureusement dans une terre tamisée que dans une terre non tamisée. Plusieurs années plus tard, j'ai essayé de comprendre le phénomène. À mon avis, la raison principale tient au fait qu'une terre tamisée contient beaucoup plus d'oxygène qu'une terre normale. Il est peu probable par contre que, comme l'avançait mon aïeul, l'azote de l'air (qui en occupe 78 p. 100 du volume) se fixe en 1 minute ou 2 sur les particules de terre. Mais qui sait? Faites vous aussi des expériences.

Désherbage

Une façon très efficace de lutter contre les mauvaises herbes, autant dans les plates-bandes qu'au potager, consiste à passer le **râteau** une fois par semaine pour déloger les graines qui oseraient germer là où ça vous dérange. En plus, c'est un excellent exercice...

Par contre, si les indésirables ont commencé à se développer, laissez-les pousser un peu. Vous les verrez mieux et vous pourrez les saisir fermement pour les arracher sans les casser. Dans ce cas, désherbez après une bonne pluie, la terre est plus molle et les tiges plus fermes.

Arrosage

Par pitié pour toutes les plantes qui ne demandent qu'à vous plaire, arrosez avec un accessoire qui distribue l'eau de façon douce: **arroseurs** oscillants, pommes genre **douche,** etc. Surtout, pas de pistolets à pression! Ils sont tout juste bons à laver les voitures.

En cas de sécheresse, même passagère, arrosez le tas de **compost**. La matière organique ne se décompose bien qu'en milieu humide.

Mise en garde

Dans une terre consistante, argileuse ou organique, vous pouvez faire confiance à la nature pour qu'elle garde vos plantations à l'abri de la sécheresse pendant vos vacances. Si vous partez pendant plus de 10 jours, aidez-la un peu en recouvrant le sol d'un bon paillis. Mais si votre terre est sablonneuse, peu profonde et noire, et si vous prenez 2 semaines de vacances, ne tentez pas la malchance car les réserves d'eau sont plutôt minces. Trouvez quelqu'un pour venir arroser pendant votre absence... et souhaitez qu'il pleuve au moins deux fois.

Arroser souvent et peu à la fois est la meilleure recette pour faire souffrir pelouses, légumes et fleurs de tous genres. Il faut **mouiller la terre** plus bas que les racines les plus profondes. Pour savoir quelle quantité d'eau répandre, il n'y a qu'un moyen efficace: il faut gratter le sol au fur et à mesure qu'on l'arrose pour savoir où l'eau est rendue. De plus, rappelez-vous que l'on n'arrose pas de la même façon une terre sablonneuse et une terre argileuse. Dans la première, l'eau descend vite, mouille peu et s'évapore rapidement; les racines occupent beaucoup de place pour trouver toute l'eau dont elles ont besoin. Dans la seconde, elle s'infiltre lentement et reste en place plus longtemps; les racines se développent beaucoup moins. L'idéal est donc d'équilibrer la terre pour y réunir tous les avantages.

Compostage

Vous apprendrez comment **fabriquer** du compost aux pp. 270-271.

En fin de saison, les déchets végétaux abondent. Votre compost sera d'autant plus efficace que ces déchets seront **hachés,** à la tondeuse par exemple, avant d'être entassés.

À l'intention des jardiniers de la campagne: si vous avez des surplus de branches d'élagage, faites-en des **copeaux** à l'aide d'une machine spéciale que vous pouvez louer. Procurez-vous ensuite du **fumier** frais et faites un tas de compost à l'ombre en entassant alternativement une couche de copeaux et une couche de fumier. Chaque couche devrait avoir de 10 à 20 cm d'épaisseur. Si vous disposez d'une bonne quantité de cendres de bois, jetez-en régulièrement sur le tas en cours de montage pour réduire le pH qui risque d'être très acide.

À moins de posséder un composteur rotatif, vous devriez **retourner** le tas de compost au moins une fois au cours de l'été pour assurer une décomposition homogène des matières organiques.

Paillage

Pour vous faciliter la tâche et pour économiser, récupérez le **vieux gazon** coupé et servez-vous-en comme paillis au potager, dans les plates-bandes, au pied des arbres et des arbustes fraîchement plantés. Étendez de minces couches à la fois. Économie d'arrosage et lutte contre les mauvaises herbes sont les deux principaux avantages de cette méthode écologique. Diminution de l'érosion, facilité de pénétration de l'eau, baisse de la température du sol au niveau des racines en sont trois autres qu'il ne faut pas sous-estimer.

Oignon

Préparation du sol

Préparez dès maintenant la terre pour la plantation d'**ail** et d'**oignon** de l'année prochaine en ajoutant du vieux fumier ou du vieux compost. Ces légumes détestent en effet pousser dans un sol fraîchement fumé. Si la terre est lourde, ajoutez aussi de la terre sablonneuse.

Pour vous faciliter la tâche

Pour ne pas avoir à préparer spécialement un coin pour l'**ail** et pour l'**oignon**, prévoyez de les planter l'an prochain à l'endroit où, cette année, vous cultivez laitues, choux, concombres, courges, tomates, etc. En effet, ces légumes poussent bien dans une terre fraîchement enrichie en matière organique. Celle que vous y aurez mis aura eu le temps de se décomposer avant l'arrivée de l'ail et de l'oignon.

Pour enrichir facilement la terre du potager, semez ce que l'on appelle un **engrais vert,** du seigle d'hiver par exemple. Semez-le dès qu'une parcelle de terrain est libérée des récoltes de l'été. Quand l'herbe aura quelques centimètres de hauteur, en automne, enfouissez-la à la bêche ou au rotoculteur.

Semis

Pour éviter que vos prochains semis de **radis** ne souffrent trop de la canicule et de la sécheresse estivales, semez des variétés longues plutôt que rondes, qui risquent de devenir creuses. Les racines absorbantes étant situées à l'extrémité du légume, en profondeur, celles des variétés longues ont plus d'eau à leur disposition et ce, plus longtemps. Vérifiez quand même l'arrosage, car si l'eau vient à manquer, même sur une courte période, vos radis prendront un goût fort qui n'est pas apprécié de tous les jardiniers.

Radis

Semez à répétition, toutes les 2 semaines jusqu'en milieu de saison, quelques graines de **haricots**. À titre d'exemple, si les conditions sont bonnes, des haricots semés vers le 1er août devraient arriver à maturité entre le 20 et le 30 septembre.

Semez aussi quelques graines de **carottes** et de **betteraves** que vous récolterez petites jusqu'en milieu d'automne. Les **pois**, les **radis**, les **laitues** et les **épinards**, qui aiment les températures fraîches, ne donneront pas de bons résultats s'ils sont semés avant la mi-août, mais, dans le cas du pois, la récolte risque d'avoir lieu en plein automne... si les gels n'ont pas tout détruit avant. Le défi vaut quand même la peine d'être relevé.

Si votre potager est bien protégé d'une bonne couche de neige en hiver, semez en fin de saison des **oignons blancs** que vous récolterez assez tôt l'an prochain.

Betterave

Pois

Carotte

Laitue

Plantation et transplantation

Si vous n'avez pas le temps de repiquer les jeunes plants de **laitue** que vous avez éclaircis, mettez-les dans un sac de plastique avec un peu d'eau, au réfrigérateur. Deux ou trois jours plus tard, vous pourrez les transplanter sans crainte.

Dès le début du mois de septembre, vous pouvez planter l'**ail** et les **échalotes françaises** pour la récolte de l'an prochain.

Désherbage

Si votre potager n'est pas recouvert d'un paillis de vieux gazon, **sarclez** régulièrement pour empêcher les mauvaises herbes de priver les légumes de l'eau et des éléments minéraux dont ils ont besoin pour combler vos attentes.

Taille

Une fois par semaine, faites le tour de vos plants de **tomates** et supprimez toutes les tiges latérales, ou gourmands. Profitez-en pour attacher à leur tuteur les grappes de fruits qui risqueraient de traîner par terre. En milieu de saison, coupez les feuilles qui empêchent les tomates de recevoir directement les rayons du soleil.

N'oubliez pas de poursuivre la taille des **cantaloups** et des **aubergines,** comme elle a été décrite au Printemps Deux.

Chou de Bruxelles

Quand les plants de **choux de Bruxelles** atteignent 60 à 80 cm de hauteur, coupez leur bourgeon terminal sans enlever les feuilles sous-jacentes, afin de hâter la formation et la maturation des jeunes choux. Supprimez les feuilles de la base pour faciliter la cueillette.

En milieu de saison, coupez l'extrémité des tiges de **piments,** de **poivrons,** de **tomates,**

Tomate

Cantaloup

Piment

Chou vert

d'**aubergines**. En arrêtant la croissance des plants, vous forcerez les fruits à mûrir promptement. Supprimez aussi quelques feuilles autour des fruits pour laisser passer le soleil. N'en enlevez pas trop, vous risqueriez d'entraver la maturation des fruits qui n'ont pas encore fini de grossir.

Floraison

Enlevez les bourgeons et les fleurs de **topinambours** qui accapareraient l'énergie des plantes aux dépens de la production de tubercules.

Pour vous distinguer

Les **topinambours** sont des plantes géantes qui produisent des fleurs jaunes très décoratives. Si vous laissez celles-ci se développer pour le plaisir des yeux, rappelez-vous que la récolte de tubercules sera mince.

Arrosage

Pour former des tubercules pleins et juteux, les **pommes de terre** ne doivent pas manquer d'eau pendant la période de floraison.

Radis, **navets**, **tomates** et même les **choux verts** souffrent des alternances trop

Pomme de terre

marquées de sécheresse et d'eau. Assurez-vous que les approvisionnements sont réguliers si vous voulez que les légumes ne se mettent pas à fendre intempestivement.

Les **brocolis** et les **navets** poussent très rapidement. Leurs besoins en eau sont donc concentrés sur une courte période. Arrosez au moindre signe de sécheresse.

Brocoli

Maïs

Arrosez copieusement les plants de **maïs**, surtout s'ils poussent en terre sablonneuse. Pour qu'ils aillent puiser l'eau en profondeur, arrosez beaucoup à la fois et pas trop souvent. Il faut près de 500 l d'eau (arrosages et pluies confondus) pour produire 1 kg de grain.

Concombres, courges, melons et **citrouilles** sont très exigeants en eau. Arrosez au moindre ramollissement des feuilles, ou mieux, dès que vous aurez observé que le sol est sec à 2-3 cm de profondeur.

Fertilisation

La formation de racines en général, de tubercules en particulier, est activée par la présence de potassium dans le sol. Épandez de bonnes quantités de cendre de bois sèche (riche en potassium) au pied des **pommes de terre.** Buttez ensuite les plants tout en mélangeant la cendre à la terre.

Mise en garde

Si votre terre est argileuse, mélangez les cendres de bois à du compost avant de les épandre sur le sol, sinon les cendres vont coaguler l'argile qui deviendra impénétrable pour l'eau.

Plusieurs fois en cours d'été, arrosez les légumes avec du «thé de compost», dont la recette se trouve à la p. 129.

En milieu de saison, les **poireaux** absorbent encore l'azote disponible. Si nécessaire, donnez-leur quelques poignées d'engrais.

Insectes et maladies

Si vous voyez des **pucerons** ou des **mouches blanches** sur les artichauts ou sur n'importe quel autre légume, traitez-les avec un insecticide biologique: savon, B.T., roténone, etc.

Une bonne façon de décourager la **piéride du chou** (petit papillon blanc) de venir infester les choux de ses gros vers verts et laids, c'est d'en asperger le feuillage — à l'arrosoir ou au vaporisateur — avec le mélange suivant: dans 4 l d'eau, faites dissoudre 1 t de sel et trois ou quatre gouttes de savon à vaisselle. Le savon fait coller l'eau salée aux feuilles et donne un goût infâme à cette espèce de répulsif.

Autre méthode préventive contre la **piéride du chou**: recouvrez les plants avec un morceau de tulle (filet fin) que vous vous procurerez dans un magasin de tissu. Pas un papillon ne voudra risquer de s'y empêtrer.

Pour lutter contre les **vers** blancs et les vers gris qui dévorent les légumes par la racine, binez le sol toutes les 2-3 semaines en y incorporant quelques poignées de cendre de bois sèche.

Si les feuilles de concombres, de courges, de melons, de citrouilles ou de pastèques se couvrent d'un duvet **blanc,** il s'agit d'une maladie appelée **oïdium.** Saupoudrez un peu de soufre pour éviter que les fruits ne soient attaqués.

Dès que les fruits des **courges, citrouilles** et **pastèques** sont formés, déposez-les sur un morceau de céramique pour les empêcher de pourrir au contact de la terre.

Surveillez les **pucerons** sur les gourganes et délogez les gêneurs au jet d'eau. Si ça ne fonctionne pas, coupez l'extrémité des tiges infestées, tout simplement.

La meilleure façon de lutter contre les **doryphores** sur les pommes de terre consiste à surveiller l'apparition des œufs orange agglutinés sur la face inférieure de certaines feuilles. Il suffit ensuite d'écraser tout ça avant l'éclosion des larves voraces. Mais tout au long de l'été, ne relâchez pas votre surveillance et dès que vous repérez un adulte, faites-lui sentir par la force qu'il n'est pas le bienvenu.

Mise en garde

Si vous traitez les plantes fruitières avec des insecticides et des fongicides chimiques, vous devez vous abstenir de le faire au moins 3 semaines avant la récolte. Vérifiez sur l'étiquette.

Soins particuliers

Dès qu'ils ont 20 cm de hauteur, buttez légèrement les **haricots** pour qu'ils fabriquent quelques racines supplémentaires susceptibles de favoriser une nouvelle floraison. Faites la même chose avec les **pois.** Répétez l'opération deux ou trois fois au cours de la saison.

Lorsque les plants de **gourganes** atteignent 30-40 cm de hauteur, buttez-les en prenant soin de ne pas mettre les racines à nu.

En milieu de saison, buttez les plants de **pommes de terre** et de **topinambours** en prenant soin de ne pas découvrir les racines.

Buttez aussi les **poireaux** au fur et à mesure qu'ils grandissent pour en faire blanchir la base.

Quand les plants de **céleri** ont plus de 30 cm de hauteur, vous pouvez commencer à les faire blanchir en entourant leur base d'un pot de plastique noir défoncé ou d'une section de tuyau de drainage.

Au fur et à mesure que les tiges de **citrouille** allongent, enfouissez-en des sections dans le sol au niveau des feuilles. Maintenez les tiges en place avec des crochets de bois ou des petites pierres. Il se formera des racines qui feront grossir les fruits.

Céleri

195

Lorsque les fruits des **melons, cantaloups, citrouilles** et **pastèques** arrivent à maturité, éliminez les feuilles qui les cachent pour permettre au soleil de leur donner plus de saveur.

Vers la fin de la saison, pliez les feuilles d'**oignon** sur le sol dès qu'elles commencent à jaunir.

Récolte

Récoltez les feuilles d'**oseille** avant la floraison. Si jamais les fleurs apparaissaient avant la récolte, coupez à ras de terre les plants les plus vigoureux. La repousse vous donnera une deuxième chance.

Les légumes-**fruits** et les légumes-**graines**, dont le rendement dépend de la floraison, produisent d'autant plus longtemps que les fruits et les graines sont récoltés au fur et à mesure de leur maturité ou

Courgette

légèrement avant. Quand la plante est soulagée, elle continue sa croissance et de nouvelles fleurs apparaissent.

Les meilleures **courgettes** sont celles qui sont cueillies lorsqu'elles mesurent environ 20 cm de longueur, soit la largeur d'une main d'adulte écartée, entre l'extrémité du pouce et celle de l'auriculaire.

Pour vous assurer une bonne conservation de l'**ail** et des **oignons**, laissez-les sécher plusieurs jours sur le sol avant de les rentrer. On appelle cette technique le «ressuyage». Si le temps reste pluvieux pendant une période prolongée, faites-les sécher à l'intérieur dans un endroit frais et éclairé.

À l'approche des gels, récoltez les **tomates vertes**. Faites-en mûrir quelques-unes sur le comptoir de la cuisine et emballez les autres individuellement dans du papier journal. Placez-les les unes à côté des autres dans un endroit sec. S'il vous en reste, faites des confitures en mélangeant le même poids de tomates et de sucre et en ajoutant une orange et un citron entiers, tranchés, par kilo de tomates vertes.

Pour économiser

Les fleurs de poivrons et de piments se fécondent généralement elles-mêmes. Les graines devraient donc donner des plants ayant les mêmes caractéristiques que les plantes-mères. Une précaution cependant: vous devez récolter les fruits parfaitement mûrs, colorés.

Préparation du sol

Pour être en santé, une pelouse doit pousser sur au moins **15 cm d'épaisseur** de bonne terre. Si celle qui constitue votre terrain est franchement mauvaise, il faut en acheter de la bonne.

> *Pour acheter sans vous tromper*
>
> La terre à pelouse conventionnelle est souvent très sablonneuse. Elle facilite l'enracinement mais rend la pelouse vulnérable au dessèchement. Optez plutôt pour une terre à jardin, légère mais consistante, riche, qui vous permettra d'économiser sur les engrais et vous épargnera bien des soucis d'entretien.

Que vous semiez ou que vous posiez des plaques, la phase la plus importante dans le travail de finition du sol consiste à **râteler** tous les débris et cailloux qui, une fois la pelouse établie, risquent de se faire aspirer par la tondeuse et de se transformer en dangereux projectiles.

> *Précaution à prendre*
>
> Avant de poser des plaques ou de semer sur une épaisseur de terre de plus de 10 cm, passez un rouleau plein d'eau au moins deux fois dans chaque sens, non seulement pour niveler la surface, mais aussi pour tasser. Vous éviterez ainsi, au moment du premier arrosage, de transformer votre nouvelle pelouse en véritable bourbier.

Semis et pose de plaques

À part tôt au printemps, la période la plus propice pour l'installation d'une pelouse est **le mois d'août** dans toutes les régions, en espérant que les canicules soient terminées.

La germination des graines est plus facile et moins vulnérable à ce moment-là. Mais si par hasard le mois de juillet s'annonce pluvieux, n'hésitez pas à semer: chaleur et humidité combinées ont le don de faire jaillir un vibrant tapis vert d'un sol profondément noir.

Poser des plaques de gazon dans une **pente** n'est pas vraiment une bonne idée à cause des problèmes d'entretien, mais si vous n'avez pas d'autre choix, utilisez ce truc pour tenir les plaques en place: disposez-les en longueur dans le sens de la pente et enfoncez dans la partie la plus haute des piquets que vous enlèverez dans 6-8 semaines.

Pour vous faciliter la tâche

Si la pose de plaques de gazon dans une pente vous rebute profondément mais que vous tenez mordicus à une pelouse à cet endroit, faites appel à un spécialiste de l'hydro-ensemencement. Cette technique consiste à projeter sur le sol un mélange sous pression composé de semences, d'engrais, d'eau et d'un paillis de cellulose fait de papier journal recyclé. Les semences sont pour ainsi dire collées sur le sol et protégées de l'érosion par le paillis dont l'humidité favorise une germination rapide.

Réparations

Pour les réparations comme pour le semis et la pose de plaques, le mois d'août est le mois le plus propice à une **reprise vigoureuse**.

Arrosage

Une pelouse fraîchement établie ne doit pas manquer d'eau. N'hésitez pas à demander un **permis spécial** à votre municipalité.

Quand il fait chaud, la pelouse vit **au ralenti**. Ne contrevenez donc pas aux règlements municipaux sur l'arrosage. Si l'herbe devait jaunir sensiblement, trois arrosages légaux ou trois bonnes averses par semaine suffiront à ramener du vert... sur ses joues.

La pelouse, comme tous les végétaux, préfère de beaucoup les **arrosages longs et espacés** aux arrosages courts et fréquents. Les premiers favorisent en effet un enracinement en profondeur, donc diminuent la vulnérabilité à la sécheresse.

Voici quatre conseils pour ne pas devenir esclave de l'arrosage:

- Installez la pelouse sur **15-20 cm** de bonne terre.
- Utilisez des mélanges à gazon à haute teneur en fétuques, résistantes à la sécheresse.
- Terreautez tous les 3 ans minimum en mélangeant à la terre utilisée une bonne dose de vermiculite, soit 20 à 30 p. 100 du volume.
- Ne fertilisez pas en été et relevez le niveau de tonte.

Tonte

En période de chaleur, plus vous tondez court, plus vous stressez votre pelouse. Relevez la lame de la tondeuse à 6-7 cm du sol. **L'herbe longue** fait de l'ombre sur le sol, ce qui empêche l'eau de s'évaporer. Par ailleurs, elle enfonce ses racines plus profondément que l'herbe coupée courte.

Faut-il, oui ou non, ramasser l'**herbe tondue**? Réponse d'un Normand: «Ça dépend».

- Si les tontes sont fréquentes, il y aura tellement peu d'herbe coupée qu'en séchant elle se glissera, invisible, entre les brins d'herbe, et pourrira rapidement, si tant est, bien sûr, que la terre est riche et équilibrée.
- Si les tontes sont espacées, la quantité d'herbe sera telle qu'elle formera des petits tas très laids, qui risquent de faire jaunir la pelouse et de puiser dans le sol, pour se décomposer, une quantité non négligeable de l'azote destiné aux herbes.

Avant de partir en **vacances,** tondez la pelouse normalement. Si vous la taillez trop court (moins de 4 cm), vous risquez de la trouver à votre retour stressée, voire agonisante, surtout s'il a fait beau et sec, comme vous le souhaitez pour ce temps de l'année.

Si vous devez tondre alors qu'il fait **chaud et sec** depuis 1 semaine ou plus, baissez les roues de la tondeuse pour relever le niveau de coupe. Les brins d'herbe souffriront moins.

Fertilisation

Si vous ne l'avez pas fait au printemps, vous pouvez **terreauter** votre pelouse au début du mois d'août. Le seul inconvénient à le faire en été, c'est que votre beau tapis vert est inutilisable pendant au moins 3 semaines. Faites-vous donc bronzer sur la terrasse.

Pour donner à votre pelouse les meilleures chances de passer l'**hiver** avec le minimum de stress, ne lui donnez plus d'engrais contenant de l'azote. Une croissance tardive rend la végétation très vulnérable au gel.

Mauvaises herbes

Quand vous vous promenez sur la pelouse pour cogiter ou pour vous évader, rien de tel que des **pissenlits** ou des **plantains** pour détourner votre attention, pour vous distraire ou pour vous déstresser. Ayez donc en main un bon vieux couteau de cuisine et un pot de plastique, et arrachez les importuns. Vous en ferez ensuite de la nourriture à compost.

Hivernation

Si vous désirez mettre de l'engrais sur votre pelouse, sachez que c'est en fin d'été, début d'automne, que son **efficacité** est la meilleure, à condition qu'il ne contienne pas d'azote.

PLANTES D'INTÉRIEUR ET POTÉES FLEURIES

Déménagement

Arrosez légèrement une semaine avant le déménagement.

Placez les **petites plantes** dans des sacs de papier brun. Il est recommandé mais pas obligatoire d'envelopper chacune d'elle dans du papier journal.

Vous pouvez laisser les **grosses plantes** telles quelles, mais voici quelques conseils particuliers:

- Ne les transportez pas en plein vent à l'arrière d'une camionnette.
- Si les feuilles et les tiges latérales vous semblent longues et fragiles, essayez de les regrouper vers le centre de la plante avec un papier collant souple et résistant (pas avec de la ficelle).
- Placez-les obliquement dans une auto, mais empêchez les pots de rouler en les bloquant avec des serviettes de toilette roulées.
- Vous pouvez étendre les plantes à plat dans le coffre à condition de coller du papier journal sur le dessus du pot pour prévenir les déversements de terre.
- Déposez les pots de terre cuite dans une boîte de carton remplie de papier journal tassé.

Arrosage et température

Vous trouverez les considérations générales concernant la température et l'arrosage aux pp. 276-277.

Les jours sont longs, le soleil frappe, il fait chaud, il y a des courants d'air, autant de raisons pour que les plantes consomment **plus d'eau**

Bromélia,
Guzmania 'Symphony'

Cactus,
Haagocereus albispinus

qu'à l'accoutumée. En plus, leurs besoins en eau sont augmentés par une croissance accélérée... si les conditions sont bonnes, évidemment.

Assurez-vous qu'il y a toujours de l'eau propre dans le cœur des **bromélias**.

Quand ils sont en pleine croissance et en plein soleil, les **cactus** ont autant besoin d'eau que les autres plantes. N'ayez pas peur de les arroser.

Empotage et rempotage

Les conseils généraux de rempotage sont énoncés aux pp. 68-70. Le rempotage peut avoir lieu sans problème entre l'équinoxe du printemps et celui de l'automne.

Si, en milieu de saison, vous décidez de transformer les **géraniums** du jardin en potées fleuries pour l'hiver, déterrez-les dès que les températures nocturnes s'approchent dangereusement du point de congélation.

Installez-les dans des pots de 15 cm remplis de terreau léger et arrosez aussitôt. Placez-les près d'une fenêtre ensoleillée pour qu'ils puissent profiter des températures fraîches. Laissez la terre sécher complètement entre les arrosages, jusqu'en fin d'hiver.

Multiplication

Vous trouverez les considérations générales concernant la multiplication aux pp. 278-280.

Pour multiplier rapidement et sans effort les **plantes retombantes,** sortez-les au jardin en début de saison, dans une plate-bande à l'ombre, fraîchement bêchée. Faites courir les longues tiges sur le sol et enfoncez-les d'une pression légère des doigts. Gardez le sol humide. Au bout d'un mois, vérifiez si des racines se sont formées et si elles sont bien développées. Au bout de 6 semaines maximum, vous devriez obtenir autant de nouvelles plantes qu'il y a de feuilles sur la tige. Ou presque. Il vous suffira de couper les tiges entre les feuilles et de déterrer les racines avant d'empoter chaque section dans un pot de 10 cm de diamètre.

Jusqu'en milieu de saison, bouturez vos plantes retombantes, spécialement les **æschynanthus**. Découpez dans la tige des sections comportant trois ou quatre feuilles. Enlevez les deux feuilles du bas et trempez la plaie dans une hormone d'enracinement. Installez les boutures en rangs serrés dans un pot contenant de la vermiculite pure, un mélange à parts égales de vermiculite et de terreau ou, si vous en avez sous la main, de la sciure de bois. Arrosez. Recouvrez le tout d'un sac de plastique translucide et placez dans un endroit très éclairé, sans soleil direct de préférence.

En milieu de saison, au jardin, bouturez les **géraniums,** les **impatiens** et les **délospermas** et faites-en des potées fleuries que vous placerez à l'endroit le plus ensoleillé de votre logement. Enlevez les feuilles du bas et trempez la plaie de coupe dans une hormone d'enracinement. Pour limiter les pertes d'eau qui risquent de faire sécher les boutures avant la formation de racines, coupez les feuilles restantes en deux dans le sens de la largeur.

Taille

Sans aller jusqu'à former des bonsaïs, dont la technique est très élaborée, vous pouvez profiter de l'été pour **miniaturiser** quelques plantes. Faites votre apprentissage avec des plantes supportant bien la taille, polyscias,

Polyscia fruticosa 'Elegans'

scheffléras *(arboricola)*, crassulas, hibiscus, pittosporums. Ensuite, tentez votre chance avec des ficus, orangers miniatures, podocarpus, portulacarias et carissas, entre autres.

En début de saison, réduisez du tiers les nouvelles tiges de **poinsettia** et placez la plante dehors, à l'ombre légère. Bouturez l'extrémité des tiges que vous avez récoltées.

Floraison

Le **cactus de Noël** a besoin de jours courts et de températures fraîches pour préparer sa floraison hivernale. Laissez-le dehors, à l'ombre, jusqu'aux gels permanents. Surveillez quand même les risques de gelées nocturnes et rentrez votre plante le cas échéant. Espacez les arrosages jusqu'à les annuler une fois l'automne venu.

Schefflera arboricola

Crassula arborescens

Pittosporum tobira

Ficus robusta 'Variegata'

Portulacaria afra

Carissa grandiflora

Cactus de Noël, *Schlumbergera truncata*

À partir du 20 septembre dans toutes les régions, et jusqu'à l'apparition des couleurs, le **poinsettia** ne doit pas recevoir plus de 10 heures de lumière par jour, pas même celle d'une chandelle allumée, ni les lueurs de la rue, si vous tenez absolument à ce qu'il fleurisse aux alentours de Noël.

Pour vous distinguer
Pour obtenir une floraison du **poinsettia** autour de la Saint-Valentin, commencez le traitement de jours courts au début de novembre seulement.

Fertilisation

Si vos plantes reçoivent une bonne lumière et si elles sont en bonne santé, osez quelques applications d'**engrais soluble,** à raison d'une fois par mois d'été, à la moitié de la dose prescrite. Arrosez au moins 2 jours à l'avance pour ne pas brûler les racines.

Plusieurs fois en cours d'été, arrosez les plantes d'intérieur avec du «**thé de compost»,** dont la recette se trouve à la p. 129.

À l'extérieur

En début de saison, vous pouvez sortir vos plantes dehors, à l'ombre de préférence, mais rappelez-vous que, dans 80 p. 100 des cas, vous devrez, à la rentrée d'automne, les débarrasser des **insectes** qui se seront aiguisé les dents sur leurs tiges et leurs feuilles.

Mise en garde
Ne sortez pas vos **palmiers** dehors. Ils attrapent tous les parasites qui passent à portée de leurs feuilles!

Palmier, *Phœnix rœbellini*

Taillez les **lauriers,** les **hibiscus,** les **ficus** et autres plantes ligneuses avant de les installer au jardin: leurs feuilles seront plus résistantes au vent que celles qui ont poussé à l'intérieur.

Les plantes les plus faciles à adapter à la vie au grand air sans problème sont le **laurier** et les membres de sa famille, comme l'**adénium,** le **pachypodium,** la **carissa** et l'**alamanda.** En règle générale, ces plantes peuvent passer directement de la vie à l'intérieur à une exposition ensoleillée ou partiellement ensoleillée. Il est recommandé de soumettre les

Alamanda neriifolia

Adenium obesum

Pachypodium lamerei

autres plantes à quelques jours d'ombre légère avant de les offrir aux rayons du soleil.

> ### *Pour vous faciliter la tâche*
> Plus vos plantes reçoivent de soleil pendant leur vie à l'intérieur, plus elles s'acclimatent facilement à l'extérieur.

Les **plantes colorées,** crotons et acalyphas en particulier, et les **cactus** profitent énormément d'un été en plein soleil, mais faites-leur passer au moins 6 semaines à l'ombre avant de les exposer.

En milieu de saison — dès que les températures nocturnes descendent sous les 12 °C — **rentrez vos plantes,** cactus inclus. Donnez-leur un bain au savon naturel ou au savon insecticide auparavant.

Soins particuliers

Votre **hibiscus** semble figé? Il ne pousse plus ni ne fleurit? Si vos soins sont bons et votre attention soutenue, la réponse à vos questions a des chances de se trouver dans une technique très particulière. Procurez-vous une fourchette à fondue ou une fine tige de bois, de plastique ou de métal et plongez-la dans la motte de terre et de racines à une dizaine d'endroits. Cette aération du sol permet une meilleure circulation de l'eau, améliorant ainsi le rendement des racines.

> ### *Pour réussir*
> Cette technique d'aération devrait être généralisée à toutes les plantes, deux fois par année, quelle que soit l'espèce et quel que soit le diamètre du pot.

Croton, *Codiæum variegatum pictum* 'Craigii'

Acalypha hispida

Associations

Pour garnir le pied des rosiers d'un tapis de fleurs estivales, pour maintenir leurs racines au frais et tout simplement pour remplacer le paillis, plantez des **campanules** rampantes, soit *Campanula muralis* et *Campanula bellidifolia* 'Blue Gown'.

> ### Pour vous distinguer
> À la fois pour mettre en valeur les fleurs de vos rosiers greffés et pour donner du volume à la roseraie, plantez du statice vivace à raison d'un plant pour deux ou trois rosiers.

Multiplication

Bouturer les **rosiers rustiques** n'est sans doute pas la chose la plus facile à réaliser, mais en vous y prenant 4 à 6 semaines après le début de la saison, vous devriez limiter substantiellement les risques d'échec. Encore faut-il respecter quelques règles.

Prélevez des boutures de 10 à 15 cm de longueur à l'extrémité des tiges en croissance; effeuillez la base puis trempez-la dans une hormone d'enracinement en poudre. Plantez trois boutures par pot de 10 cm que vous aurez rempli avec un mélange à parts égales de vermiculite et de sable ou avec de la vermiculite seulement. Certains jardiniers ajoutent à ce substrat une infime quantité de terreau

Rosiers hybrides de thé

Rosier rustique, *Rosa rugosa*

de rempotage (le leur, généralement); ils expliquent ce geste en affirmant l'évidence suivante: les nouvelles racines trouveront rapidement de quoi se nourrir, même et surtout si la transplantation tarde un peu.

Arrosez abondamment puis enfermez les pots dans des sacs de plastique blancs au sommet desquels vous aurez percé trois ou quatre trous avec des ciseaux afin d'évacuer l'excès d'humidité. Placez le tout dans un endroit ombragé et, environ un mois plus tard, vous devriez pouvoir planter délicatement vos nouveaux rosiers dans une plate-bande protégée.

Taille

Si vous ne cueillez pas les **roses** pour faire des bouquets, coupez-les quand elles sont fanées pour éviter la formation de fruits qui détournerait l'énergie de la production de nouvelles fleurs.

En début de saison, réduisez du tiers les pousses les plus vigoureuses des **rosiers rustiques**. Cette taille favorise la ramification. Vous obtiendrez donc un plus grand nombre de fleurs au printemps prochain.

En milieu de saison, taillez de moitié les tiges qui ont fini de fleurir sur les **rosiers grimpants**.

Floraison

Il existe une méthode pour influencer la **grosseur des roses** — spécialement chez les hybrides de thé. Si vous ne voulez que des grosses fleurs, éliminez tous les bourgeons latéraux et ne gardez que le bourgeon

terminal. Si au contraire vous souhaitez obtenir une grande quantité de petites fleurs à tiges courtes, pour des bouquets par exemple, faites le contraire. En général, les jardiniers aiment les surprises et savent se contenter de ce que la nature leur donne.

Les roses donnent de belles **fleurs coupées**. Cueillez-les le matin, lorsque les bourgeons commencent juste à écarter leurs pétales. Pour ne pas compromettre les floraisons futures, coupez-leur une tige courte (pas plus de 30-40 cm de longueur).

Pour que des rosiers greffés produisent des fleurs **jusqu'aux prémices de l'hiver**, supprimez les fleurs fanées dès qu'elles ont perdu tous leurs pétales.

Arrosage

Pendant tout l'été, assurez-vous que les rosiers ne manquent pas d'eau. Sinon, ils risquent d'avoir du mal à bien passer l'hiver.

Fertilisation

Plusieurs fois en cours d'été, arrosez les rosiers avec du «**thé de compost**», dont la recette se trouve à la p. 129.

Insectes et maladies

Dès que vous observez la présence de **pucerons** sur le bourgeon terminal des rosiers, aspergez-les avec de l'eau sous pression pour les déloger ou traitez-les avec un insecticide naturel à base de savon, de pyrèthre ou de roténone. Si le cœur vous en dit, vous pouvez inviter une couleuvre à venir se régaler de ces amas de chair verte dont elles raffolent: un rapide coup de langue vous débarrasse des gêneurs tout en nouant un nouveau maillon de la chaîne alimentaire.

Si vous observez des taches noires sur les feuilles des rosiers et que ces feuilles jaunissent, il s'agit d'une maladie appelée **tavelure**. Traitez impérativement avec un fongicide adéquat, mais ne négligez pas une bonne dose de prévention: cueillez les feuilles malades ou ramassez-les par terre. Puis, jetez-les ou brûlez-les et traitez le sol en surface. Surtout, ne les faites pas pourrir dans le compost, vous répandriez la maladie sur toutes vos futures cultures.

Hivernation

Dans le but d'aider les rosiers — les **greffés** surtout — à bien supporter les affres de l'hiver québécois, donnez aux racines une protection supplémentaire. En fin de saison, épandez une couche de 2-3 cm d'épaisseur de compost à leur pied. Au printemps prochain, vous le mélangerez légèrement à la terre.

PLANTES VIVACES, BISANNUELLES, GRAMINÉES ET FOUGÈRES

Préparation du sol

Il vous reste un coin de plate-bande libre? Aménagez-le comme une **mini-pépinière**. La terre doit être sablonneuse avant tout, pour que les racines s'y développent rapidement et abondamment. Pour que les jeunes plants poussent vigoureusement, il leur faut une bonne alimentation: du compost à raison d'une brouette par mètre carré, bien mélangé à la terre par un bêchage profond, en même temps qu'une dose semblable de vermiculite pour éviter les manques d'eau. Une fois la terre affinée en surface, semez et bouturez en toute liberté.

Semis

Semez les **actées,** vivaces indigènes, au début de la saison, dans une plate-bande pépinière ou en pots de 10 cm contenant une terre composée de sable, de terre à jardin, de compost et, si possible, de copeaux de bois secs et fins.

Dès le début de juillet et jusqu'en milieu de saison, dans toutes les régions, semez **aconits, alyssums, ancolies, anémones, campanules, digitales, coréopsis, gaillardes, lins, lupins, œillets, scabieuses.** Organisez votre culture dans une plate-bande pépinière ou en pots de 10 cm, que vous devrez enterrer pour qu'ils passent l'hiver sans dommages.

Actée, *Actea rubra*

Anemone japonica

Coreopsis lanceolata 'Early Sunrise'

Scabieuse, *Scabiosa caucasica*

Verge d'or, *Solidago canadensis*

Gaillarde, *Gaillardia grandiflora* 'Burgundy'

En fin de saison, semez quelques graines des espèces qui attirent les papillons: **asclépiades**, **asters** et **verges d'or**, par exemple. Ces espèces étant de bonne constitution, elles conviendront bien dans les terres arides. Profitez–en donc pour garnir ce coin de jardin au soleil où vous n'osiez rien planter.

Semez les graines de **digitales** aussitôt après les avoir récoltées ou laissez–les germer là où elles tombent.

Pour vous faciliter la tâche

Pour garnir rapidement un espace planté de lupins, laissez les plants adultes produire leurs graines après la floraison. Quand les gousses noircissent et se mettent à éclater pour libérer leur progéniture, coupez les tiges florales et écrasez les gousses en frottant vos mains au-dessus de la terre environnante, fraîchement remuée pour l'occasion.

Pour vous distinguer

Créez un jardin surprise. Dans une plate-bande légèrement isolée de ses voisines, plantez quelques plants de bisannuelles assorties la première année, en laissant des espaces libres: digitale, myosotis, pensée, matricaire, cheiranthus, campanule (*Campanula medium* 'Calycanthema'), rose trémière, monnaie-du-pape. Laissez-les éparpiller leurs graines un peu partout. L'année suivante, plantez une autre série de bisannuelles et donnez-leur la même liberté. Résultat: chaque année subséquente, votre plate-bande aura une apparence et une composition différente, avec une proportion variable de plantes hautes et de plantes basses, printanières ou estivales. Deux contraintes cependant: ne couvrez pas la plate-bande de paillis et éclaircissez soigneusement. Vous pourrez toujours donner les plants superflus à vos amis.

Ancolie, *Aquilegia alpina*

Campanule, *Campanula medium* 'Calycanthema'

Lupin, *Lupinus* (hybride)

Œillet, *Dianthus gratiopetalus*

Rose trémière, *Althæa rosea*

Digitale, *Digitalis hybrides*

Plantation et transplantation

Une fois la terre bien bêchée, plantez au jardin vos **semis** de vivaces bien enracinés. Arrosez copieusement.

Si, après un bon orage, vous remarquez que l'eau s'infiltre lentement dans un coin du jardin, essayez donc d'y installer une plate-bande de **plantes de lieux humides**: butomes, lobélies, iris versicolores, iris des marais, eupatoires, onoclées sensibles, etc.

Arrosez les vivaces en pots au moins une demi-journée avant de les planter afin que les tissus, ceux des racines en particulier, soient gorgés d'eau au moment de la plantation. Elles auront ainsi assez de réserves pour survivre avant que les racines commencent leur exploration aquatique dans la terre du jardin.

Pour vous faciliter la tâche

Même si vivaces et fougères sont couvertes de feuilles et atteignent des hauteurs respectables, vous pouvez en déménager des sections sans en compromettre la croissance. Quelques précautions s'imposent cependant. Arrosez l'élue au moins une journée à l'avance; choisissez une journée nuageuse ou, mieux, pluvieuse, fraîche de préférence. Creusez le trou qui recevra la nouvelle plante avant de déterrer celle-ci. Prenez le plus possible de racines et de terre, transplantez puis arrosez copieusement. Surtout, menez l'opération rapidement. Pour une reprise encore meilleure, vous pouvez couper les tiges ou les feuilles de moitié. Cette taille permet de réduire l'évaporation par les feuilles, mais elle n'est pas absolument indispensable si toutes les précautions sont prises.

Lorsque les **racines** des vivaces que vous avez achetées en pots sont rassemblées dans une masse compacte et dense, n'ayez pas peur d'en casser plusieurs en brisant la motte avec les mains, jusqu'à l'écarteler si besoin est. Cette technique permet aux racines d'explorer plus rapidement la terre environnante et empêche souvent les plantes de souffrir de sécheresse.

211

Multiplication

1- Bouturage

En début de saison, pour bouturer *Opuntia humifusa,* ce cactus rustique, prélevez des palettes avec un couteau tranchant (et des gants). Il est fortement recommandé de faire sécher la plaie pendant environ 3 semaines, à l'intérieur, pour éviter les risques de pourriture. Faites ensuite enraciner les boutures soit dans un pot contenant un terreau sablonneux, soit directement dans une plate-bande.

Bouturez l'**alyssum**. Prélevez des boutures de 10 cm de longueur et effeuillez-en la base. Insérez-les dans une terre légère contenue dans des pots de 10 cm de diamètre et enfermez chaque pot dans un sac à légumes d'épicerie, en plastique transparent, pendant au moins 3 semaines. Placez le tout à l'ombre légère jusqu'à ce que les racines soient formées, puis rempotez ou plantez directement au jardin.

Prélevez des boutures de 10 cm de longueur sur des tiges vigoureuses d'**œillets mignardises** *(Dianthus plumarius)* dont les bourgeons sont encore petits et fermés, de **phlox** paniculés, de **physostégies**. Plantez-les dans une terre sablonneuse ou dans des pots contenant le même genre de substrat.

Cactus, *Opuntia humifusa*

Œillet mignardise, *Dianthus plumarius* 'Balade'

Physostégie, *Physostegia virginiana* 'Variegata'

Buglosse, *Anchusa azurea*

Vers le milieu de la saison, prélevez sur les **buglosses** *(Anchusa)* des sections de grosses racines de 5 à 10 cm de longueur et bouturez-les en caissette. Vous les rentrerez au frais dès les premières gelées. Cette réserve de plants vous permettra de remplacer ceux qui n'auront pas passé l'hiver.

Pour vous faciliter la tâche
Vous pouvez protéger les boutures du vent et du soleil soit avec une vieille boîte de conserve rouillée ouverte aux deux bouts, soit avec une vieille bouteille d'eau de Javel sans fond, le bouchon enlevé.

2- Division

La division des **iris** a lieu en cours d'été, une fois la floraison terminée. Prélevez des sections de rhizomes à l'extérieur de la touffe, coupez les feuilles de moitié et raccourcissez légèrement les racines au ciseau.

Pour vous faciliter la tâche
Si vous retardez la plantation des jeunes sections d'iris, plantez-les dans des pots de 20 cm de diamètre. Placez le tout dans un endroit abrité et arrosez régulièrement. Au cas où vous devriez attendre jusqu'au printemps prochain, enfouissez les pots dans une terre sablonneuse ou dans le carré de sable des enfants.

Iris germanica 'Stepping Out'

Houttuynia cordata 'Chameleon'

213

Lysimaque, *Lysimachia nummularia*

Anemone pulsatilla

Benoîte, *Geum borisii*

Armeria maritima

Centaurée, *Centaurea montana*

Si, en cours de saison, des sections de ***Lysimachia nummularia*** s'enracinaient en rampant, séparez-les de la plante-mère et empotez-les. Vous pourrez les transplanter au jardin pas plus tard qu'à la mi-automne, dans un endroit humide ou au bord de l'eau.

En milieu de saison, divisez **arabis, anémone pulsatille, aubriétia, phlox rampant, pivoine, benoîte, arméria, alyssum, bergénia, brunnéra, dicentra, céraiste, centaurée, lamier, lamiastrum, lavande,** etc.

Pour vous distinguer

La **lavande** peut facilement pousser comme une annuelle dans les régions où elle n'est pas assez rustique pour être cultivée comme une vivace. Pour éviter d'avoir à racheter des plants chaque année, au début de septembre, déterrez la plante encore en pleine forme, divisez-la en deux ou trois sections selon sa croissance de l'année et empotez-les dans des pots de 15 cm. Arrosez et entretenez les plants à l'extérieur jusqu'en milieu d'automne. Conservez-les ensuite dans une chambre froide jusqu'au printemps prochain.

Bergenia cordifolia

Lamiastrum Galeobdolon 'Herman's Pride'

Mauve musquée, *Malva moschata*

3- Semis

Prélevez quelques graines après la floraison de la **mauve musquée.** Elles vous serviront à constituer une petite pépinière de nouveaux plants car, même si cette espèce est vivace, les plants adultes sont réputés ne pas vivre très longtemps.

En fin de saison, semez les **adonis,** un peu plus difficiles à faire germer que la plupart des autres espèces, dans des caissettes remplies de terre sablonneuse et tamisée, à l'ombre légère ou passagère. Recouvrez le tout d'un morceau de vitre que vous soulèverez une fois de temps en temps pour aérer. La germination est longue et difficile. Si elle n'a pas eu lieu avant l'hiver, enveloppez les caissettes dans une toile de jute et enterrez-les à 30 cm de profondeur jusqu'au Printemps Un.

Adonis vernalis

Polemonium cœruleum

Campanule des Carpates, *Campanula carpatica*

Taille

En début de saison, taillez les nouvelles pousses de **lamiers** et de **lamiastrums** de moitié, histoire de les rendre plus fournis.

Dès que les fleurs de **lavande** commencent à ouvrir, récoltez-les et faites-les sécher la tête en bas. Lorsqu'elles sont sèches, émiettez-les pour parfumer les vêtements... ou votre bain.

Les **polémoniums** sont très prolifiques. Ne laissez pas les graines tomber au sol à moins d'être prêt à élever une famille nombreuse. Coupez les fleurs fanées.

Floraison

Les fleurs de l'**arméria** (gazon d'Espagne), de la **campanule des Carpates** et des **coréopsis** sont très laides une fois fanées. Comme elles fleurissent presque toutes ensemble, coupez-les d'un grand coup de

cisailles quand elles ont viré au brun. En règle générale, pour faire durer la floraison, il faut éliminer les **fleurs** au fur et à mesure qu'elles se fanent.

Hémérocalle, *Hemerocallis* X 'Commandment'

En juillet-août, la floraison éclatante des **hémérocalles** donne aux jardiniers de bonnes raison de créer des salades spectaculaires. Leurs pétales sont en effet comestibles. Attention cependant: versez la vinaigrette à la dernière minute, car le vinaigre les fait ramollir très rapidement.

Quand vous voulez des fleurs pour faire des **bouquets,** sortez au jardin le plus tôt possible, le matin. C'est en effet à ce moment-là que les tissus sont les plus fermes parce qu'ils sont remplis de l'eau absorbée par la plante pendant la nuit et qu'ils ne l'ont pas encore perdue sous l'effet de la chaleur.

Delphinium X 'Blue Bird'

Pour que vos **delphiniums** refleurissent dès le mois d'août (dans une bonne terre, évidemment), voici deux méthodes qui se ressemblent mais qui n'ont pas la même fonction:

- Coupez les épis floraux dès que les fleurs sont fanées.
- Mieux encore, coupez-les à l'état frais pour la confection de bouquets aussitôt que les fleurs du bas commencent à s'ouvrir. Vous pouvez couper toutes les tiges de la première floraison. La deuxième, moins abondante, aura lieu sur des tiges plus courtes.

Lysimaque, *Lysimachia clethroides*

Vous pouvez aussi obtenir une seconde floraison sur d'autres vivaces comme les aconits, les lysimaques et les benoîtes, en appliquant les mêmes principes que ci-dessus.

En vous promenant pour admirer ou surveiller votre jardin, d'un coup de poignet calculé, éliminez les **fleurs fanées** sur les iris, les hémérocalles et les lis. Ces espèces prennent du temps à s'installer dans leur nouvel environnement. Elles vous sauront gré de ne pas les laisser élever une famille (de graines...) avant d'avoir vigoureusement colonisé la terre avoisinante.

Pour vous faciliter la tâche
Lorsque toutes les fleurs fanées des **hémérocalles** sont éliminées, attendez que les tiges florales sèchent avant de les éliminer. Il vous suffira alors de les extirper du cœur de la plante d'un coup sec, sans avoir à rien couper et sans risquer d'arracher les racines. Attention cependant, s'il reste ne serait-ce qu'un soupçon de vert sur la tige, elle risque de résister et vous pourriez causer des dommages aux racines.

Les *Lychnis chalcedonica* produisent de magnifiques fleurs d'un rouge-orangé très vif. S'il pleut quand les fleurs sont épanouies, celles-ci se couchent littéralement au sol et, comme les tiges sont un peu minces, elles se relèvent rarement. Pour pallier cet inconvénient, deux solutions s'offrent à vous: tuteurer ou

Lychnis chalcedonica

carrément faire de somptueux bouquets. Dans ce dernier cas, cueillez des tiges longues quand la couleur commence à pointer sur les fleurs.

Fertilisation

Plusieurs fois en cours d'été, arrosez avec du **«thé de compost»,** dont la recette se trouve à la p. 129.

Arrosage

Surveillez l'arrosage des massifs et plates-bandes situés **sous les arbres** adultes. Il y fait très sec car l'eau des pluies est déviée par les feuilles vers l'extérieur de la zone d'ombre sous la ramure.

Désherbage

Si, en nettoyant les plates-bandes autour des **pardancandas,** en début de saison, vous cassez partiellement une tige, un peu plus haut que le rhizome, redressez-la doucement et coincez-la dans un monticule de terre que vous aurez érigé pour l'occasion. Si nécessaire, tuteurez la blessée. D'ici la fin de la sai-

son, vous devriez voir apparaître de nouveaux éventails de feuilles sur le rhizome, signe que le sauvetage a réussi.

Mise en garde

Soyez prudent quand vous désherbez autour des **pachysandras.** Ces vivaces couvre-sol drageonnent beaucoup et vigoureusement. D'ailleurs, c'est ce qui fait leur charme, car ils forment de magnifiques tapis de verdure un peu partout, mais surtout dans les endroits ombragés.

Pachysandra terminalis

Hivernation

Pour donner à vos vivaces les meilleures chances de passer l'**hiver** avec le minimum de stress, ne leur donnez plus d'engrais contenant de l'azote. Une croissance tardive rend la végétation très vulnérable.

Forçage

Le forçage des vivaces a pour but d'en faire fleurir quelques plants à l'intérieur, **une fois l'hiver venu.** Les espèces les mieux adaptées à

Pardancanda norisii

218

Astilbe rosea 'Gladstone'

Benoîte, *Geum pyreniacum*

Gaillarde, *Gaillardia grandiflora* 'Goblin'

Heuchère, *Heuchera sanguinea* 'Splendens'

ce genre d'exercice sont, par une étrange coïncidence, celles qui produisent des fleurs coupées durables. Par exemple: astilbes, benoîtes, campanules, gaillardes, heuchères, marguerites, physostégies, lobélies et par-dessus tout le muguet.

Pour réussir

Entre le 1er et le 15 août, prélevez sur le pourtour de la touffe quelques petites sections comprenant une ou plusieurs tiges et un chevelu de racines le plus abondant possible. Dans le cas du muguet, il suffit de sortir de terre quelques vigoureuses sections de rhizomes.

Plantez chaque petite plante dans un pot de 15 cm rempli d'un terreau léger (avec de la perlite), capable de garder assez d'humidité pour assurer une croissance continue (avec de la vermiculite et de la tourbe). Ajoutez au moins un tiers de terre de jardin sablonneuse et au moins une grosse poignée de compost par plant. Saupoudrez de poudre d'os fossile. Une fois la plantation terminée, arrosez copieusement.

Dehors, creusez une tranchée dans une terre sablonneuse située à l'ombre légère et déposez-y les pots à demi enfouis. Comblez la tranchée. Une fois le sol partiellement gelé, en automne, rentrez les pots dans la maison devant une fenêtre ensoleillée. Arrosez au besoin et surveillez... les naissances.

Hemerocallis 'Chicago Peach' Hemerocallis 'Provocante' Hemerocallis 'Encore et encore'

Soins particuliers

Tuteurez les delphiniums et les aconits dès que les premières fleurs commencent à s'ouvrir. Ce n'est pas tant le vent qui est à craindre que l'eau qui, en s'infiltrant dans les fleurs, rend les épis très lourds, parfois trop, pour la grosseur des tiges qui finissent par casser.

Vous rendrez service aux vivaces qui sont chez vous depuis seulement 1 an si vous coupez leurs fleurs pour en faire des **bouquets**. Elles en profiteront pour mieux s'enraciner dans leur nouveau domaine.

Contrôlez le développement des menthes en fin d'été, particulièrement de la *Mentha requienii*. Cela vous évitera bien des casse-tête au printemps et vous saurez à l'avance la place que prendront ces plantes aromatiques parfois envahissantes.

Suggestions

Si vous aimez les vivaces hautes qui restent bien droites dans le vent et sous la pluie, essayez la *Campanula pyramidalis*, disponible en bleu et en blanc. Elle peut dépasser 1,80 m.

Les hémérocalles sont aussi appelées lis d'un jour parce que chaque fleur s'ouvre et meurt en 24 heures. Mais lorsqu'elles sont plantées dans une terre adéquate, certaines grandes variétés peuvent produire plusieurs tiges florales portant chacune 25 fleurs. Leur floraison s'étend parfois sur plus de 40 jours. C'est le cas en particulier de la **'Chicago Peach'**, de la **'Provocante'** et de la **'Encore et encore'**.

Vous cherchez des fleurs pour égayer la fin de l'été et le début de l'automne? En plus des asters, des chrysanthèmes, des verges d'or, des rudbeckies, des héléniums et des cicimifugas, essayez les **kirengéshomas,** pas très spectaculaires mais dont le feuillage compact et la floraison jaune sont de véritables curiosités. De plus, contrairement aux espèces qui viennent d'être citées, ils tolèrent des expositions ne dépassant pas 4 à 6 heures de soleil par jour.

Voici une petite fleur de rocaille, bleu pâle, presque inconnue: la **knautia**. Proche parente de la scabieuse, elle est beaucoup plus basse (30 cm), mais comme elle, elle est une exception à la règle généralement admise que les vivaces d'été sont à prédominance jaune, orange ou rouge.

Knautia, *Knautia arvensis*

quatrième saison:

Automne

Dans les villes où la période de croissance des plantes est inférieure à 170 jours, l'Automne commence environ une semaine avant la date du premier gel établie par l'atlas agroclimatique du MAPAQ 1982; dans les villes où la période de croissance est supérieure à 170 jours, il commence environ deux semaines avant cette date. Il y a des risques de gelées blanches jusqu'à 15 jours avant la date du premier gel.

Photo page 221: *Echinacea purpurea*
Photo page 222: *Sedum spectabilis*
Photo page 223 (haut): *Lamiastrum galeobdolon*
Photo page 223 (centre): Haricot rouge
Photo page 223 (bas): *Silphium laciniatum*

AMÉNAGEMENT

Préparation générale

Les suggestions concernant la planification générale de votre jardin ou de votre aménagement sont concentrées dans le chapitre «Aménagement» de l'Hiver, à la p. 261.

Dénivellations

Lorsque des conifères, des vivaces ou des arbustes sont plantés au ras de pierres, de blocs, de traverses ou au sommet d'un muret, leurs racines **risquent de congeler** en hiver, surtout si les vents froids soufflent de face. Pour diminuer le danger sans avoir à refaire l'aménagement, creusez à l'arrière de la structure une tranchée suffisamment large pour y glisser, côté muret, une plaque de styromousse bleue et, côté terre, une couche de gravier de 10 cm d'épaisseur.

S'il reste un petit espace libre à l'avant d'une grosse pierre de la rocaille, ou à proximité d'une marche d'escalier en pierres naturelles, plantez une touffe de trois, cinq ou sept bulbes d'**iris réticulé**. C'est en petits groupes et en présence d'un élément minéral que ces fleurs très délicates produisent le plus bel effet.

Patios et terrasses

En début de saison, dépotez les vivaces utilisées comme **potées fleuries** pendant l'été et transplantez-les au jardin pour qu'elles s'enracinent légèrement avant l'hiver.

Rentrez les **pots de terre cuite** dans une pièce où il ne gèlera pas. Ils sont poreux et ils se casseraient en mille morceaux si l'eau dont ils sont imbibés gelait.

Couvre-sol

Vous cherchez un couvre-sol printanier temporaire pour fleurir une pente ou le pied d'un arbre, ou pour épater vos visiteurs? Plantez une cinquantaine de bulbes d'*Anemone blanda*. Vous pouvez vous limiter à une seule couleur, mais les variétés, blanches, roses et bleues, se marieront très bien dans votre tapis végétal.

Anemone blanda

PLANTES ANNUELLES

Semis

Pour prendre de l'avance sur le printemps, en milieu de saison semez **cléomes, tournesols** et **soucis** dans une plate-bande bien protégée. Quand ils lèveront au printemps, repiquez-les dans une plate-bande ou un massif en les déterrant avec une cuillère à soupe.

Cleome spinosa

Tournesol, Helianthus annuus

Pour vous distinguer

En milieu de saison, dans une serre, une véranda, un solarium ou une pièce très ensoleillée, semez quelques graines de **clarkias**, de **soucis** ou de **godétias** en pots de 15 cm. Dans une terre consistante et riche, vous obtiendrez de superbes potées fleuries pour égayer la maison quand la visite sera là.

Semez aussi des némophiles et des nicotines. Placez-les en plein soleil. Attention cependant, la température nocturne maximum ne devrait pas dépasser 12 °C pour les trois premières, 15 °C pour les autres.

Godetia grandiflora

226

Impatiens

Géranium

Plantation et transplantation

Plantez dans un terreau riche et léger les boutures de **géraniums** et d'**impatiens** que vous avez faites au cours de l'été. Placez-les près d'une fenêtre ensoleillée.

Multiplication

Amusez-vous à bouturer vos **géraniums** au fur et à mesure qu'ils poussent. Choisissez des tiges vigoureuses.

Taille

Pour vous distinguer

En fin de saison, choisissez le plus vigoureux des géraniums que vous avez rentrés dans la maison. Coupez à ras toutes les tiges sauf une, la plus vigoureuse. Supprimez toutes ses feuilles sauf celles de l'extrémité. Tuteurez-la pour qu'elle reste droite et laissez-la pousser jusqu'à environ 60 cm. Étêtez-la pour qu'elle se ramifie; vous aurez ainsi créé un **arbre géranium!**

Hivernation

Jusqu'à la fin de l'année, laissez la terre sécher un peu entre les arrosages des annuelles que vous avez rentrées avant les gelées. Laissez-les **se reposer.** Environ 1 mois après que les jours auront commencé à rallonger, en janvier, vous les remettrez en vie active.

PLANTES AQUATIQUES ET JARDINS D'EAU

Plantation

Ne serait-ce que pour évoquer la légende du personnage de la mythologie grecque, les **narcisses** devraient abonder autour des jardins d'eau. Veillez cependant à ce que les bulbes ne baignent pas dans une terre immergée.

Taille

Coupez toutes les **feuilles** jaunies des plantes rustiques. Laissez le feuillage vert jusqu'à ce qu'il change de couleur.

Prévention

Procurez-vous un filet ou une toile et couvrez-en votre bassin avant la **chute des feuilles**. Il vous sera plus facile de les ramasser. Cela empêchera l'eau de se salir et de devenir une immense tisane concentrée, pleine de tanins et d'autres substances issues de la décomposition des feuilles, où poissons et plantes auraient bien du mal à survivre.

Une fois les arbres déshabillés de leurs feuilles, retirez le filet.

Fermeture du bassin

Le ménage automnal du bassin a lieu vers le milieu de la saison. Il a deux grands buts:

• le mettre en état pour que les **poissons** rustiques passent l'hiver dans les meilleures conditions;

Narcisse, *Narcissus* 'Forsythe'

Nénuphar, *Nymphæa* 'Aurora'

- vous permettre, au printemps prochain, de vous consacrer entièrement à la résurrection de votre jardin et à votre **créativité**.

La fermeture du bassin se fait le plus tard possible, soit entre le **15** et le **30 octobre,** selon les régions.

Retirez les poissons. **Videz** le bassin de moitié ou des deux tiers et ramassez tout ce qui traîne dans le fond. Ne vous inquiétez pas si l'eau se brouille. Placez les **nénuphars** rustiques et les plantes immergées dans la partie la plus profonde (60 cm ou plus) et rétablissez le niveau d'eau.

S'il n'y a pas de poissons dans l'eau, laissez celle-ci geler complètement. La glace et la neige constituent une **protection** suffisante pour les plantes.

Si vous avez des **poissons rustiques,** vous pouvez toujours les faire hiverner à l'intérieur dans un aquarium froid, mais vous pouvez aussi les laisser dans le bassin à certaines conditions. Vous devez installer une pompe qui empêchera une petite section de l'eau de surface de geler. La pompe à eau classique, immergée, de 1200 gallons, est sans doute la plus couramment utilisée. Elle doit évidemment fonctionner en permanence.

Pour vous faciliter la tâche

Vous pouvez faire hiverner les **lotus** dans le bassin si la profondeur est au moins de 75 cm. Vous pouvez aussi les enfouir dans une plate-bande bien protégée ou les rentrer dans la maison, dans un récipient d'eau placé de préférence dans un endroit frais. Les plantes entreront en dormance même s'il fait plus chaud.

Lotus, *Nelumbo roseum plenum*

Pour économiser

Procurez-vous une pompe à air de 5500 centimètres cubes (cc). Placez-la sur le bord du bassin, dans une boîte isolée, et faites descendre le tuyau d'air dans l'eau.

Semis

Semez les graines d'**érables,** de **micocou-liers,** de **féviers,** de **robiniers** et de **bouleaux** dans un coin de plate-bande sablonneuse. La germination aura lieu tôt au printemps.

Robinier, *Robinia pseudaccacia*

Caryer, *Carya cordiformis*

Févier, *Gleditsia triacanthos inermis* 'Sunburst'

Noyer, *Juglans nigra*

Plantation

Si les pépinières offrent encore des arbres à **racines nues** à cette époque de l'année, plantez-les sans tarder. Raccourcissez légèrement les racines et trempez-les dans une boue contenant, moitié moitié, de la terre consistante et du vieux fumier.

Plantez sans danger les arbres en pots.

Arrosez même s'il pleut.

Multiplication

En tout début de saison, si ce n'est pas encore fait, prélevez des boutures de **pruniers décoratifs**, de **mûriers**, de **peupliers** et de **pommetiers** de 20 cm de longueur. Enlevez les feuilles s'il en reste. Attachez-les par paquets de 10 avec un élastique. Enfouissez-les dans une terre sablonneuse ou dans du sable, à 60 cm de profondeur. En fin de saison, protégez la tranchée avec des branches d'épinettes ou de pins. Au printemps, vous planterez les boutures dans une plate-bande ou en pots de 10 cm de diamètre.

En début de saison, vérifiez **l'enracinement** des branches que vous avez marcottées au printemps. S'il est solide, coupez la tige enfouie juste en dessous de la dernière racine.

Taille

À la scie ou au sécateur, éliminez les branches basses qui pourraient vous gêner pour jardiner ou blesser les enfants quand ils jouent, ainsi que les branches mortes dont la chute

Prunier décoratif, *Prunus serotina*

Tilleul, *Tilia europæa* 'Wratislaviensis'

231

Bouleau, *Betula populifolia*

Hêtre, *Fagus sylvatica*

pourrait causer des dommages. La seule présence de **bois mort** sur vos arbres augmente les risques d'infestation par les insectes et les maladies.

Attendez la chute complète des **feuilles** avant d'élaguer.

Élaguez ou faites élaguer les arbres qui manquent de **vigueur**. En réduisant légèrement le nombre de branches et en raccourcissant celles qui restent, vous stimulerez la croissance printanière, car les racines auront moins d'efforts à faire.

Réduisez du tiers les branches des jeunes **tilleuls,** les variétés américaines surtout, pour forcer la ramification tôt au printemps et donc donner plus de force aux branches principales dont le bois est mou et cassant — très propice à la sculpture, d'ailleurs.

Taillez aussi en automne les **érables**, les **noyers** et les **bouleaux** dont la montée de sève impétueuse, au printemps, risquerait de provoquer de véritables hémorragies.

Hivernation
À cause de leur faible rusticité (5b), étendez un épais paillis au pied des différentes variétés de *Fagus sylvatica* (hêtre).

Semis

En tout début de saison, semez des graines d'**amélanchier** et de **houx** dans des pots de 10 cm que vous enterrerez quelque part pour passer l'hiver.

Précaution à prendre

Pour éviter que les graines de noisetier fraîchement semées ne servent de festin aux écureuils et autres rongeurs, enveloppez-les d'un grillage fin avant de les mettre en terre.

Amelanchier canadensis

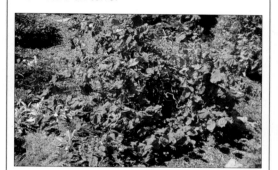

Noisetier, *Corylus avellana* 'Contorta'

Houx, *Ilex mersevea* 'Blue Princess'

Plantation et transplantation

Vous pouvez planter encore en début de saison. Arrosez même s'il pleut.

Multiplication

En tout début de saison, marcottez le **lédon du Labrador** en enterrant partiellement les branches poussant au ras du sol.

En début de saison également, vérifiez **l'enracinement** des branches que vous avez marcottées au printemps. S'il est solide, coupez la tige enfouie juste en dessous de la dernière racine.

Lédon du Labrador, *Ledum groenlandicum*

Taille

Pour gagner du temps sur les tâches du printemps, taillez en cours de saison les espèces cultivées pour leur **feuillage décoratif** et celles qui fleurissent en été.

Si vous possédez une **potentille** négligée, coupez toutes les branches à 20 cm du sol et

éliminez ensuite toutes les tiges frêles qui ont poussé dans un inextricable fouillis.

Coupez à ras de terre les tiges des **hydrangées** arborescentes.

Forçage

Pour forcer les **deutzias** et les **forsythias** à fleurir à l'intérieur, achetez un plant de pépinière en début de saison. Transplantez-le dans un pot de 30-35 cm de diamètre environ. Gardez-le à l'extérieur dans un endroit abrité ou à l'intérieur dans un local frais (pas moins de 0 °C). Placez-le à la chaleur vers la mi-novembre, de préférence dans une serre, un solarium, une véranda ou tout autre endroit ensoleillé.

Hydrangée arborescente, *Hydrangea arborescens*

Potentilla fruticosa 'Red Ace'

Forsythia ovata

Hivernation

Quand le sol est gelé en surface, protégez les arbustes fragiles: **buddléias, deutzias, rho-dodendrons, caryoptéris**. Installez un tapis de paillis ou de branches d'épinettes sur le sol. Dans les endroits venteux recevant peu de neige, couvrez-les d'un cadre de jute rempli de feuilles mortes sèches.

Si vous avez des raisons de croire qu'elles risquent de mal passer l'hiver, avant la première neige, déposez un manteau de branches d'épinette rembourré de feuilles mortes à la base des **pérovskias** et des **fallopias** panachés, deux arbustes généralement cultivés comme des vivaces à cause de leur faible rusticité.

Si vous avez des **arbustes en pots** que vous ne savez pas encore où planter, ne vous pressez pas. Enfouissez les pots dans une terre sablonneuse ou dans le carré de sable des enfants. Vous les planterez au printemps prochain à l'endroit choisi.

Buddleia davidii 'Fascination'

1- ANNUELS

Forçage

Forcez quelques **glaïeuls** en automne pour qu'ils fleurissent au temps des fêtes, ou attendez le début de l'hiver pour égayer les longs mois de février et de mars. Et pourquoi ne pas en forcer deux ou trois par semaine pour avoir des fleurs tout l'hiver? Voici la méthode à suivre dans tous les cas.

Dès les premières gelées, rentrez les bulbes qui ont fleuri, nettoyez-les sans les laver et entreposez-les au frais et au sec jusqu'à ce que vous soyez prêt. Plantez deux ou trois bulbes par pot de 15 cm, dans un terreau de rempotage ordinaire ou un mélange à parts égales de vermiculite et de compost. Enterrez les bulbes à 2-3 cm. Installez des tuteurs. Arrosez légèrement.

Placez les pots dehors s'il ne gèle pas, ou encore dans une chambre froide ou au réfrigérateur pendant 4-5 semaines. Remettez-les ensuite à la chaleur et à la lumière. Au bout de 4 à 6 semaines, vous devriez voir les premières fleurs se colorer. Attachez les tiges aux tuteurs. Jusqu'à la fin de la floraison, arrosez quand le dessus de la terre commence à sécher.

Multiplication

Après avoir arraché les **glaïeuls** et les avoir fait sécher, récoltez les bulbilles accrochées aux bulbes principaux. Entreposez-les dans un sac brun. Au printemps, vous les planterez dans une mini-pépinière sablonneuse. Elles

Glaïeul, *Gladiolus*

grossiront pendant quelques années avant de fleurir.

Hivernation

Arrachez les bulbes après que le feuillage a été détruit par le gel. Faites-les ensuite sécher sans les laver, dans des plateaux de plastique non couverts, pendant environ une semaine. Puis, secouez la terre. La façon habituelle de les entreposer consiste à les enfouir dans des grands **sacs de papier** brun ou des boîtes de carton remplis de tourbe sèche ou de vermiculite et à placer le tout dans un endroit frais, aéré et pas trop sec.

Pour vous distinguer

Autre méthode de conservation, moins conventionnelle celle-là: dans une plate-bande sablonneuse, creusez un **trou** de 60-80 cm de profondeur. La largeur dépend de la quantité de bulbes. Versez dans le fond du trou une ou deux pelletées de gravier, puis une couche de tourbe de sphaigne de 10 cm. Déposez une première rangée de bulbes sans qu'ils se touchent, puis une autre couche de tourbe et ainsi de suite. Quand le trou est plein, recouvrez-le d'un sac de plastique, puis d'une planche de styromousse et terminez le montage avec des branches de conifères pour forcer l'accumulation de la neige.

2- VIVACES

Plantation et transplantation

Même si, en théorie, la plantation des bulbes doit être terminée au moins **6 semaines** avant le début de l'hiver, vous pouvez les planter jusqu'à ce que le sol commence à geler, en particulier les tulipes.

Si ce n'est déjà fait, plantez **crocus, scilles, chionodoxes** et **muscaris** le plus tôt possible en saison, à 5 cm de profondeur et autant de distance, de préférence par colonies de 25 à 100 bulbes.

Mise en garde

Les muscaris produisent des feuilles avant l'hiver. Ne les arrachez pas! Ils fleuriront au printemps, comme tout le monde.

Plantez quelques poignées de bulbes de **scilles, crocus, chionodoxes** ou **muscaris** dans un coin de la pelouse peu fréquenté où un peu de couleur attirerait l'attention.

Pour vous faciliter la tâche

Les lis sont des bulbes vivaces à floraison estivale. Pour accélérer la croissance au printemps et devancer sensiblement la date de floraison, utilisez une technique des producteurs hollandais. Condition à l'opération: il vous faut absolument une terre légère, sablonneuse et bien drainée. Sur toute la surface plantée, recouvrez la terre d'un plastique transparent dont vous enfouirez les contours. Au printemps, celui-ci agira un peu comme une serre souterraine et élèvera la température du sol. Dès que vous apercevrez les jeunes pousses, enlevez le plastique.

Lis, *Lilium* 'Destiny'

Crocus

Chionodoxe, *Chionodoxa forbesii*

Muscari plumosa 'Blue Spike'

237

Multiplication

En début de saison, quand le feuillage des **lis** a jauni, déterrez les bulbes des touffes que vous voulez diviser et replantez-les tels quels à l'endroit choisi. La multiplication par plantation d'écailles a lieu au Printemps Deux.

Forçage

En début de saison, plantez des bulbes, à peine enterrés, de **tulipes**, de **narcisses** ou de **crocus** dans des pots contenant un compost léger et riche. Arrosez et enveloppez les pots dans des sacs de platique. Vous devez ensuite les soumettre à une période de froid pendant environ 14 semaines. Deux choix s'offrent à vous:

Forçage-1

Forçage-2

- placez les pots sur la tablette inférieure du réfrigérateur;
- ou encore enfouissez-les dehors dans une terre sablonneuse, dans du sable ou du gravier.

La période de froid écoulée, déterrez les pots ou sortez-les du réfrigérateur et placez-les dans une pièce obscure. Arrosez-les avec de l'eau tiède pour faire croire aux bulbes que le printemps est arrivé. Quand les tiges commencent à pointer, sortez votre beau monde en pleine lumière et regardez la nature faire son œuvre merveilleuse.

Hivernation

Bien que ce ne soit pas absolument nécessaire, on conseille généralement de recouvrir les plantations de bulbes de **feuilles mortes**. Elles jouent le rôle de couverture mais elles gardent aussi l'humidité à la disposition des futures plantes. Pour ne pas nuire à la croissance printanière, hachez les feuilles à la tondeuse. Vous éviterez ainsi la formation de galettes impénétrables.

Forçage-3

CONIFÈRES

Semis

Semez les graines de conifères que vous récolterez en secouant les cônes.

Multiplication

En début de saison, vérifiez **l'enracinement** des branches que vous avez marcottées au printemps. S'il est solide, coupez la tige enfouie juste en dessous de la dernière racine.

Hivernation

Soyez attentif aux pluies d'automne. Si elles ne sont pas très abondantes, **arrosez** les conifères abondamment, jusqu'à ce que le sol commence à geler. Un manque d'eau au niveau des racines pendant les redoux de l'hiver risque de causer le brunissement des aiguilles au printemps.

Enveloppez les variétés érigées de **genévrier,** de **thuya** et de **faux-cyprès** dans un filet de plastique pour éviter aux branches de se casser sous le poids de la neige. C'est important surtout s'ils risquent de recevoir sur la tête des «pans» de neige glissant d'un toit en pente.

Toujours pour protéger les branches contre le poids de la neige, recouvrez les variétés basses de toutes les espèces avec un solide «chapeau» de clôture à neige.

La manière la plus efficace de protéger les espèces miniatures consiste à les recouvrir d'un **cône à rosiers** en styromousse.

Pour économiser

Les variétés rustiques dans une région donnée n'ont en principe pas besoin d'autre protection qu'un bon arrosage et un moyen de ne pas se casser. De grâce, n'enlaidissez pas votre jardin de momies de toile de jute sale ou de clôture de plastique orange.

Si vos petits conifères sont en plein vent, vous avez le choix: déménagez-les ou bien protégez-les d'un écran de toile géotextile.

Mise en garde

N'attachez pas le filet trop bas, car lorsqu'il est pris dans la glace, il est tiré vers le bas et la pression peut casser les branches.

FINES HERBES

Semis

Pour une levée hâtive des fines herbes **vivaces** au printemps, semez-les avant que le sol ne gèle.

Dans un endroit protégé d'une bonne couche de neige, semez aussi des espèces **annuelles**. Le résultat est moins sûr, mais quel bonheur quand ça réussit!

Hivernation

Si ce n'est pas déjà fait, avant le gel du sol, déterrez quelques sections de plants de fines herbes vivaces et plantez-les dans des pots de 15 cm de diamètre remplis d'un terreau dynamite: un tiers de terre sablonneuse, un tiers de compost et un tiers d'un mélange de perlite, de vermiculite et de tourbe. Rentrez-les sur le rebord d'une fenêtre ensoleillée et utilisez-les pour aromatiser vos plats **tout l'hiver.**

Paysage fleuri de fines herbes

PLANTES FRUITIÈRES

Plantation et transplantation

Si les pépinières offrent des arbres fruitiers à **racines nues** à cette époque de l'année, plantez-les sans tarder. Raccourcissez légèrement les racines et trempez-les dans une boue contenant, moitié moitié, de la terre consistante et du vieux fumier.

Plantez sans danger les arbres en pots.

Arrosez même s'il pleut.

Multiplication

En début de saison, vérifiez **l'enracinement** des branches d'arbustes fruitiers que vous avez marcottées au printemps. S'il est solide, coupez la tige enfouie juste en dessous de la dernière racine.

Forçage

Juste avant que le sol commence à geler, arrachez un ou deux plants de **fraisiers** âgés de 2-3 ans et plantez-les dans des pots de 15 cm remplis d'un terreau riche en compost et en perlite. Placez-les à l'intérieur près de la fenêtre la plus ensoleillée, et maintenez la terre légèrement humide. Les premières fraises devraient apparaître au Printemps Un.

Hivernation

Protégez le tronc des jeunes arbres fruitiers avec des **spirales** de plastique pour éviter que les rongeurs ne se régalent de leur écorce sucrée.

Fraisiers forcés

Plantation et transplantation
Plantez en début de saison les plantes offertes
en **pots**.

Multiplication
En début de saison, vérifiez **l'enracinement**
des branches que vous avez marcottées au
printemps.

Hivernation
Autour de la **bignone** *(Campsis)* et du **kiwi
ornemental** *(Actinidia),* assurez-vous que le
sol soit recouvert d'un paillis. Protégez la base
de la plante, sur 60–80 cm de hauteur, avec un
«manteau» de jute rembourré de feuilles
mortes.

Bignone, *Campsis grandiflora*

Kiwi ornemental, *Actinidia kolomikta*

HAIES

Plantation et transplantation

En début de saison, plantez les haies d'arbustes en **pots**.

Taille

Si vos haies d'arbustes feuillus ont besoin d'une taille de rajeunissement, vous pouvez la pratiquer maintenant.

Hivernation

De chaque côté des haies de **conifères,** déroulez une clôture à neige pour empêcher celle-ci de casser les branches.

Saule, *Salix purpurea* 'Gracilis'

Préparation du sol

Si vous ne l'avez jamais fait ou si vous l'avez fait il y a plus de 3 ans, prélevez des échantillons de terre dans la pelouse, le potager et les plus grandes plates-bandes, et faites-les **analyser**. Il vous sera plus facile d'apporter les corrections nécessaires pour que vos plantes donnent vraiment le meilleur d'elles-mêmes. Renseignez-vous sur la démarche à suivre à votre centre horticole.

Pour vous faciliter la tâche

Vous pouvez bêcher plates-bandes et potagers même si vous n'avez pas de compost ni de fumier. Hachez à la tondeuse les déchets végétaux frais et sains à votre disposition et dispersez-les sur la terre dénudée. Ensuite, bêchez normalement.

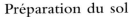

Remisage

Avant l'hiver, lavez les **outils** et protégez-les d'une mince couche de **vieille huile d'auto**.

Pour vous faciliter la tâche

Dans un bidon à moitié rempli de sable, versez 4 ou 5 l de vieille huile. Enfoncez chaque outil deux ou trois fois dans ce mélange. En un seul mouvement, vous l'aurez nettoyé, huilé et protégé pour l'hiver.

Désherbage

Par principe, il est préférable de ne pas laisser de mauvaises herbes traîner dans les plates-bandes et au potager. Mais si, par paresse, par fatigue ou par manque de temps, vous ne voulez pas consacrer trop d'énergie à cette tâche, armez-vous d'une binette et de détermination et sacrifiez au moins celles qui menacent de produire des **graines**. Elles seraient trop heureuses de vous revoir le printemps prochain.

Compostage

Les grandes lignes de la **fabrication** du compost sont expliquées aux pp. 270-271.

Continuez à jeter sur le compost tous les **déchets végétaux,** feuilles incluses. Rappelez-vous que si vous les hachez, ils se décomposeront plus facilement.

Une fois en fin de saison ou en début d'hiver, **retournez** votre vieux tas de compost.

Si vous projetez d'enrichir potager et plates-bandes, plantées ou non, avec du compost au printemps, **étendez-le** tout de suite sur la terre dénudée. Il vous suffira de l'enfouir après l'hiver. De plus, dans le cas des vivaces et des arbustes, cette couche de matière organique noire jouera le rôle d'un paillis protecteur pour les racines.

Feuilles mortes

Ramassez les feuilles mortes sur la **pelouse** sinon, à court terme, l'herbe risque de jaunir et, à long terme, de pourrir tout simplement.

Mise en garde

Sans que vous puissiez vous en rendre compte, les feuilles des arbres fruitiers et des rosiers risquent d'être atteintes de maladies. Ce sont les seules qu'il faut absolument éviter de mettre dans le compost pour ne pas le contaminer.

Si votre tondeuse est équipée d'un **sac,** ramasser les feuilles n'est qu'une simple formalité. Si toutefois le ramassage n'est pas complet et si vous constatez la présence de feuilles hachées entre les brins d'herbe, gardez le sourire: vous venez de servir à votre pelouse un engrais organique de la meilleure espèce.

Pour vous faciliter la tâche

Une façon rapide de réutiliser les feuilles mortes consiste à les approcher des plates-bandes avec un râteau et à passer la tondeuse dessus, en plaçant les roues à 8 cm du sol, tout en dirigeant le renvoi vers arbustes et vivaces. Ce paillis haché, s'il n'est pas trop épais, servira à la fois de protection hivernale et d'alimentation organique.

Protections

Avant que le sol ne gèle, enfouissez dans une **tranchée** tous les pots des arbres, arbustes et vivaces que vous avez amoureusement cultivés tout l'été. Cette précaution devrait éviter aux racines de geler. Pour améliorer la protection, creusez la tranchée à un endroit où la neige s'accumule en couches épaisses. Vous planterez au printemps prochain.

LÉGUMES

Préparation du sol

En début de saison, si vous prévoyez cultiver des **asperges** au printemps prochain, bêchez la terre en y incorporant 3–5 kg de fumier ou de compost par mètre carré.

Sur les **asperges** déjà plantées, apportez une mince couche de compost ou de vieux fumier et grattez le sol pour l'enfouir.

Semis

Essayez les semis de **laitues**, de **choux**, d'**oignons**, de **carottes**, de **rutabagas**, de **navets**, de **panais**, de **poireaux** et de **citrouilles** avant que le sol ne gèle, dans un endroit recevant une bonne couche de neige. Préparez le sol comme pour un semis printanier, mais n'arrosez pas s'il est déjà humide.

Pour vous distinguer

Si vous êtes téméraire, essayez aussi des semis de tomates. Ça marche! Si la paresse vous gagne, contentez-vous d'écraser quelques tomates bien mûres sur le sol avant la première neige.

Tomate

Laitue

Chou de Savoie

Ail rouge

Plantation et transplantation

Dans un sol bien drainé, plantez des gousses d'**ail** au potager ou autour des rosiers en même temps que vous planterez tulipes, narcisses et autres bulbes vivaces. La profondeur de plantation est d'environ 5 cm.

Mise en garde

Pas d'**ail** dans une terre tout juste enrichie de fumier ou de compost. Pour ne pas avoir à préparer spécialement un coin pour l'ail, prévoyez de le planter à l'endroit où, cette année, vous cultivez laitues, choux, concombres, courges, tomates, etc. En effet, ces légumes devraient avoir reçu une bonne dose de matière organique et celle-ci aura eu le temps de se décomposer avant l'arrivée de l'ail.

Pour vous distinguer

En milieu de saison, si la terre est encore malléable, allez déterrer quelques petites sections de plant d'**asperge**. Plantez-les en pots de 20 cm dans un terreau sablonneux et riche. Placez le tout en serre ou près d'une fenêtre très ensoleillée. Vous devriez avoir quelques pousses tendres à déguster dans le temps des fêtes.

La meilleure façon de vous procurer des tubercules de **topinambour** pour en faire la culture, c'est d'en acheter dans les commerces spécialisés en fruits et légumes. C'est en cette saison que l'approvisionnement est le meilleur.

Mise en garde

Les **topinambours** sont des légumes vivaces très envahissants. Réservez-leur un coin où vous pourrez aisément contrôler leur développement.

Multiplication

Si vous laissez les **citrouilles** de l'Halloween pourrir sur le compost, il y a de grandes chances, si la neige est abondante, que plusieurs graines se mettent à germer le printemps venu. Il vous suffira de transplanter les jeunes plants avec mille précautions dans un endroit plus propice à la culture.

Citrouille

Hivernation

Coupez les tiges jaunies des **asperges** et jetez-les, elles pourraient contenir des parasites.

Récolte

Pour éviter les risques de repousse foliaire pendant l'entreposage, coupez très ras les feuilles de **carottes** au moment de la récolte, quitte à couper légèrement dans la chair.

Il est reconnu que les premières gelées d'automne améliorent sensiblement le goût et la conservation hivernale des **choux**. Ne vous pressez donc pas de récolter, sauf le chou chinois, plus sensible que ses congénères.

Laissez les **poireaux** en terre tant que le sol ne gèle pas. Vous les arracherez au fur et à mesure que vous en aurez besoin. En les protégeant avec de la paille ou du foin, vous pourriez même en consommer au printemps prochain.

Le goût des **topinambours** s'améliore avec le froid. Récoltez donc le plus tard possible en saison, avant que le sol ne gèle. Pour une consommation printanière, laissez quelques tubercules en terre. Ils resteront intacts.

Carotte

248

PELOUSE

Semis et pose de plaques

S'il est trop tard pour semer, la pose de **plaques** de gazon peut encore avoir lieu en début de saison, mais pas plus tard que 4 semaines avant que le sol ne gèle.

Tonte

La pelouse doit être tondue tant qu'elle pousse. La croissance, même lente, peut avoir lieu jusqu'en milieu d'automne. Après la dernière tonte, l'herbe ne devrait pas dépasser **4-5 cm**. Ajustez la tondeuse en conséquence.

Arrosage

> ### Mise en garde
>
> Attention, on oublie trop souvent d'arroser la pelouse en automne parce qu'il fait plus frais et que les pluies sont généralement plus fréquentes. Arrosez en cas de sécheresse de plus d'une semaine. Une pelouse bien alimentée passe mieux l'hiver.

Fertilisation

Si elle n'a pas été faite en fin d'été, une fertilisation **bien pensée** en tout début de saison peut aider la pelouse à bien passer l'hiver et peut lui suffire pour vivre heureuse le reste de l'année si la terre est bonne. Utilisez un engrais à faible teneur en azote.

Hivernation

La meilleure préparation à l'hiver, c'est la propreté.

Si un coin de votre pelouse risque de recevoir du **gravier** pendant l'hiver, recouvrez-le avant les premières neiges d'un morceau de toile géotextile que vous maintiendrez en place avec des pierres.

Finissez d'enlever les feuilles mortes.

Soins particuliers

Profitez de ce que le jardin est au repos pour **redessiner** les plates-bandes. Avec la bêche, découpez le bord de la pelouse en faisant une légère tranchée entre celle-ci et la terre des plates-bandes.

> ### Pour vous distinguer
>
> Dans un coin de pelouse qui ne souffrira pas d'une tonte tardive (il faudra laisser jaunir les feuilles), plantez de grandes colonies de 20 à 100 crocus.
>
> Ne mélangez pas les couleurs. Gardez les jaunes et les blancs pour les endroits les moins ensoleillés. Vous pouvez aussi planter chionodoxes, scilles, narcisses et tulipes botaniques, au gré de votre fantaisie.
>
>
>
> Scille, *Scilla sibirica*
>
>
>
> Narcisse, *Narcissus* 'King Alfred'

PLANTES D'INTÉRIEUR ET POTÉES FLEURIES

Les considérations générales concernant la lumière, la température, l'arrosage et la multiplication sont expliquées aux pp. 275-277.

Préparation du terreau

Soyez prévenant: pensez tout de suite à vos **rempotages printaniers** et préparez les différents terreaux dont vous risquez d'avoir besoin. Procurez-vous les ingrédients nécessaires: perlite, vermiculite, tourbe de sphaigne, compost, sable et, comme terre de base, allez chercher quelques pelletées de terre **humide** dans une plate-bande désaffectée. Les copeaux fins de branches de feuillus peuvent convenir comme élément grossier en prévention du compactage.

Pour vous faciliter la tâche

Versez les ingrédients ci-dessus dans une brouette et mélangez-les avec soin à la pelle. Remplissez ensuite de grands sacs à poubelle que vous entreposerez dans un endroit frais. Étiquetez-les pour pouvoir vous y retrouver.

Les conseils généraux de **rempotage** sont énoncés aux pp. 68-70. Le rempotage peut avoir lieu sans problème entre l'équinoxe du printemps et celui de l'automne.

Floraison

Pour faire fleurir les **cactus**, placez-les, en milieu de saison, sur le rebord d'une fenêtre ensoleillée munie de stores ou de rideaux épais. Arrosez, puis cessez de le faire jusqu'en mars. La nuit, fermez les stores pour que la température autour des cactus baisse entre 4 °C et 8 °C, comme dans les déserts, la nuit. Laissez passer un peu d'air chaud pour éviter la congélation. Installez un thermomètre pour vérifier régulièrement la température. Le jour, ouvrez les stores pour que celle-ci remonte, mais n'arrosez toujours pas. En mars, remettez tout ce beau monde dans des conditions normales et les fleurs ne se feront pas prier.

En fin de saison ou au début de l'hiver, plantez un bulbe d'**amaryllis** dans un pot de terre cuite de 15 cm. Laissez dépasser la moitié du bulbe hors de terre. Dans de bonnes conditions de lumière et d'arrosage, vous devriez voir la couleur des fleurs d'ici 4 à 6 semaines.

Forçage

Le forçage des **bulbes** vivaces et des **arbustes** est expliqué dans les chapitres correspondant à ces plantes.

Fertilisation

Ne bousculez pas vos plantes. Ne leur donnez **aucun engrais** jusqu'au printemps.

Insectes et maladies

Dès que vous commencez à chauffer votre maison, l'air s'assèche. Il se peut que des **œufs** d'insectes, cachés depuis des mois, éclosent sur vos plantes préférées. Surveillez tout comportement inhabituel et appliquez le traitement requis.

Amaryllis

Hivernation

L'automne est la saison la plus **difficile** pour les plantes d'intérieur: les jours sont très courts, la luminosité est réduite, les maisons sont surchauffées. Ouvrez grand les rideaux et les stores. Réduisez systématiquement la fréquence des arrosages. Attendez que la motte soit presque entièrement sèche pour la plupart des plantes. Quand vous arrosez, mouillez bien la motte. Et, autant que possible, réduisez les températures, au moins la nuit.

251

ROSIERS

Semis

Si vous ne l'avez pas fait en été, semez les graines que vous avez récoltées sur les **rosiers rustiques** ou les rosiers sauvages.

Préparation du sol

Les rosiers ont besoin de pouvoir explorer un grand volume de terre pour s'abreuver et se nourrir. Préparez donc le terrain pour vos plantations du printemps. Procurez-vous du vieux fumier et enfouissez-le dans une terre que vous aurez **bêchée** sur environ 60 cm de profondeur.

Plantation et transplantation

En théorie, la plantation des rosiers en pots peut avoir lieu jusqu'à la mi-octobre un peu partout, mais pour limiter les risques, attendez le **printemps** pour planter les espèces greffées.

Taille

Taillez les rosiers **greffés** à 40-50 cm du sol dès qu'ils ont perdu leurs feuilles, y compris les rosiers greffés sur tige.

Floraison

Les rosiers peuvent fleurir bien après le début des gelées. Pour les aider à mieux passer l'hiver, coupez les roses dès que les boutons sont bien formés et colorés. Faites-en des bouquets.

Forçage

Déterrez un rosier **miniature** de votre jardin, tôt en saison. Taillez l'extrémité des racines et plantez-le dans un pot de 15 cm. Arrosez. Placez-le à l'abri, dehors, ou encore dans une chambre froide ou un réfrigérateur. À la fin de décembre, installez-le dans un endroit très éclairé, voire ensoleillé, et entretenez-le comme une plante d'intérieur jusqu'à la floraison. Au printemps, replantez-le au jardin dès que la terre le permet.

Hivernation

Attendez que le sol commence à geler avant de protéger les rosiers **greffés**: cônes, colliers, buttage, etc.

PLANTES VIVACES, BISANNUELLES, GRAMINÉES ET FOUGÈRES

Préparation du sol

En début de saison, enfouissez une bonne dose de compost dans la terre sablonneuse où vous planterez des **centaurées** le printemps prochain. Pour une meilleure réussite de cette espèce, il vaut mieux en effet ne pas enrichir la terre à la dernière minute.

Bêchez la terre qui recevra les **iris** au printemps en enfouissant un quart de brouette de compost par mètre carré ainsi qu'une pelletée d'os fossile et une autre de chaux, sauf pour les iris japonais *(Iris ensata).*

Iris japonais, *Iris ensata* 'Mist Falls'

Centaurée, *Centaurea macrocephala*

Pour réduire l'entretien

Assurez-vous qu'il ne reste aucune trace de chiendent dans la future plate-bande d'iris. Il est en effet quasi impossible d'extirper cette mauvaise herbe une fois qu'elle s'est glissée entre les rhizomes serrés de ces magnifiques vivaces. Arrachez le chiendent en bêchant.

Semis

Dans une plate-bande préparée à cet effet et recevant une bonne couche de neige, semez directement vos **vivaces** et vos **bisannuelles** préférées, avant que le sol ne gèle. Les semis d'automne ont l'avantage de lever tôt au printemps, comme dans la nature, avant même que le jardinier puisse travailler la terre. C'est une manière de prendre de l'avance sur la bousculade printanière.

Que vous récoltiez les graines de **graminées** sur des plants vigoureux ou que vous les achetiez, semez-les en début de saison.

Plantation et transplantation

S'il vous reste des pots de vivaces que vous ne savez pas où planter, vous avez le choix entre vous décider rapidement ou bien **enfouir** les pots tels quels, bien arrosés, dans une tranchée située à un endroit qui recevra, en hiver, beaucoup de neige et peu de soleil.

Forçage

Dès que vous sentez une **croûte de glace** se former au sol, sortez de leur tranchée les plantes que vous voulez forcer pendant l'hiver.

Floraison

Miscanthus sinensis 'Variegatus'

Hivernation

Quand vous coupez le **feuillage** des vivaces pour l'hiver, laissez 20 à 30 cm de végétation au-dessus du sol. Cette précaution favorise l'accumulation de neige, qui protège les racines.

Pour la même raison il est recommandé de laisser le feuillage sur les **fougères**.

Les **iris panachés** *(Iris pallida)* sont assez peu rustiques. La protection hivernale est constituée d'une épaisse couche de feuilles mortes (10-20 cm) surmontée de quelques branches d'épinettes, de pins ou de sapins. Recouvrez le tout de neige, en hiver, si l'accumulation naturelle est déficiente.

Si vous avez des raisons de croire qu'elles risquent de mal passer l'hiver, avant la première neige, déposez un manteau de branches d'épinettes rembourré de feuilles mortes à la base des **lobélies, kirengé-shomas, brunnéras panachées, carex, aspléniums, scabieuses, knautias, tritomas, lavatères, pérovskias**.

Une bonne façon de protéger préventivement les racines de vivaces consiste à recouvrir les plates-bandes de 2 à 5 cm de

Fougère, *Matteuccia strupthiopteris*

Iris panaché, *Iris pallida* 'Variegata'

Tritoma, *Kniphofia uvaria*

Perovskia atriplicifolia

compost. Au printemps, la couleur foncée de ce pseudo paillis accélérera le réchauffement du sol. En plus, le compost servira de repas gastronomique aux plantes avides de pousser. Vous pouvez le mélanger superficiellement à la terre existante, mais faites attention de ne pas briser trop de racines.

En milieu de saison, recouvrez les **opuntias** (cactus vivaces) d'un tapis de branches de sapins, de pins ou d'épinettes pour forcer, si nécessaire, l'accumulation d'une neige protectrice.

Les jardiniers de ville qui fleurissent leur balcon avec des **vivaces en pots** auraient intérêt à trouver un voisin, un collègue, un ami ou un parent qui disposerait d'une chambre froide ou d'un jardin où la terre est sablonneuse, afin de faire hiverner leurs potées à l'abri des grands froids. Arrosez les plants avant de les enfermer pour l'hiver. Dans la chambre froide, recouvrez la terre de papier journal et de plastique; au jardin, enterrez les pots complètement dans une tranchée, là où la neige s'accumule en couches épaisses.

Lobélie, *Lobelia speciosa* 'Queen Victoria'

Lavatère, *Lavatera thuringiaca*

Forçage

Jusqu'en milieu de saison, déterrez quelques sections enracinées, sans feuilles, d'**astilbes,** de **benoîtes,** de **muguet,** de **coréopsis** bas ou de **filipendula** nain de 8-10 cm de diamètre. Plantez-les dans des pots de 15 cm contenant un terreau riche, mais léger. Arrosez légèrement, emballez les pots dans des sacs de plastique et enfouissez-les au jardin, de préférence dans une terre sablonneuse plutôt sèche ou dans le carré de sable des enfants. Vous irez les déterrer en fin de saison. En les rentrant à la chaleur, arrosez-les avec de l'eau tiède. Placez-les pendant 10 jours à l'obscurité, puis sur le rebord d'une fenêtre ensoleillée. Avec un peu de chance, vous devriez avoir des fleurs sinon pour le temps des fêtes, au moins pour la Saint-Valentin.

Coreopsis lanceolata 'Baby Gold'

Filipendula ulmaria 'Variegata'

Muguet, *Convallaria majalis*

cinquième saison:

Hiver

*Dans toutes les villes, l'Hiver
commence environ deux semaines
après la date moyenne de la fin
de la croissance des plantes
établie par l'atlas agroclimatique
du MAPAQ 1982,
qui correspond au moment où
les températures moyennes sont
inférieures à 5 °C.*

AMÉNAGEMENT

Principes

Dans votre choix d'arbres et de conifères pour orner un espace nu ou pour encadrer la maison, limitez-vous aux espèces dont les dimensions adultes sont **proportionnelles** à la superficie du terrain et à la hauteur de la maison. Vous verrez qu'en respectant cette règle élémentaire, vous n'aurez jamais de problèmes avec les fils électriques et ceux du téléphone, ni avec vos sympathiques voisins.

L'aménagement doit avoir un **style** qui s'harmonise avec celui de la maison et de son environnement immédiat. Théoriquement, il devrait aussi refléter vos goûts et votre personnalité. Prenez donc tout le temps qu'il faut pour mettre au point les différents éléments du plan. La précipitation est mauvaise conseillère. Enfin, il faut absolument tenir compte de la trajectoire du soleil, car le choix des végétaux est très différent selon qu'ils seront plantés à l'ombre ou au soleil, ou entre les deux.

Voici d'autres principes **esthétiques** importants:

- L'abondance est nuisible.
- L'asymétrie est preuve de fantaisie et de liberté.
- La répétition des couleurs, des formes et des textures est un antidote au fouillis.
- Les plantations constituent un prolongement de la maison et servent à l'encadrer et à la mettre en valeur; ne les collez pas au ras des constructions.

À éviter

Dans la conception générale de votre environnement, surveillez ces trois éléments de construction dont la mauvaise exécution pourrait vous coûter cher: une allée ou un patio trop petit, des marches trop hautes, un muret trop bas.

Dénivellations

Si vous avez le projet de **construire une rocaille,** rappelez-vous un des grands principes de ce genre d'aménagement: elle ne doit pas être «plantée» en plein milieu d'un terrain plat. Une rocaille est beaucoup plus belle quand elle est adossée à une construction ou quand elle semble sortir d'un groupe d'arbustes ou d'une haie informelle. Profitez des dénivellations naturelles sur votre terrain pour reproduire un coin de nature sauvage avec des grosses pierres.

Lupin, *Lupinus* (hybride)

Pavot d'Islande, *Papaver nudicaule*

Macleaya cordata

Une pente inopportune que vous ne savez pas comment fleurir? Une descente de fossé envahie par une flore peu élégante? Plantez des **lupins** après avoir débarrassé le terrain des espèces indésirables.

Petites fleurs à grands effets dans la rocaille? Pensez aux **pavots** d'Islande (bisannuels) et aux pavots alpins (vivaces).

Massifs et plates-bandes

Vous aimez les surprises? Plantez une **macléaya**. Cette vivace qui dépasse 2 m de hauteur produit des tiges souterraines qui sortent de terre un peu partout dans les plates-bandes et la pelouse. Vous n'êtes pas obligé de lui passer tous ses caprices: vous pouvez éliminer ses rejetons là où ils vous

dérangent. L'esthétique de cette plante vient de ce qu'elle est très légère, très sobre, très élégante. Sa façon de se mouvoir à son gré au jardin la fait ressembler à une magnifique danseuse... végétale.

Comme arrière-plan ou comme cadre aux couleurs vives des vivaces basses, comme camouflage pour les feuilles de tulipes, utilisez des **graminées** à feuilles vertes ou panachées.

S'il y a des arbres sur votre pelouse ou si vous êtes sur le point d'en planter, une **plate-bande située à leur pied,** aux formes souples et sinueuses, vous permettra de les contourner avec aisance et sans manœuvre difficile quand viendra le temps de tondre. Si possible, arrangez-vous pour que tous les arbres soient inclus dans la même plate-bande. Cela vous évitera aussi d'avoir une pelouse située entièrement sous le feuillage et souffrant de sérieux problèmes de sécheresse.

Vous adorez les **pivoines** mais vous détestez les ramasser par terre quand il pleut? Plantez donc des variétés à fleurs simples, très spectaculaires: 'Flame' (rose foncé), 'Sword Dance' (rouge foncé), 'Nymph' (rose pâle), 'America' (rouge vif). Au pied d'arbres à l'étroite silhouette (chêne fastigié, pommetier colonnaire, etc.), elles vous couperont le souffle.

Pour un spectacle grandiose dans un coin du jardin orienté plein sud, préparez un massif de forme irrégulière avec de la bonne terre consistante, légère et bien drainée. Plantez des **pavots** orientaux à raison d'un plant tous les 50-60 cm. Ce sera de courte durée, certes, mais quel spectacle!

Pavot oriental, *Papaver orientalis* 'Allegro'

Graminée verte, *Deschampsia cæspitosa*

Graminée panachée, *Phalaris arundinacea* 'Picta'

Pivoine, *Pæonia* 'Flame'

Pæonia 'Nymph'

Pæonia 'Sword Dance'

Camouflage

Profitez de ce que les feuillus sont dénudés pour identifier les vues que vous aimeriez vraiment soustraire à votre regard, autant celles qui donnent chez les voisins que celles qui dévoilent des coins que vous préféreriez cacher. Évaluez la hauteur de **camouflage** dont vous aurez besoin ainsi que l'urgence de la chose et choisissez le ou les végétaux requis en fonction de ces paramètres.

Le **sureau doré** est un arbuste rustique jusqu'en zone 2, coloré et de croissance rapide qui commence son travail de camouflage dès la première année, avec des tiges de plus de 1 m. À la plantation, ajoutez du compost à la terre existante et, si celle-ci est sablonneuse, quelques pelletées de vermiculite. Raccourcissez les pousses d'au moins un tiers de leur longueur, les deux ou trois printemps suivants, pour épaissir la végétation. Puis laissez les plants pousser librement. Au bout de 3 ans, vous devriez obtenir des arbustes approchant 2 m de hauteur et presque autant de largeur.

La **lavatère** est une vivace vigoureuse, rustique en zones 4 et 5, qui prend, une fois bien installée, les dimensions d'un arbuste aux formes quasi régulières. Elle atteint facilement 1,50 m dans de bonnes conditions. De plus, elle produit en été une foule de petites fleurs roses qui jouent un grand rôle pour détourner l'attention d'une vue indésirable.

Le **ricin**, annuel, la **rhubarbe**, la **pétasites** et le **peltiphyllum**, vivaces, portent des feuilles gigantesques capables de vous faire oublier tout ce qui vous empoisonne la vue.

Lavatère, *Lavatera thuringiaca*

Sureau doré, *Sambucus canadensis aurea*

Ricin, *Ricinus communis*

Rhubarbe, *Rheum rhubarbeum*

Petasites japonicus

Peltiphyllum peltatum

Les **clôtures** sont sans doute un mal nécessaire, mais camouflez-les, soit en garnissant
de plantes géantes une plate-bande aménagée
à l'avant, soit en faisant courir dessus des
plantes grimpantes vigoureuses.

Enveloppez les coins de la maison en
élargissant et en arrondissant les plates-bandes
à ces endroits-là. Cette précaution vous permettra de planifier une plantation plus
fournie qui fera carrément disparaître l'aspect
anguleux de la construction.

Faune

Pour attirer les **colibris** au jardin, plantez des
chèvrefeuilles grimpants, des monardes, des
lobélies annuelles et vivaces, des campanules,
des delphiniums qui, tous, fleurissent une partie de l'été.

Pour attirer les papillons, ajoutez des asters
et des asclépiades.

Jardin d'hiver

Même si la nature est au repos... et le jardinier
aussi, pourquoi ne pas penser à embellir
l'hiver prochain en parsemant le jardin de
plantes qui produisent des effets spéciaux? Il
y a plusieurs façons de faire:

- Planter des arbres et des arbustes à **fruits
  colorés**: houx, genévrier, pommetier,
  viorne, sureau, etc.
- Planter des arbustes dont les fleurs
  séchées sont les vedettes, comme les
  hydrangées paniculées.
- Planter des arbustes dont les jeunes tiges
  sont colorées, **cornouillers** surtout.
  Pour que cet effet embellisse votre
  jardin année après année, il faut tailler
  les tiges assez sévèrement chaque
  printemps.

Miscanthus floridulis

Noisetier, *Corylus avellana* 'Contorta'

Spartina pectinata 'Aureomarginata'

Épinette bleue pleureuse, *Picea pungens glauca* 'Pendula'

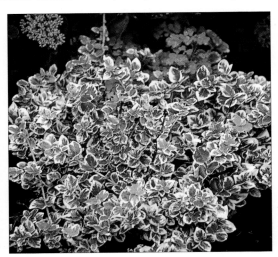

Fusain, *Euonymus fortunei* 'Emerald Gaiety'

- Planter des **conifères** pleureurs ou de forme particulière pour que la neige leur donne l'allure de grands personnages gelés.

Couvre-sol

Si vous souhaitez tapisser d'un couvre-sol les plates-bandes de conifères, utilisez des conifères rampants ou des arbustes rampants à feuillage persistant comme les **fusains.** Comme couvre-sol pour les arbustes et les arbres, privilégiez les vivaces rampantes.

- Planter des arbres et des arbustes aux tiges sinueuses, comme le noisetier et le saule tortueux.
- Planter de grandes **graminées,** miscanthus, spartina ou autres, sur les feuilles desquelles la neige formera des arabesques.

PLANTES ANNUELLES ET BULBES

Semis

Vers la fin de février, semez les **géraniums** et les **pélargoniums**.

Environ un mois et demi avant le début du Printemps Un, semez près d'une fenêtre plein sud les **anthémis** annuelles, les **pétunias** et les **lantanas**. Coupez l'extrémité des jeunes plants dès qu'ils atteignent 30 cm de hauteur. La ramification qui s'ensuivra leur donnera l'allure d'arbres miniatures. Pour une floraison abondante, taillez les jeunes pousses chaque fois qu'elles atteignent 20 à 30 cm de longueur dans le mois qui suit la taille initiale.

Quelle que soit votre région, on estime que les semis à l'intérieur de **bégonia**, de **némésia**, de **mésembryanthème**, de **nicotine**, de **phlox de Drummond**, de **ricin** et de **marjolaine dorée** peuvent se faire dans la première quinzaine de mars, environ 4 semaines avant le début du Printemps Un. Mélangez les graines minuscules à un peu de sable fin ou de sel pour faciliter le semis. Recouvrez caissettes ou pots d'une vitre ou de plastique que vous retirerez dès la levée des plants.

Pétunia

Pélargonium

Némésie, *Nemesia strumosa*

Datura metel 'Double Purple'

Immortelle, *Helichrysum bracteatum*

Mimulus cupreus

Vers la fin de mars dans toutes les régions, semez à l'intérieur les **daturas**, les **amaranthes**, les **mimulus**, les **kochies**, les **immortelles** et les **délospermas**.

Multiplication

Deux ou trois semaines avant le Printemps Un, si vous avez conservé un **lantana** en panier suspendu à l'intérieur pendant l'hiver, prélevez des boutures de 10 cm à l'extrémité des tiges pour votre prochaine production estivale.

Plantation

Procurez-vous un gros panier d'**asperge d'intérieur**, placez-le au frais et entretenez-le le mieux possible. Quand viendra le temps de préparer les boîtes à fleurs qui passeront l'été principalement à l'ombre, découpez la plante en quatre portions et plantez-les avec les annuelles pour un effet de légèreté et de contraste garanti.

Lantana camara

Forçage

Environ 14 semaines après avoir mis les **bulbes à forcer** au froid, l'automne passé, rentrez-les à la chaleur et placez-les dans une pièce obscure. Arrosez-les avec de l'eau tiède pour leur faire croire que le printemps est arrivé. Quand les tiges commencent à pointer, sortez votre beau monde en pleine lumière et regardez la nature faire son œuvre.

ARBRES, ARBUSTES, CONIFÈRES ET HAIES

Planification

Les haies font partie intégrante de l'amé-nagement et sont assez coûteuses. Pour économiser et ne dépenser que le strict nécessaire, déterminez à l'avance:

- la nécessité d'en planter une;
- le rôle qu'elle doit jouer;
- la hauteur et la largeur qu'elle doit avoir;
- son emplacement précis;
- le temps et l'énergie que vous voulez dépenser à l'entretenir.

Alors, et seulement alors, vous serez en mesure de déterminer l'espèce qui conviendra le mieux à vos attentes.

Taille

Si ce n'est déjà fait, supprimez le bois mort sur vos **arbres,** particulièrement les vieux. Le verglas et la neige lourde pourraient causer de malheureux accidents pendant l'hiver.

Tant que le bois n'est pas gelé, vous pouvez tailler les **arbustes** à floraison estivale et les espèces à feuillage décoratif. Sinon, attendez le printemps.

Les branches basses des **arbustes** et des **conifères** sont parfois prises dans la glace quand la neige fond et qu'il gèle peu de temps après. Cette situation peut causer des dégâts graves: les branches peuvent être littéralement arrachées. Trois choix s'offrent à vous:

- Déneiger au fur et à mesure.
- Casser la glace avec précaution.
- Couper carrément les branches dans les cas désespérés.

En début de saison, taillez l'**hibiscus** (zone 5) assez court et couvrez-le d'un cône à rosiers.

Hibiscus syriacus

Hivernation

Servez-vous des **cônes à rosiers** pour protéger les arbustes fragiles ou à la limite de leur rusticité.

Vous trouverez les principaux renseignements concernant la protection hivernale des **conifères** à la p. 239.

En début de saison, s'il n'a pas plu depuis 3 semaines, arrosez abondamment les **conifères** pour que leurs racines ne manquent pas d'eau en profondeur pendant les redoux de l'hiver.

Les **conifères fraîchement plantés** des espèces et variétés rustiques pourraient souffrir pendant l'hiver si vous ne les protégiez pas des vents à l'aide d'un écran protecteur. La clôture à neige garnie de jute propre est un bon moyen, mais elle n'a pas besoin d'encercler la plante. En forçant la neige à s'accumuler, elle rend la protection encore plus efficace.

Si une **neige lourde** s'accumule sur les branches des petits et des jeunes conifères, elle peut les casser. Faites-la glisser avec un balai ou secouez gentiment la plante.

Les oiseaux

Pour récompenser les oiseaux qui, tout l'été, ont débarrassé votre jardin des graines de mauvaises herbes et de plusieurs insectes nuisibles, gardez les **mangeoires** pleines tout l'hiver. Assurez-vous qu'elles ne sont pas suspendues au-dessus de la pelouse ou des plates-bandes. Les excréments d'oiseaux peuvent causer des dégâts sérieux.

Mécanique

Profitez du repos de la nature pour faire réviser votre **tondeuse,** votre **taille-bordure,** votre **taille-haie** électrique: régler le moteur, affûter les lames et équilibrer le système d'entraînement.

Récupération

Lorsque vous êtes certain que les **cendres** de bois sont bien éteintes, mettez-les dans des sacs de plastique. Le printemps venu, vous les mélangerez au compost ou encore vous les utiliserez comme insecticide contre les vers au potager.

Parmi les cendres, il n'est pas rare qu'il se glisse plusieurs morceaux de **charbon de bois.** Conservez-les et écrasez-les: ils serviront d'élément de drainage au fond des pots décoratifs de vos plantes d'intérieur.

Compostage

Pour bien **comprendre** le compostage, il faut connaître ce que l'on appelle le **cycle de l'azote.** En voici un rapide résumé:

- L'azote minéral se trouve à l'état gazeux dans l'air que nous respirons (78 p. 100).

Il se trouve aussi dans le sol, sous forme de sels appelés nitrates que les plantes absorbent en solution.

- L'azote organique, contenu en fortes concentrations dans les excréments animaux, entre aussi dans la composition des cellules végétales vivantes sous forme de protéines (acides aminés), en particulier la chlorophylle. Ce pigment vert des feuilles est très important dans la photosynthèse, processus végétal pendant lequel l'azote minéral est transformé en azote organique.

- Quand on met des végétaux frais et des déchets animaux dans un tas de compost, l'azote, sous l'action de bactéries spécialisées et en présence d'une forte humidité, se met à fermenter rapidement en dégageant une forte chaleur. Ce phénomène, appelé coup de feu, ne se produit pas avec les déchets végétaux secs (copeaux, feuilles mortes, etc.), d'où l'importance de maintenir le tas de compost humide et d'alterner déchets frais et déchets secs pour que tout pourrisse en même temps.

- Au cours du processus, il se forme de l'urée, puis des composés de l'ammoniaque et, pour terminer, de l'acide nitrique qui, en se combinant à d'autres éléments, forment des nitrates qui seront absorbés par les plantes. La boucle est bouclée.

Voici quelques **ingrédients inusités** pour alimenter votre compost:

- Les ingrédients domestiques: le contenu du sac de l'aspirateur et du ramasse-poussière, les essuie-tout imbibés de substances non toxiques, les cendres froides, les filtres à café usagés, les vieux mouchoirs de papier, les poils du chien et, accessoirement, des feuilles de papier journal roulées en boules.

- Les ingrédients commerciaux: les cheveux coupés de la coiffeuse, les coquilles d'œufs et les déchets végétaux des restaurants.

En prévision des journées où vous ne pourrez atteindre le tas de compost, construisez une boîte de bois dans laquelle vous déposerez des sacs pleins de **déchets alimentaires** que vous soumettrez à la décomposition aussitôt le temps doux revenu.

Viorne, *Viburnum trilobum*

Saule tortueux, *Salix matsudana* 'Tortuosa'

271

LÉGUMES

Semis

Vers la mi-février dans toutes les régions, semez quelques graines d'**artichaut** en caissettes, dans un endroit très ensolleillé.

Pendant la première semaine de mars dans toutes les régions, semez à l'intérieur **choux, céleris, oignons** et **poireaux**. Attention, il faut beaucoup de lumière, sinon les jeunes plants s'étiolent et leurs chances de reprise au jardin sont quasi nulles.

Quand les jeunes plants de **poireaux** et d'**oignons** ressemblent à du gazon, coupez les feuilles de moitié et consommez la partie enlevée comme un mets délicat.

Environ 60 jours avant le début du Printemps Deux, semez à l'intérieur des graines de **tomates,** de **poivrons,** de **piments** et d'**aubergines,** en caissettes ou à raison de deux ou trois graines par pot de 10 cm.

Précautions à prendre

Si vous semez des graines de tomates prélevées l'an dernier sur des plants de votre jardin, les fruits que vous obtiendrez cette année n'auront peut-être pas les mêmes caractéristiques que la variété originale. Mais qu'importe, pourvu que la récolte soit bonne, n'est-ce pas? Elle aura de grandes chances de l'être si vous prenez deux précautions essentielles:

- Choisissez les graines des plus grosses tomates.
- Attendez qu'elles mûrissent avant de les récolter.

Chou vert

Oignon rouge

Pour vous distinguer

Remplacez le persil par du céleri dans les soupes et les salades hivernales. Semez-en quelques graines dans un pot placé près d'une fenêtre ensoleillée. Récoltez dès que les tiges ont 10-20 cm de longueur.

Céleri

Poivron

Repiquage

Quand les **jeunes semis** de légumes ont au moins deux feuilles très bien développées, transplantez-les (repiquez-les) en caissettes ou en pots. Vous pouvez attendre un peu plus tard si vous n'êtes pas sûr de votre coup. Enfouissez la tige jusqu'à la base des feuilles, tassez légèrement et arrosez généreusement.

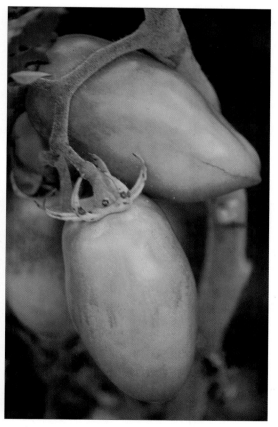

Tomate italienne

PLANTES D'INTÉRIEUR ET POTÉES FLEURIES

Choix des plantes

Pour profiter au maximum de vos potées fleuries, au moment de les acheter, vérifiez qu'il n'y a pas plus de fleurs ouvertes que:

- 40-60 p. 100 sur le **cyclamen**;
- 50-70 p. 100 sur l'**azalée**;
- 20-30 p. 100 sur le **bégonia**;
- 40-50 p. 100 sur le **chrysanthème**;
- 50-60 p. 100 sur le **kalanchoé**.

Sur le **poinsettia**, les petites fleurs vertes situées au milieu des «feuilles» rouges ne doivent pas être ouvertes.

Mise en garde

Si vous achetez ou si vous recevez une potée fleurie dont le pot est emballé dans un de ces abominables **papiers d'aluminium** colorés, débarrassez-la de son costume d'Halloween, qui ne retiendra pas l'eau quand vous arroserez. Glissez-la plutôt dans un cache-pot décoratif.

Une **feuille jaune** par-ci par-là sur les plantes d'intérieur ne devrait pas vous empêcher de les acheter. Mais si elles sont jaunies, s'il y a des feuilles décolorées, recroquevillées, pourries, fendues, n'achetez pas.

Cyclamen

Azalée

Kalanchoe

Bégonia

Chrysanthème

Poinsettia

Vérifiez aussi que la terre dans le pot est légèrement humide et que le dessous des feuilles n'est pas infesté de minuscules insectes blancs ou rouges. Dans le doute, abstenez-vous.

Lumière

Contrairement à ce que les lois du marché nous imposent, c'est le **printemps,** quand les jours rallongent, la meilleure époque pour acheter des plantes.

> ### *Pour vous faciliter la tâche*
>
> Il est beaucoup plus facile de choisir une plante en fonction de la luminosité disponible chez vous que d'essayer d'en faire vivre une dans des conditions qui sont peut-être inappropriées. N'achetez donc pas par impulsion, simplement parce qu'une plante vous plaît. Informez-vous de ses besoins d'abord.

Peu de plantes arrivent à vivre près d'une fenêtre dirigée vers le **nord.** Toutes les autres sont très propices à la culture, même celles qui sont orientées plein sud. Presque toutes les plantes, même les fougères et les violettes, tolèrent quelques rayons de soleil caressants. Pourtant, il est fortement recommandé de protéger d'un rideau léger celles qui pourraient recevoir directement le soleil de midi.

> ### *Pour réussir*
>
> Rappelez-vous cette vérité: à 1 m d'une fenêtre, à l'intérieur, la luminosité est souvent inférieure à celle de l'ombre d'une forêt tropicale. Imaginez comment peut se sentir une plante qui, dans son habitat naturel, vit sous le soleil des tropiques, dracénas et scheffléras en tête? Conclusion: les plantes d'intérieur ont une phénoménale faculté d'adaptation. Mais il ne faut pas en abuser. Quand vous les placez dans la maison, pensez d'abord à leurs besoins. Éliminez cette phrase de votre vocabulaire: «C'est là qu'elle va le mieux.» Ce n'est pas un meuble! Et n'oubliez pas que toutes les plantes n'ont pas les mêmes besoins. Il y en a peut-être une pour chaque coin de la maison; renseignez-vous.

Température et arrosage

Même quand il fait très froid dehors, ne sur-chauffez pas votre maison. Vos plantes en souffriraient... et vous aussi sans doute. De manière générale, maintenez la température autour de 18-20 °C **le jour**, autour de 14-16 °C **la nuit** ou quand vous êtes absent.

L'hiver, les plantes consomment beaucoup moins d'eau qu'au printemps ou en été; si, en plus, vous maintenez chez vous une température relativement fraîche, il peut vous arriver de trop les arroser. La règle, c'est de n'arroser que pour empêcher les plantes de mourir. Dans certains cas, un arrosage aux 2 semaines **pour les petits pots,** aux 6 à 8 semaines **pour les gros pots,** suffit amplement. Si quelques feuilles tombent, considérez le phénomène comme normal.

Pour conserver un **araucaria** dans toute sa majesté originelle, même s'il manque un peu de lumière, maintenez la température autour de 10-12 °C, la nuit surtout et quand vous êtes absent.

Le **laurier** qui a fleuri tout l'été a besoin de repos; réduisez la fréquence des arrosages. Ne vous inquiétez pas s'il perd quelques feuilles.

Dès que vous aurez acheté votre **poinsettia,** placez-le à bonne lumière, au soleil de préférence. Plus la lumière sera forte, plus vous pourrez l'arroser fréquemment. En général, on conseille de laisser sécher la terre sur au moins un tiers de la hauteur du pot. Le poinsettia est une euphorbe, il peut supporter une sécheresse passagère.

Votre **gardénia** vivra très bien même si la température se maintient autour de 20 °C, la nuit. S'il est en plein soleil, arrosez-le quand la moitié de la terre est quasi sèche, avec l'équivalent d'un bock à bière par pot de 15 cm.

Laurier, *Nerium oleander*

Araucaria heterophylla

276

Gardenia jasminoides

Adiantum decorum 'Fritz Luthii'

La meilleure façon d'arroser l'**azalée**, cette grande assoiffée, consiste à immerger le pot dans l'eau pendant une dizaine de minutes. Cette précaution est indispensable juste avant le rempotage.

Pour faire durer le plus longtemps possible la floraison de vos potées fleuries, posez les pots **par terre,** le soir venu. Il y fait plus frais que sur la table.

Ne laissez pas les **adiantums** dans les courants d'air. Leur feuillage mince et délicat risquerait de sécher.

Semis

Offrez-vous une potée fleurie pas ordinaire. Semez cinq graines de **pois de senteur** dans un pot taille basse de 20 cm de diamètre ou trois dans un pot de 15 cm. La terre doit être riche et la fenêtre ensoleillée. Prévoyez un support pour que les vrilles de cette plante grimpante à fleurs parfumées s'accrochent facilement.

Semez quelques graines de **lobélia annuelle**, début janvier, à raison de deux graines par pot de 7,5 cm. Confectionnez une potée dès que les semis ont 6-7 cm de hauteur en plantant, sans nuire aux racines, trois petits pots dans un pot de 15 cm. Près d'une fenêtre ensoleillée, la floraison bleutée devrait avoir lieu 8 à 10 semaines plus tard.

Empotage et rempotage

Les conseils généraux de rempotage sont énoncés aux pp. 68-70. Le rempotage peut avoir lieu sans problèmes entre l'équinoxe du printemps et celui de l'automne.

En début de saison, si vous avez accès à un plant de *Lysimachia nummularia,* empotez-en une section enracinée dans un panier suspendu. Faites-lui passer au moins 2 mois à l'obscurité, en gardant la terre légèrement humide, dans un endroit frais (5-10 °C). Si vous le placez ensuite dans un endroit bien éclairé, la croissance ne se fera pas attendre et vous devriez avoir des fleurs jaunes au cours du Printemps Un.

Aussitôt que possible, rempotez les boutures de **poinsettia** que vous avez récoltées cet été, à raison de trois par pot de 15 cm. Quand elles atteindront 20 cm de hauteur, coupez-leur la tête.

277

Caladium

Coleus blumei

En février dans toutes les régions, plantez un bulbe de **caladium** par pot de 15 cm dans une terre riche en compost. Enlevez les fleurs dès qu'elles apparaissent pour favoriser la croissance du feuillage.

Multiplication

Contrairement à ce qu'on entend souvent, vous n'avez pas à attendre le mois de mars pour bouturer. Vous pouvez commencer à le faire **dès janvier** dans toutes les régions. Les jours rallongent et les plantes reprennent progressivement leur vie active. Si vous respectez toutes les autres conditions, le succès est garanti... ou presque.

Begonia rex

En milieu de saison, bouturez les feuilles de **violettes** africaines et de **bégonias** rex.

Si les tiges de **yuccas**, **dracénas**, **aglao-némas**, **pléomèles** ou **dieffenbachias** que vous avez taillés pour une raison ou pour une autre sont assez longues, débitez-les en tranches épaisses de 5-6 cm. Laissez sécher les plaies pendant 1 ou 2 jours à l'abri du soleil. Remplissez un grand récipient, caissette, grand pot ou autre, avec de la vermiculite

---

Pour vous faciliter la tâche

Si vous pouvez mettre la main sur un vieil aquarium, servez-vous-en pour faire enraciner des boutures de plantes un peu récalcitrantes: ficus, crotons, dracénas. Vous le recouvrirez d'une vitre ou d'une feuille de plastique. Aérez de temps en temps.

Violette africaine, *Saint-Paulia*

Yucca elephantipes

Pleomele honoraï

Aglaonema commutatum maculatum

Dracæna deremensis 'White Stripe'

Dieffenbachia seguina 'Tropic Snow'

pure, sèche. Insérez horizontalement les tranches de tiges dans ce substrat et recouvrez-les légèrement pour éviter le dessèchement. Arrosez copieusement et placez le tout à très bonne lumière, voire au plein soleil. Le taux de réussite ne dépasse guère 30 p. 100, mais quel plaisir de rempoter les jeunes plants au bout de 3 mois.

Pour préparer vos plantations de **coléus** à l'extérieur, prélevez des boutures sur vos plants, à l'intérieur, vers la fin de la saison. Taillez à répétition les nouvelles pousses pour faire ramifier les plants.

Dès que les rejetons qui naissent à l'aisselle des plantes-mères de **bromélias** atteignent 15 cm de hauteur, séparez-les au couteau et plantez-les dans un pot de 7-8 cm.

Bromélia, *Tillandsia cyanea*

Voici une méthode rapide — et désinvolte — pour bouturer les **polyscias**, de magnifiques plantes faciles à entretenir et peu exigeantes:

- Procurez-vous de la poudre d'hormone n° 2.
- Remplissez à moitié un ou plusieurs pots de 15 cm avec un terreau léger, sablonneux, moelleux et contenant une légère dose de compost.
- Prélevez des boutures de 15-20 cm de longueur à l'extrémité des tiges vigoureuses de la plante-mère, avec un sécateur bien aiguisé.
- Gardez seulement les trois à cinq feuilles du haut et trempez la base des boutures dans la poudre d'hormone.
- Plantez les boutures verticalement à 3-4 cm d'intervalle, jusqu'à en mettre une dizaine par pot de 15 cm. Arrosez sans excès.
- Recouvrez le tout d'un sac de plastique transparent ou translucide dans lequel vous aurez percé de petits trous d'aération.
- Installez votre mini-pépinière près d'une fenêtre partiellement ensoleillée. Le rempotage devrait avoir lieu 8 à 10 semaines plus tard.

Polyscia balfouriana 'Pennockii'

Clerodendron thompsonæ

Taille

En janvier, réduisez des deux tiers les tiges du **clérodendron,** puis gardez-le entre 12 °C et 18 °C jusqu'en mars. C'est une bonne façon de le faire fleurir.

En février-mars, dans toutes les régions, vous pouvez entreprendre la remise à neuf de vos plantes, d'un *Dracæna massangeana* ou d'un *Yucca* sur troncs, par exemple, qui auraient souffert de sous-éclairage, d'excès d'eau, d'une combinaison des deux ou de toute autre forme de négligence. Voici les quatre étapes à suivre:

1. S'il y a plusieurs troncs dans le pot, séparez-les doucement et empotez-les chacun dans un pot de plastique ordinaire, avec une terre moelleuse et légère. Placez-les dans un endroit très clair.

2. Coupez toutes les tiges vertes, même les plus courtes, qui sortent au sommet du tronc, à 5-8 cm de leur base. Entretenez les plantes normalement jusqu'au début du Printemps Deux. Laissez-les se reposer.

Dracæna massangeana

Yucca elephantipes

3. Quand les risques de gel seront passés, sortez les plantes dehors, dans un endroit ombragé. Enfouissez les pots à moitié dans du sable pour qu'ils ne tombent pas. De nouvelles pousses, plutôt timides, devraient apparaître 1 à 2 mois plus tard. Surveillez l'arrosage jusqu'en fin d'été.

4. Quand vous constaterez que les températures nocturnes frisent les 12 °C, déterrez les plantes et coupez les racines qui dépassent du pot. Rempotez-les dans des pots de terre cuite, le plus petits possible, dont vous aurez tapissé le fond de charbon de bois. Enfin, placez vos rescapés à l'intérieur près d'une fenêtre claire.

Floraison

Dès que la couleur apparaît sur les feuilles terminales des **poinsettias** — transformées alors en bractées colorées —, remettez-les en permanence près d'une fenêtre ensoleillée.

Contrairement à ce que l'on pense généralement, les **violettes** et les membres de leur famille, **æschynanthus**, **épiscias**, **columnées**, etc., peuvent, dans une terre légère, supporter en hiver de légères sécheresses passagères. Pour les aider à vivre avec ces restrictions, il est fortement recommandé de maintenir la température, au moins la nuit, entre 15 °C et 18 °C.

Pour faire fleurir, au printemps, les **orangers**, les **adéniums**, les **alamandas**, les **lauriers**, les **passiflores**, les **pachystachys** et

Episcia 'Silver Chalice'

Pachystachys lutea

Oranger, Citrus mitis

Adenium obesum

Alamanda cathartica 'Hendersonii'

les **dipladénias**, faites-leur passer les 2 derniers mois de la saison à une température située entre 12 °C et 18 °C, en pleine lumière. Espacez les arrosages.

Pour qu'ils fleurissent sans interruption une grande partie de l'été, gardez vos **bougainvillées, clivias, échévérias** et **euphorbes** dans une pièce à environ 10-12 °C, au moins la nuit, tout l'hiver. En pleine lumière évidemment et avec un arrosage... de survie.

Vers la Saint-Valentin dans toutes les régions, et pour une floraison hâtive, remettez dans des conditions normales de température et d'arrosage les **potées fleuries** que vous aviez mises **au repos forcé,** en début de saison ou en fin d'automne. Assurez-vous qu'elles reçoivent le maximum de lumière et, si nécessaire, taillez-les pour les forcer à se ramifier, et donc, à fleurir. Ne gaspillez rien: faites des boutures avec les sections de tiges que vous avez récoltées.

En hiver, les **bromélias** ont besoin de très peu d'eau même dans un très petit pot. Arrosez la terre quand elle est sèche, mais surtout, maintenez pleine d'eau la cuvette d'où sort la fleur.

Amaryllis, *Hippeastrum leopoldii*

Quand l'**amaryllis** a fini de fleurir, coupez les fleurs. Les feuilles rubannées vont commencer à pousser. Si vous voulez préserver le bulbe pour la floraison de l'an prochain, placez le pot près d'une fenêtre ensoleillée. Vous le mettrez dehors à l'ombre quand les risques de gel seront passés.

Fertilisation

Théoriquement, les plantes, à fleurs ou non, sont en repos. Ne leur donnez **aucun engrais**. Vous ne donneriez pas du chocolat à quelqu'un qui dort jour et nuit.

Vaporisation

Tous les systèmes de chauffage réchauffent un air froid dont le taux d'humidité est bas. Une fois que cet air est chaud, il reste aussi sec, irrite les muqueuses et dérange un peu les plantes. Au lieu de vaporiser de l'eau sur les plantes une par une, pour faire remonter le taux d'humidité, **faites bouillir de l'eau** pendant une dizaine de minutes, étendez vos brassées de lavage dans le salon (!) ou faites fonctionner un humidificateur.

> *Pour vous faciliter la tâche*
>
> Rappelez-vous que plus vous avez de plantes chez vous — même dans les chambres — et plus le taux d'humidité sera élevé. En effet, en respirant, elles dégagent, comme nous, de la vapeur d'eau.

Insectes et maladies

À cause de la sécheresse de l'air en hiver, **inspectez** vos plantes régulièrement: le dessous des feuilles, l'intersection des feuilles et des tiges, l'extrémité des jeunes pousses. L'air sec favorise les attaques des insectes suceurs (acariens, cochenilles, etc.) qui cherchent à se désaltérer et à se nourrir aux endroits où les tissus sont les plus tendres, les plus faciles à percer. Si vous notez une décoloration ou une déformation du feuillage, ou encore un arrêt de croissance subit et persistant, sonnez l'alarme. Faites identifier les envahisseurs et boutez-les hors de chez vous.

Soins particuliers

Une fois en hiver et une fois en été, enfoncez une aiguille à tricoter ou une fourchette à fondue un peu partout dans la terre des pots de plus de 15 cm de diamètre. Ce travail d'**aération** aide les racines à respirer et rend l'arrosage plus efficace. Faites entre 5 et 10 percées et ne vous formalisez pas trop si vous coupez quelques racines.

ROSIERS ET PLANTES VIVACES

Hivernation

Cône à rosier

Posez les **cônes à rosiers** ou toute autre protection sur vos rosiers greffés aussitôt que le sol commence à geler. Pour leur assurer une bonne stabilité, buttez la base des cônes et posez une brique ou une pierre plate sur le dessus.

Mise en garde

Des maladies peuvent se développer à cause de la condensation que les changements de température provoquent parfois à l'intérieur des cônes. Il est fortement recommandé de traiter les rosiers avec un fongicide au Printemps Un.

Comme option alternative aux cônes, essayez cette méthode de protection expérimentée avec succès dans une grande roseraie de Nouvelle-Écosse:

- Coupez le fond d'un vieux pot de plastique noir de 25-30 cm et passez ce **collier géant,** autour de vos rosiers greffés; au besoin coupez le côté du pot de haut en bas, mais vous devrez refermer le tout avec un élastique.
- Maintenez le pot en place en enterrant légèrement la partie en contact avec le sol.
- Remplissez le collier avec un mélange à parts égales de terre sablonneuse, de vermiculite et de tourbe de sphaigne.

Pour vous faciliter la tâche

Pour protéger la greffe des rosiers greffés sur tige, la méthode traditionnelle consiste à enterrer le plant avant le gel du sol pour le replanter après le dégel printanier. Essayez une méthode plus expéditive et un soupçon plus risquée. Procurez-vous un rectangle de laine minérale, emmaillotez la greffe et maintenez le tout avec de la ficelle. Enveloppez ensuite ce montage et la tête du rosier avec — au choix — un morceau de tulle, un morceau de jute, un filet à petites mailles ou même une feuille de plastique percée de trous d'aération.

Rosier greffé sur tige

284

Si, en début de saison, la neige n'a pas encore protégé les **vivaces fragiles,** ne désespérez pas. Mais dès que vous serez en possession de votre arbre de Noël, coupez les branches du bas et couvrez-en les racines des plantes en question. La moindre neige sera forcée de s'accumuler en grand manteau protecteur.

Semis

Environ 2 mois avant le début du Printemps Deux, semez des **roses trémières** *(Althæa)* en pots, à raison d'un plant par pot de 10 cm, devant une fenêtre recevant au moins 4 heures de soleil par jour. Transplantez les jeunes plants au jardin, un peu plus profondément que dans les pots, lorsqu'ils ont entre 10 et 15 cm de hauteur.

Rose trémière, *Althæa rosea*

285

annexes

*Les zones, les plantes,
les gens et leurs merveilles*

Photo page 286: Jardin de Stanislas Bouchard, Les Éboulements
Photo page 287 (haut): Jardin de la Villa Bagatelle, Sillery
Photo page 287 (centre): *Abutilon* (hybride)
Photo page 287 (bas): Iris versicolores, Havre-Aubert, Îles-de-la-Madeleine

ANNEXE 1

Votre zone de rusticité

Acton Vale 4b
Alma 3a
Amos 2b
Amqui 4a
Arvida 3a
Asbestos 4a
Baie-Comeau 3a
Baie-Saint-Paul 3b
Beaconsfield 5b
Beauceville 4a
Beauport 4b
Beloeil 5b
Berthierville 5a
Black Lake 4b
Boucherville 5b
Bromont 4b
Brossard 5b
Cabano 4a
Candiac 5b
Cap-Chat 4a
Cap-de-la-Madeleine 4b
Cap-Rouge 4b
Carleton 4a
Chambly 5a
Charlesbourg 4b
Châteauguay 5b
Chibougamau 2a
Chicoutimi 4a
Coaticook 4b
Côte-Saint-Luc 5b
Cowansville 4b
Deux-Montagnes 5a
Dolbeau 3a
Dollard-des-Ormeaux 5b
Dorion 5b
Dorval 5b
Drummondville 5a

Eastman 4b
Fabreville 5a
Farnham 4b
Gaspé 4a
Gentilly 4b
Granby 4b
Grand-Mère 4b
Ham-Nord 4b
Hemmingford 5b
Hudson 5b
Hull 5a
Îles-de-la-Madeleine 4b-5a
Joliette 5a
Jonquière 4a
Lac-Etchemin 4a
Lachine 5b
Lachute 4b
Lac-Mégantic 4a
La Malbaie 3b
L'Ancienne-Lorette 4b
La Pocatière 4a
La Prairie 5a
LaSalle 5b
La Sarre 2a
L'Assomption 5a
La Tuque 3b
Laval 5a
Lennoxville 4b
Longueuil 5b
Lorretteville 4b
Louiseville 4b
Magog 4b
Marieville 5a
Mascouche 5a
Matane 4a
Mont-Joli 4a
Mont-Laurier 3b
Montmagny 4a

Montréal 5b
Mont-Saint-Hilaire 5a
Napierville 5a
New Richmond 3b
Nicolet 4b
Oka 5a
Ottawa 5a
Outremont 5b
Percé 4a
Pierrefonds 5b
Plessisville 4b
Pointe-au-Pic 3b
Pointe-Claire 5b
Pont-Rouge 4b
Port-Cartier 4a
Princeville 4b
Québec 4b
Rawdon 4b
Repentigny 5a
Rigaud 5b
Rimouski 4a
Rivière-du-Loup 4a
Roberval 3a
Rosemère 5a
Rougemont 5a
Rouyn 2a
Roxboro 5b
Sainte-Agathe-des-Monts 4a
Sainte-Anne-de-Bellevue 5a
Saint-Anselme 4a
Saint-Basile-le-Grand 5b
Saint-Bruno-de-Montarville 5b
Sainte-Catherine 5a
Saint-Constant 5a
Sainte-Dorothée 5a

Saint-Eustache 5a
Saint-Georges-de-Beauce 4a
Saint-Hubert 5b
Saint-Hyacinthe 4b
Saint-Jean-sur-Richelieu 5a
Saint-Jérôme 4b
Saint-Jovite 4a
Sainte-Julie 5b
Saint-Lambert 5b
Saint-Luc 5a
Saint-Paul-d'Abbotsford 4b
Saint-Rémi 5a
Sainte-Rose 5a
Saint-Sauveur 4b
Sainte-Thérèse 5a
Sept-Îles 3a
Shawinigan 4a
Sherbrooke 4b
Sillery 4b
Sorel 5a
Terrebonne 5a
Thetford Mines 4b
Trois-Rivières 4b
Val-d'Or 2a
Valleyfield 5a
Val-Morin 4b
Varennes 5a
Vaudreuil 5b
Verchères 5a
Verdun 5b
Victoriaville 4b
Warwick 4b
Waterloo 4b
Westmount 5b
Windsor 4b

ANNEXE 2

Liste des plantes par zone de rusticité

Voici une liste éloquente mais non exhaustive des espèces et variétés de végétaux regroupés selon leur zone de rusticité officielle. Elles sont toutes citées ou illustrées dans le *Guide des fleurs pour les jardins du Québec* ou dans le *Guide des arbres et des plantes à feuillage décoratif*. Mais il existe une pépinière spécialisée dans l'introduction de nouveautés qui en offre de deux à trois fois plus, soit plus de 200 pour la zone 2 et plus de 2500 pour la zone 5, dont près de 1000 vivaces.

De plus, cette liste n'est pas restrictive et, comme le montrent clairement les témoignages de jardiniers figurant à l'annexe 4, on peut réussir à cultiver des plantes réputées peu rustiques dans une région donnée, à condition de prendre certaines précautions. À l'inverse, les plantes très rustiques en zone froide conviennent parfaitement aux zones tempérées.

```
LÉGENDE
Ab  =  arbuste
Ar  =  arbre
B   =  bisannuelle
BV  =  bulbe vivace
C   =  conifère
GV  =  grimpante vivace
V   =  vivace (incluant fougères,
         graminées, indigènes, aquatiques)
```

ZONE 1
Larix laricina – C
Abies glauca – C
Pinus mugo 'Mughus' – C
Pinus mugo 'Pumilio' – C

ZONE 2
Acer ginnala – Ar
Acer saccharinum – Ar
Achillea filipendula – Ar
Achillea millefolium – Ar
Achillea ptarmica – Ar
Achillea sibirica – Ar
Achillea tomentosa – Ar
Aconitum cammarum – Ar
Aconitum napellus – Ar
Actæa pachypoda – Ar

Actæa rubra – Ar
Adenophora ornata – Ar
Ægopodium podagraria 'Variegata' – Ar
Amelanchier canadensis – Ar
Amorpha canescens – Ab
Arctostaphylos uva-ursi – Ab
Betula dissectum 'Trost Dwarf' – Ab
Betula nana – Ab
Betula pendula – Ab
Caltha palustris – V
Caltha palustris monstrosa-pleno – V
Caragana arborescens – Ab
Caragana arborescens 'Lorbergii' – Ab
Cornus alba – Ab
Cytisus decumbens – Ab
Dicentra eximia – V
Dicentra formosa – V

Dicentra spectabilis – V
Draba aïzoides – V
Draba sibirica – V
Elæagnus angustifolia – Ab
Elæagnus commutata – Ar
Euonymus nanus – Ab
Gaultheria procumbens – Ab
Juniperus sabina 'Arcadia' – C
Juniperus sabina 'Tamariscifolia' – C
Juniperus virginiana 'Grey Owl' – C
Larix X 'Blue Weeping' – C
Ledum groenlandicum – Ab
Microbiota decussata – C
Physocarpus opulifolius – Ab
Physocarpus opulifolius 'Luteus' – Ab
Picea abies – C
Picea abies glauca 'Dent' – C
Picea abies omorika – C
Picea abies pungens 'Erich Frahm' – C
Picea abies pungens 'Glauca' – C
Pinus banksiana 'Broom' – C
Pinus banksiana 'Uncle Fogy' – C
Pinus mugo 'Gold Spire' – C
Pinus mugo 'Paul's Dwarf' – C
Pinus mugo 'Sherwood Compact' – C
Pinus sylvestris – C
Pinus sylvestris 'Repens' – C
Potentilla fruticosa – Ab
Potentilla fruticosa 'Arbuscula' – Ab
Prunus padus – Ar
Prunus padus 'Colorata' – Ar
Prunus virginiana 'Shubert' – Ar
Rhododendron canadense – Ab
Ribes alpinum – Ab
Salix integra 'Hakuro Nishiki' – Ab
Salix pentandra – Ar
Shepherdia argentea – Ab
Sorbaria sorbifolia – Ab
Spiræa bumalda 'Flaming Mound' – Ab
Spiræa bumalda 'Goldflame' – Ab
Syringa meyerii – Ab
Syringa prestoniæ – Ab
Syringa reticulata – Ab
Syringa villosa – Ab
Viburnum lantana – Ab

Viburnum opulus – Ab
Viburnum opulus 'Roseum' – Ab
Viburnum trilobum – Ab

ZONE 3

Adonis vernalis – V
Adonis walziana – V
Alchemilla mollis – V
Alisma parviflora – V
Alisma plantago 'Aquatica' – V
Allium aflatunense – BV
Allium giganteum – BV
Allium karataviense – BV
Allium moly – BV
Allium ostrowskianum – BV
Allium roseum – BV
Allium ursinium – BV
Althæa rosea – B
Alyssum montanum – V
Alyssum saxatile – V
Alyssum saxatile 'Compactum' – V
Anchusa azurea – V
Anchusa capensis – V
Anemone canadensis – V
Anemone pulsatilla – V
Anemone sylvestris – V
Anthemis sancti-johannis – V
Anthemis tinctoria – V
Aquilegia alpina – V
Aquilegia canadensis – V
Aquilegia (hybride) – V
Arabis alpina – V
Arabis caucasica – V
Arabis procurens – V
Arenaria montana – V
Arenaria procera glabra – V
Arenaria verna – V
Arenaria verna 'Aurea' – V
Armeria maritima – V
Armeria maritima 'Alba' – V
Armeria maritima 'Laucheana' – V
Armeria maritima 'Splendens' – V
Aruncus dioicus 'Sylvester' – V
Aruncus æthusifolius – V
Asclepias syriaca – V

Asclepias tuberosa – V

Aster alpinus – V

Aster amellus – V

Aster dumosus – V

Aster novæ-angliæ – V

Aster novæ-belgiæ – V

Aubrietia cultorum – V

Aubrietia deltoides – V

Bellis perennis – B

Bergenia cordifolia – V

Bergenis hybrida – V

Brunnera macrophylla – V

Butomus umbellatus – V

Campanula bellidifolia 'Blue Gown' – V

Campanula carpatica – V

Campanula cochlearifolia – V

Campanula collina – V

Campanula fragilis – V

Campanula glomerata – V

Campanula glomerata 'Alba' – V

Campanula latifolia 'Macranta' – V

Campanula medium 'Calycanthema' – V

Campanula muralis – V

Campanula persicifolia 'Grandiflora' – V

Campanula pyramidalis – V

Campanula rotundifolia 'Olympica' – V

Cerastium tomentosum – V

Chrysanthemum rubellum – V

Clematis alpina – GV

Clematis macropetala – GV

Clematis tangutica – GV

Convallaria majalis – V

Convallaria rosea – V

Coreopsis grandiflora – V

Coreopsis lanceolata – V

Coreopsis verticillata – V

Cratægus crus-gallii – Ar

Cypripedium acaule – V

Cypripedium calceolus – V

Cypripedium reginæ – V

Daphne cneorum – Ab

Daphne mezereum – Ab

Delphinium 'Magic Fountains' – V

Delphinium 'Pacific Giants' – V

Delphinium grandiflora 'Blue Elf' – V

Dianthus allwoodii – V

Dianthus barbatus – B

Dianthus deltoides – V

Dianthus gratianopolitanus – V

Dictamnus albiflorus – V

Dictamnus albus – V

Dictamnus albus 'Purpureus' – V

Doronicum caucasium – V

Doronicum cordatum – V

Doronicum plantagineum – V

Echinacea purpurea – V

Echinacea purpurea 'Alba' – V

Echinops ritro – V

Echium plantagineum – B

Echium vulgare – V

Eremurus (hybride) 'Ruiter' – BV

Eremurus (hybride) 'Shelford' – BV

Erigeron speciosus – V

Eupatorium purpureum – V

Filipendula hexapetala – V

Filipendula hexapetala 'Flore Pleno' – V

Filipendula palmata – V

Filipendula purpurea 'Nana' – V

Filipendula rubra 'Venusta' – V

Filipendula ulmaria 'Plena' – V

Fritillaria imperialis (variétés) – BV

Fritillaria meleagris – BV

Fritillaria persica – BV

Gaillardia grandiflora – V

Genista lydia – Ab

Genista tinctoria – Ab

Geranium platypetalum – V

Geum borisii – V

Geum montanum – V

Geum chiolense – B

Gypsophila paniculata – V

Gypsophila repens – V

Helianthus decapetalus – V

Helianthus salicifolius – V

Hemerocallis (variétés) – V

Heracleum villosum – V

Hesperis matronalis – V

Heuchera briza – V

Heuchera sanguinea – V

Hosta (variétés) – V

Hydrangea arborescens – Ab
Hydrangea paniculata – Ab
Inula ensifolia – V
Inula orientalis 'Grandiflora' – V
Inula royleana – V
Iris germanica – V
Iris pseudacorus – V
Iris pumila – V
Iris sibirica – V
Iris versicolor – V
Lamium maculatum – V
Larix decidua – C
Larix sibirica – C
Larix X 'Diana' – C
Liatris spicata 'Floristan' – V
Lilium canadensis – BV
Lilium (hybrides asiatiques) – BV
Lilium (hybrides auréliens) – BV
Lilium (hybrides orientaux) – BV
Lilium tigrinum – BV
Limonium latifolium – V
Lobelia cardinalis – V
Lobelia siphilitica – V
Lonicera brownii 'Dropmore Scarlet' – GV
Lotus corniculatus – V
Lotus corniculatus 'Flore Pleno' – V
Lupinus polyphyllus 'Russell' – V
Lychnis arkwrightii 'Vesuvius' – V
Lychnis chalcedonica – V
Lychnis coronaria – V
Lychnis haageana – V
Lychnis viscaria – V
Lysimachia clethroides – V
Lysimachia nummularia – V
Lysimachia punctata – V
Lythrum salicaria – V
Macleaya cordata – V
Macleaya microcarpa – V
Malus baccata 'Columnaris' – Ar
Malva moschata – V
Malva moschata 'Alba' – V
Matteuccia strupthiopteris – V
Menispermum canadense – GV
Mentha gentilis 'Aurea' – V
Mentha requienii – V

Mentha rotundifolia – V
Mentha spicata – V
Mertensia virginica – V
Monarda didyma 'Blue Stocking' – V
Monarda didyma 'Cambridge Scarlet' – V
Monarda didyma 'Red Pagoda' – V
Monarda didyma 'Snow White' – V
Muscari armeniacum – BV
Muscari plumosa 'Blue Spike' – BV
Narcissus (variétés) – BV
Osmunda cinnamonea – V
Osmunda regalis – V
Papaver nudicaule – B
Papaver orientale – V
Parthenocissus quinquefolia – GV
Peltiphyllum peltatum – V
Pennisetum alopecuroides – V
Pennisetum ruppelianum – V
Penstemon barbatus – V
Penstemon hirsutus – V
Penstemon pinifolius – V
Phalaris arundinacea – V
Phellodendron amurense – Ar
Phlox paniculata – V
Phlox subulata – V
Picea abies 'Compacta' – C
Picea abies 'Cupressina' – C
Picea abies 'Elegant' – C
Picea abies 'Fornanek' – C
Picea abies 'Goblin' – C
Picea abies 'Inversa' – C
Picea abies 'Little Gem' – C
Picea abies 'Mucronata' – C
Picea abies 'Nidiformis' – C
Picea abies 'Pendula Monstrosa' – C
Picea abies 'Pendula' – C
Picea abies 'Pseudoprostrata' – C
Picea abies 'Pumila Glauca' – C
Picea abies 'Pumila' – C
Picea abies 'Pygmæa' – C
Picea abies 'Tabuliformis' – C
Picea abies 'Weeping Blue' – C
Picea glauca 'Densata' – C
Picea glauca 'Echiniformis' – C
Picea glauca 'Little Globe' – C

Picea glauca 'Pixie' – C
Picea mariana 'Aurea' – C
Picea mariana 'Globosa Nana' – C
Picea mariana 'Nana' – C
Picea omorika 'Pendula' – C
Picea pungens 'Fat Albert' – C
Picea pungens 'Globosa' – C
Picea pungens 'Hoopsii' – C
Picea pungens 'Iseli Fastigiata' – C
Picea pungens 'Kosteri' – C
Picea pungens 'Montgomery' – C
Picea pungens 'Pendula' – C
Picea pungens 'Saint-Mary's Broom' – C
Picea pungens 'Shilo-Weeping' – C
Pinus aristata – C
Pinus banksiana – C
Pinus flexilis 'Glauca' – C
Pinus strobus – C
Pinus strobus 'Blue Shag' – C
Pinus strobus 'Contorta' – C
Pinus strobus 'Elf' – C
Pinus strobus 'Fastigiata' – C
Pinus strobus 'Horsford' – C
Pinus strobus 'Minima' – C
Pinus strobus 'Nana' – C
Pinus strobus 'Pendula' – C
Pinus strobus 'Sea Urchin' – C
Pinus sylvestris 'Albyn Prostrata' – C
Pinus sylvestris 'Aurea' – C
Pinus sylvestris 'Fastigiata' – C
Pinus sylvestris 'Glauca Nana' – C
Pinus sylvestris 'Globosa Viridis' – C
Pinus sylvestris 'Mitsch's Weeping' – C
Pinus sylvestris 'Nana Compressa' – C
Pinus sylvestris 'Spaans Fastigiata' – C
Platycodon grandiflorum – V
Polemonium cæruleum – V
Polemonium cæruleum 'Brise d'Anjou' – V
Polygonatum multiflorum – V
Polygonatum multiflorum 'Variegatum' – V
Polystichum acrostichoides – V
Prunella grandiflora – V
Prunus cistena – Ab
Prunus tomentosa – Ab
Prunus triloba 'Multiplex' – Ab

Pyrethrum coccineum – V
Rhododendron 'Northern Lights' – Ab
Rhus aromatica 'Grow Low' – Ar
Rhus typhina – Ar
Rosa rugosa – Ab
Rosa (série Morden) – Ab
Rudbeckia fulgida – V
Rudbeckia hirta – V
Rudbeckia laciniata – V
Sagittaria japonica – V
Sagittaria latifolia – V
Sagittaria rigida – V
Salix babylonica – Ar
Salix repens – Ab
Sambucus canadensis 'Aurea' – Ab
Sambucus plumosa 'Aurea' – Ab
Saponaria ocymoides – V
Sciadopitys verticillata – C
Sedum acre – V
Sedum aizoon – V
Sedum ellacombianum – V
Sedum kamtschaticum – V
Sedum reflexum – V
Sedum spectabile – V
Sedum spurium – V
Sempervivum arachnoides – V
Sempervivum mountanum – V
Silphium laciniatum – V
Sisyrinchium augustifolium – V
Solidago canadensis – V
Spiræa nipponica – Ab
Spiræa trilobata – Ab
Spiræa van houttei – Ab
Symphytum caucasicum – V
Symphytum officinale – V
Syringa vulgaris – Ab
Tamaris ramossissima – Ab
Tanacetum vulgare – V
Thalictrum aquilegifolium – V
Thuja occidentalis – C
Thuja occidentalis 'Brabant' – C
Thuja occidentalis 'Degroots' – C
Thuja occidentalis 'Emerald Green' – C
Thuja occidentalis 'Europe Gold' – C
Thuja occidentalis 'Fastigiata' – C

Thuja occidentalis 'Filiformis' – C
Thuja occidentalis 'Frieslandia' – C
Thuja occidentalis 'Golden Globe' – C
Thuja occidentalis 'Golden Splashes' – C
Thuja occidentalis 'Holmstrup' – C
Thuja occidentalis 'Jessica' – C
Thuja occidentalis 'Little Champion' – C
Thuja occidentalis 'Little Giant' – C
Thuja occidentalis 'Nigra' – C
Thuja occidentalis 'Pendula' – C
Thuja occidentalis 'Rheingold' – C
Thuja occidentalis 'Sherwood Frost' – C
Thuja occidentalis 'Sherwood Moss' – C
Thuja occidentalis 'Tiny Tim' – C
Thymus lanuginosus – V
Thymus serpyllum – V
Tiarella cordifolia – V
Tilia americana (variétés) – Ar
Tilia cordata – Ar
Tilia flavescens 'Glenleven' – Ar
Trillium erectum – V
Trillium grandiflorum – V
Trillium undulatum – V
Trollius cultorum – V
Trollius europæus – V
Tsuga latifolia – C
Ulmus americana – Ar
Ulmus pumila – Ar
Valeriana officinalis – V
Viola labradorica – V
Yucca glauca – V

ZONE 4
Abies alba – C
Abies concolor – C
Abies koreana – C
Abies lasiocarpa – C
Abies nordmanniana – C
Acanthopanax sieboldianus – Ab
Acer campestre – Ar
Acer negundo – Ar
Acer platanoïdes – Ar
Acer saccharum – Ar
Acorus gramineus – V
Actinidia kolomikta – GV

Adiantum pedatum – V
Alnus glutinosa – Ar
Amorpha fruticosa – Ab
Anemone blanda – BV
Aristolochia sipho – GV
Arundinaria murielæ – V
Asparagus tenuifolius – V
Astilbe arendsii – V
Astilbe chinensis – V
Astilbe japonica – V
Astilbe simplicifolia – V
Astilbe superba 'Taquettii' – V
Athyrium felix-femina – V
Athyrium nipponicum – V
Azalea série Northern Lights – Ab
Belamcanda chinensis – V
Berberis thunbergii – Ab
Blechnum spicant – V
Briza maxima – V
Briza media – V
Briza minor – V
Buphtalmum salicifolium – V
Buphtalmum speciosissimum – V
Buxus microphylla – Ab
Calamagrostis acutiflora – V
Calluna vulgaris – Ab
Centaurea dealbata – V
Centaurea macrocephala – V
Centaurea montana – V
Cercidiphyllum japonicum – Ar
Chamæcyparis pisifera – C
Cheiranthus allionii – B
Chrysanthemum maximum (variétés) – V
Chrysanthemum morifolium (variétés) – V
Clematis (hybrides) – GV
Clematis 'Nelly Moser' – GV
Corylus avellana 'Aurea' – Ab
Corylus avellana 'Contorta' – Ab
Corylus colurna – Ar
Cotinus coggygria – Ab
Cotinus coggygria 'Royal Purple' – Ab
Cotoneaster apiculatus – Ab
Cotoneaster dammeri – Ab
Cratægus mordenensis 'Toba' – Ar
Dactylis glomerata – V

Deschampsia cæspitosa – V
Dianthus plumarius – V
Dryopteris affinis – V
Dryopteris austriaca – V
Dryopteris dilatata – V
Dryopteris filix-mas – V
Dryopteris noveboracensis – V
Dryopteris thelypteris – V
Elymus arenarius – V
Equisetum hyemale – V
Erica carnea – Ab
Eriophyllum lanatum – V
Eryngium alpinum – V
Eryngium amethystinum – V
Eryngium planum – V
Eryngium superbum – V
Euonymus alatus 'Compactus' – Ab
Euonymus europæus – Ab
Euphorbia cyparissias – V
Euphorbia epithymoïdes – V
Euphorbia myrsinites – V
Fagus grandifolia – Ar
Festuca cinerea – V
Festuca ovina – V
Forsythia 'Minigold Fiesta' – Ab
Forsythia 'Northern Gold' – Ab
Forsythia intermedia 'Minigold' – Ab
Forsythia ovata 'Ottawa' – Ab
Forsythia ovata 'Tetragold' – Ab
Fraxinus excelsior – Ar
Galium triflorum – V
Galium verum – V
Genista pilosa – Ar
Geranium dalmaticum – V
Geranium endresii – V
Geranium grandiflorum – V
Geranium macrorrhizum – V
Geranium oconianum – V
Geranium sanguineum – V
Ginkgo biloba – C
Gleditsia triacanthos – Ar
Glyceria maxima ou *aquatica* – V
Gymnocladus dioicus – Ar
Hakonechloa macra – V
Helictotrichon sempervirens – V

Heliopsis helianthoides – V
Heliopsis scabra – V
Heracleum montegazzianum – V
Houttuynia cordata 'Chameleon' – GV
Incarvillea delavayi – V
Iris ensata – V
Iris reticulata – V
Juniperus chinensis – C
Juniperus communis – C
Juniperus montana – C
Juniperus procumbens – C
Juniperus scopularum 'Blue Arrow' – C
Juniperus scopularum 'Blue Carpet' – C
Juniperus scopularum 'Moffat Blue' – C
Juniperus scopularum 'Springbank' – C
Juniperus scopularum 'Toleson Weeping' – C
Juniperus scopulorum 'Tabletop Blue' – C
Juniperus squamata – C
Juniperus virginiana – C
Juniperus X 'Pfitzeriana Aurea' – C
Juniperus X media – C
Kerria japonica – Ab
Kerria japonica 'Picta' – Ab
Kerria japonica 'Pleniflora' – Ab
Knautia arvensis – V
Kœleria cristata – V
Kœleria glauca – V
Lavatera thuringiaca – V
Ligularia dentata 'Desdemona' – V
Ligularia dentata 'Othello' – V
Ligularia stenocephala – V
Linum perenne – V
Lobelia speciosa 'Queen Victoria' – V
Lobelia fulgens 'Vredariensis' – V
Lonicera heckrotti 'Goldflame' – GV
Lonicera xylosteoides – Ab
Lunaria biennis 'Alba' – B
Lunaria biennis 'Purpurea' – B
Malus X 'Hopa' – Ar
Malus X 'Red Jade' – Ar
Malus X 'Royal Beauty' – Ar
Matricaria 'Double White' – B
Matricaria 'Golden Bell' – B
Matricaria aurea – B
Myosotis scorpioides ou *palustris* – V

Myosotis sylvatica ou *alpestris* – B
Nepeta faassenii – V
Nepeta mussinii – V
Œnothera fruticosa – V
Œnothera missouriensis – V
Œnothera pumila – V
Œnothera tetragona – V
Opuntia humifusa vulgaris – V
Papaver alpinum – V
Philadelphus 'Dwarf Snowflake' – Ab
Philadelphus coronarius 'Aureus' – Ab
Philadelphus virginalis – Ab
Physostegia virginiana – V
Physostegia virginiana 'Variegata' – V
Polygonum affine – V
Pontederia cordata – V
Potentilla atrosanguinea – V
Potentilla nepalensis – V
Potentilla tabernaemontani – V
Primula denticulata – V
Primula japonica – V
Primula polyantha – V
Primula rosea – V
Primula saxatilis – V
Primula sieboldii – V
Primula vialii – V
Pulmonaria angustifolia – V
Pulmonaria longifolia – V
Pulmonaria montana – V
Pulmonaria saccharata – V
Rheum palmatum – V
Rheum rhubarbeum – V
Robinia hispida – Ar
Salvia coccinea – V
Salvia officinalis – V
Salvia superba – V
Saxifraga arendsii – V
Scabiosa caucasica – V
Scilla campanulata – BV
Scilla sibirica – BV
Sidalcea malviflora – V
Silene maritima – V
Sorbus aucuparia (variétés) – Ar
Sorbus montana – Ar
Spiræa arguta – Ab

Spiræa bumalda 'Gold Mound' – Ab
Spiræa cinerea – Ab
Spiræa japonica – Ab
Spiræa japonica 'Golden Princess' – Ab
Spiræa japonica 'Little Princess' – Ab
Spiræa thunbergii 'Fagino Pink' – Ab
Spiræa X vanhouttei 'Pink Ice' – Ab
Stachys byzantina ou *lanata* – V
Stephanandra incisa – Ab
Tamaris parviflora – Ab
Taxus canadensis – C
Taxus cuspidata – C
Taxus X media – C
Thuja occidentalis 'Cæspitosa' – C
Thuja occidentalis 'Danica' – C
Thuja occidentalis 'Unicorn' – C
Thymus citriodorus – V
Thymus vulgaris – V
Tilia europæa 'Wratislaviensis' – Ar
Tradescantia andersoniana – V
Trifolium repens – V
Trifolium rubens – V
Tsuga canadensis – C
Typha minima – V
Ulmus glabra – Ar
Verbascum bombyciferum – V
Verbascum phœniceum – V
Verbascum thapsus – V
Veronica gentianoides – V
Veronica latifolia – V
Veronica spicata – V
Veronica whitleyi – V
Viburnum rhytidophyllum – Ab
Vinca major – V
Vinca minor – V
Viola cornuta – V
Viola cucullata – V
Viola odorata – V
Weigela 'Bristol Ruby' – Ar
Weigela 'Pink Princess' – Ar
Weigela florida – Ar
Weigela florida 'Variegata' – Ar
Weigela florida 'Purpurea Nana' – Ar
Yucca filamentosa – V

ZONE 5

Abies procera - C
Acer palmatum - Ar
Acorus calamus - V
Æsculus carnea - Ar
Æsculus hippocastaneum - Ar
Alopecurus pratensis - V
Anemone coronaria - V
Anemone hupehensis - V
Anemone japonica - V
Aralia elata - Ar
Aralia elata 'Aureovariegata' - Ar
Aralia variegata - Ar
Arundinaria viridistrata - V
Asplenium ebenoides - V
Azalea (variétés) - Ab
Berberis julianæ - Ab
Buddleia alternifolia - Ab
Buddleia davidii - Ab
Campsis radicans - GV
Carex conica - V
Carex glauca - V
Carex morowii - V
Carex oshimensis - V
Carpinus betulus - Ar
Carya cordiformis - Ar
Caryopteris clandonensis - Ab
Catalpa bignonoides - Ar
Catalpa speciosa - Ar
Chamæcyparis nootkatensis 'Pendula'- C
Chamæcyparis obtusa - C
Chænomeles japonica - Ab
Chænomeles japonica 'Sargentii' - Ab
Chænomeles superba - Ab
Clematis montana 'Grandiflora' - GV
Clematis (nombreux hybrides) - GV
Corylus colurna 'Pendula' - Ab
Corylus maxima 'Purpurea' - Ab
Cotoneaster adpressus 'Præcox' - Ab
Cryptomeria japonica - C
Cytisus præcox - Ab
Cytisus purpureus - Ab
Delosperma cooperi - V
Deutzia gracilis - Ab
Deutzia lemoinei 'Compacta' - Ab

Deutzia rosea - Ab
Deutzia scabra - Ab
Digitalis (hybrides) - B
Dryopteris erythrosora - V
Equisetum scirpioïdes - V
Eremurus himalaïcus - BV
Eremurus robustus - BV
Erica darleyensis - Ab
Erica tetralix - Ab
Erigeron aurantiacus - V
Erythronium americanum - BV
Erythronium californicum - BV
Erythronium grandiflorum - BV
Erythronium japonicum - BV
Erythronium montanum - BV
Erythronium oregonum - BV
Euonymus fortunei - Ab
Euphorbia griffithii 'Fire Glow' - V
Fallopia japonica - V
Forsythia intermedia 'Week-end' - Ab
Gaura lindheimeri - V
Ginkgo biloba 'Fastigiata' - C
Ginkgo biloba 'Pendula' - C
Ginkgo biloba 'Variegata' - C
Hamamelis mollis - Ab
Hamamelis virginiana - Ab
Hedera helix - GV
Hibiscus moscheutos - Ab
Hibiscus syriacus - Ab
Hydrangea macrophylla - Ab
Hydrangea petiolaris - Ab
Hydrangea quercifolia - Ab
Hydrangea serrata - Ab
Hydrangea villosa - Ab
Hypericum calycinum - Ab
Hypericum frondosum - Ab
Hypericum kalmianum - Ab
Hypericum polyphyllum - Ab
Hypericum repens - Ab
Iberis gibraltarica - V
Iberis sempervirens - V
Ilex mersævea - Ab
Iris pallida - V
Juncus effusus - V
Juniperus formosana - C

Kirengeshoma palmata – V
Kniphofia uvaria – V
Lavandula angustifolia – V
Lavandula latifolia – V
Linum flavum – V
Liriodendron tulipifera – Ar
Lonicera japonica 'Aureoreticulata' – GV
Magnolia kobus – Ar
Magnolia soulangeana – Ar
Magnolia stellata – Ab
Mahonia aquifolium (variétés) – Ab
Matasequoia glyptostroboides – C
Miscanthus sinensis 'Zebrinus' – V
Nelumbo album plenum – V
Nelumbo nucifera – V
Nelumbo roseum plenum – V
Ornithogalum nutans – BV
Ostrya virginiana – Ar
Pæonia japonica – V
Pæonia lactiflora – V
Pæonia montana – Ab
Pæonia officinalis – V
Pæonia suffruticosa – Ab

Pæonia tenuifolia – V
Parthenocissus tricuspidata – GV
Perovskia atriplicifolia – Ab
Picæa orientalis 'Skylands' – C
Pinus thunbergii 'Majestic Beauty' – C
Platanus acerifolia – Ar
Platanus occidentalis – Ar
Polystichum setiferum – V
Pseudotsuga menziesii 'Loggerhead' – C
Pseudotsuga menziesii 'Makines' – C
Pyracantha coccinea – Ab
Rosa série Meidiland – Ab
Sambucus laciniata – Ab
Scirpus lacustris – V
Scirpus tabernæmontanii – V
Sorbus aucuparia 'Pendula' – Ar
Spiræa billiardii – Ab
Stokesia lævis – V
Thujopsis dolabrata – C
Thuja plicata – C
Tunica saxifraga – V
Ulmus carpinifolia – Ar

Attractions et curiosités horticoles régionales

Si le plus beau jardin du monde est pour le passionné son propre jardin, admirer ce que les autres font est non seulement l'occasion de perpétuer en soi le sens de l'observation et les délices de l'émerveillement, c'est aussi une belle source d'inspiration.

Pour le vacancier en mal de découvertes, voici une liste de suggestions qui lui feront oublier, au retour des vacances, que c'est déjà fini.

La compilation de ce mini répertoire a été rendue possible grâce à mes souvenirs de voyage et à la sympathique collaboration des Associations touristiques régionales concernées ainsi que de personnes fort aimables comme Lise Gauthier, de Floriculture Gauthier, à Trois-Rivières.

Abitibi-Témiscamingue
- les jardins de Grazie - Lac Lamothe (près d'Amos)
- le parc Philorum-Jubainville - Saint-Eugène-de-Guigues (près de Notre-Dame-du-Nord)
- le parc botanique «À fleur d'eau» - Rouyn-Noranda
- les vieux thuyas de la Forêt enchantée - Ville-Marie
- les berges de la rivière Harricana - Amos
- les gigantesques aconits qui adorent le climat des jardins de la région

Bas-Saint-Laurent
- les jardins du Domaine des fleurs - Saint-Pacôme
- la Maison (verger-musée) de la prune - Saint-André-de-Kamouraska
- les Jardins des légendes - Trois-Pistoles
- la roseraie du Témiscouata au Fort Ingall - Cabano (ouverture au printemps 1997)
- les deux gigantesques ormes pleureurs qui encadrent le Sacré-Cœur devant l'église de Saint-André-de-Kamouraska
- les rochers à fleur de terre, abondamment fleuris, sur le bord de la route 132 à La Pocatière

Église de Saint-André-de-Kamouraska.
(Ulmus Glaha 'Pendula')

Charlevoix

- sur la Route des saveurs, entre Baie-Saint-Paul et Cap-à-l'Aigle, les Jardins du centre - Les Éboulements
- le jardin de Stanislas Bouchard - Les Éboulements
- les aménagements du Domaine Charlevoix - Les Éboulements
- le jardin Les Quatre Vents - Cap-à-l'Aigle

Jardin Les Quatre Vents, Cap-à-l'Aigle.

Jardin de Stanislas Bouchard, Les Éboulements.

Jardin Les Quatre Vents, Cap-à-l'Aigle.

Chaudière-Appalaches

- le Domaine Joly-de-Lotbinière et sa gigantesque épinette de Norvège à troncs multiples - Lotbinière
- la Seigneurie des Aulnaies - Saint-Roch-des-Aulnaies
- les marronniers d'Inde, normalement zonés 5, des érablières de Saint-Denis-de-Kamouraska et de Saint-Roch-des-Aulnaies situées en zone 4
- le jardin Les Champs fleuris - Saint-Lambert

Duplessis

- les plantes sauvages des îles Mingan, de l'île d'Anticosti et de Natashquan
- les colonies de chicouté, ou mûre des marais ou plaquebière, sur la Basse Côte-Nord, dont on fait une liqueur
- l'airelle du nord, ou airelle vigne d'Ida ou graines rouges, dans les rochers, dont on fait une liqueur
- le jardin de bonsaïs de l'hôpital de Sept-Îles

Estrie

- les vieux arbres de Hatley
- les Jardins Marisol - Bromont
- les roseraies du mont Shefford
- le Domaine Howard - Sherbrooke
- les mosaïques colorées du centre-ville de Sherbrooke
- le jardin des serres municipales - Sherbrooke
- le parc Marie-Victorin - Kingsey Falls

Le Domaine Joly-de-Lotbinière, Lotbinière.

La Seigneurie des Aulnaies, Saint-Roch-des-Aulnaies.

Les Jardins Marisol, Bromont.

Le Jardin des serres municipales, Sherbrooke.

Gaspésie

- les jardins de Métis – Grand Métis
- les fleurs de la toundra du mont Albert (Chic-Chocs) – Parc de la Gaspésie
- les lupins au bord des routes, particulièrement du côté de la Baie des Chaleurs, début juillet
- les colonies d'épilobes à feuilles étroites, en août, sur l'île Bonaventure
- un thuya de 350 ans – Saint-Adelme-de-Matane
- les colonies d'œnotheras le long de la rivière Matane, au début de juillet
- les sentiers fleuris du Jardin des Brumes – Cap-Chat
- les fraises des bois en abondance dans la vallée de la Matapédia

Îles-de-la-Madeleine

- les millions d'iris versicolores qui fleurissent la campagne des Îles, en juillet
- la végétation naturelle des prés salés
- les fraises sauvages dans les dunes de sable, ainsi que les genévriers sauvages et les plantes anémophiles
- le bouleau à onze troncs dans le secteur de la montagne, à Havre-Aubert, près du chemin Les Barachois
- le sorbier d'Amérique à six troncs dans le boisé, près du centre commercial Place des Îles, sur l'Île centrale

Les jardins de Métis, Grand Métis.

Les jardins de Métis, Grand Métis.

Les prés salés.

La campagne de Havre-Aubert.

Lanaudière

- les Jardins du Grand-Portage - Saint-Didace
- l'Oasis florale Moorecrest - Mascouche
- le Jardin forestier - Saint-Charles-de-Mandeville
- les jardins de la passion - Saint-Jacques

Le Centre de la nature, Laval.

Les Jardins du Grand-Portage, Saint-Didace.

Laval et Laurentides

- le Centre de la nature - Laval
- les Jardins de rocailles - Val-David
- la Route des fleurs à Sainte-Dorothée
- les concerts dans le jardin de la maison Desjardins - Sainte-Dorothée
- une foule de fermes à vocations variées

Mauricie – Bois-Francs

- le parc de l'île Saint-Quentin
- le jardin des Ursulines - Vieux Trois-Rivières
- les jardins du Sanctuaire du Cap-de-la-Madeleine
- les sentiers écologiques de l'Université du Québec à Trois-Rivières

Le Centre de la nature, Laval.

Montérégie

- l'économusée de la pomme – Mont-Saint-Hilaire
- le jardin du Manoir Rouville-Campbell – Mont-Saint-Hilaire
- le Centre d'interprétation de la pomme – Rougemont
- le Jardin Daniel-A.-Séguin – Saint-Hyacinthe

Montréal

- le Jardin botanique
- le Biodôme
- le parc floral de l'île Notre-Dame
- la roseraie de l'île Sainte-Hélène, près du restaurant Hélène-de-Champlain
- l'Arboretum Morgan et l'écomusée – Sainte-Anne-de-Bellevue
- la roseraie du centre-ville de Ville Mont-Royal

Le Jardin Daniel-A.-Séguin, Saint-Hyacinthe.

Le Jardin botanique, Montréal.

Le jardin du Manoir Rouville-Campbell, Mont-Saint-Hilaire.

La roseraie du centre-ville de Ville Mont-Royal.

Outaouais

- le Festival des tulipes – Ottawa, du 15 au 20 mai
- le jardin du Gouverneur général – Ottawa
- le Domaine Mackenzie-King – Parc de la Gatineau
- le lieu historique national du Manoir-Papineau – Montebello
- la Forêt de l'aigle de Gracefield – Cayamant (près de Maniwaki)

Québec

- le jardin Van-den-Hende
- la Villa Bagatelle
- le Domaine du Bois-de-Coulonge
- le Domaine Cataraqui
- le Domaine Maizerets
- le Jardin Jeanne-D'Arc et les plaines d'Abraham

Le Festival des tulipes, Ottawa.

La Villa Bagatelle, Sillery.

Le Domaine Mackenzie-King, Parc de la Gatineau.

Le Jardin Jeanne-D'Arc et les plaines d'Abraham, Québec.

Saguenay – Lac-Saint-Jean
- le jardin de Belle-Rivière (Christiane Tremblay et Nicol Côté) - Saint-Gédéon
- le parc de Métabetchouan (vieux noyers et vieux tilleuls) - Métabetchouan
- les grandes étendues d'épervières *(Hieracium)* orange, en fleurs dans le parc des Laurentides en juillet
- les Grands jardins de Normandin - Normandin

Les grandes étendues d'épervières (Hieracium) *orange en fleurs, Parc des Laurentides.*

Témoignages de 39 jardiniers québécois

Merveilleux jardiniers...

Écrire les textes rapportant les interviews de jardiniers, si bien réalisées par mon amie Karine Vilder, a souvent éveillé en moi un magnifique bouquet d'émotions. C'est merveilleux, me disais-je, d'avoir réussi à trouver, dans toutes les régions du Québec, même dans celles où je ne suis jamais allé, des gens qui représentent pour moi, aujourd'hui, «le bon monde». Est-ce parce qu'ils jardinent, parce qu'ils mettent les mains dans la terre qu'ils sont si simples, si compréhensifs, si enthousiastes? C'est probable. Chose certaine, ils ont tous un petit côté spécial. Artistes, ils le sont presque tous, mais certains sont plutôt poètes, d'autres carrément mystiques. Ceux et celles qui ont un sens de l'humour marqué font passer dans leur jardin une petite folie rassurante. Bref, il semble que le jardinage soit l'inspirateur d'une sorte de spiritualité liée à notre appartenance viscérale à la nature...

Au cours de ce fascinant exercice d'écriture, j'ai découvert des particularités du jardinage régional qui méritent que je les partage avec mes lecteurs.

D'abord, le jardinage à grande échelle a pris son envol depuis moins longtemps dans les régions éloignées que dans les autres, mais la progression s'y fait beaucoup plus rapidement, en général. De l'avis de tous, les concours municipaux «Maisons fleuries» et le concours provincial «Villes, villages et campagnes fleuris» ont eu un rôle décisif à jouer dans cette expansion.

Les jardiniers rivalisent d'ingéniosité et d'optimisme pour contourner les restrictions climatiques. Ils font des essais soit seuls, soit en collaboration avec les sociétés d'horticulture locales. Ce phénomène est d'autant plus remarquable là où la zone de rusticité est basse. La plupart cherchent farouchement à élargir l'éventail des plantes rustiques chez eux, en particulier en essayant d'acclimater des espèces censées être réservées à des zones plus accueillantes. Les résultats sont encourageants: on note bien sûr quelques pertes, mais souvent les plantes résistent. Elles manifestent une propension au nanisme, mais elles survivent.

Par ailleurs, dans une même zone, on a pu remarquer de grandes variations de rusticité, selon les localités, les microclimats et les influences climatiques locales (rivières, lacs, autoroutes, boisés, etc.). Un commentaire revenait souvent: les commerces horticoles ont, pour des raisons de rentabilité, de nettes réticences à tenir en inventaire des plantes qui ne sont pas parfaitement rustiques dans la région. Pourtant, on arrive à cultiver des plantes de zones 4 et 5 en Abitibi, région zonée 2! Souhaitons que le temps qui passe permette de rassurer tout le monde sur les possibilités infinies des plantes.

Ces témoignages de jardiniers de partout au Québec permettent aussi de dégager des tendances. La culture de légumes est plus ou moins populaire, selon les régions, mais les fines herbes sont utilisées à toutes les sauces: dans un jardin spécial ou savamment intégrées à l'aménagement. Les jardins d'eau sont très attirants pour tout le monde. Leur nombre dépend de deux facteurs: le degré d'évolution du jardinage dans la région et l'impression, souvent exagérée, qu'ont certaines personnes d'avoir à payer cher et à se compliquer la vie pour réussir.

Les sociétés d'horticulture, quand elles disposent des personnes-ressources nécessaires, s'efforcent de faire fondre les fausses croyances, les peurs injustifiées. Leur rôle d'information est primordial, d'autant plus que nos jardiniers ont majoritairement un reproche à formuler envers les vendeurs des pépinières: ils sont souvent mal informés. Échanges de plantes et visites de jardins sont au programme de toutes les sociétés, mais les conférences sont parfois rares dans les régions où les distances à parcourir sont grandes. Les jardiniers trouvent aussi de l'information dans les livres, dans les revues et dans les catalogues, mais les émissions de télévision sont rarement mentionnées comme source de renseignements.

Quelle que soit la façon dont les jardiniers s'amusent dans leur jardin, quelle que soit leur fleur préférée (toujours une vivace, et souvent une astilbe), ils ont tous un point commun: un vigoureux sens de l'émerveillement. C'est bon de savoir garder vivant l'enfant en soi...

Le jardinage avec Carol Lévesque à Baie-Comeau
(ZONE 3)

Pas chaud, Baie-Comeau. Selon Carol Lévesque, directeur général de la Société des parcs, même en été, la température nocturne dépasse rarement 10 °C. Il y a sûrement des Montréalais qui aimeraient bien aller dormir là-bas en pleine canicule. Mais quand même, trois petits mois sans gelée, et seulement quatre mois de jardinage actif, du début de juin à la fin de septembre, c'est bien peu. La plantation des annuelles? En général à la mi-juin.

Oh! il y a sûrement des jardiniers plus casse-cou que Carol, mais ils sont bien obligés, comme lui, de se plier aux rigueurs de la nature. Le plus irritant est sans doute le fait que le sol argileux et humide reste froid longtemps. Cela limite les cultures, évidemment, d'autant plus que le degré d'acidité est assez élevé. «Les gens doivent faire des analyses régulièrement, affirme Carol, pour s'assurer qu'ils travaillent avec du bon matériel.» Ils ajoutent de la tourbe de sphaigne pour adoucir la texture du sol et de la chaux pour en réduire l'acidité.

Si le climat est limitatif, apparemment les pépiniéristes le sont aussi. «Le tableau de rusticité devrait être contesté plus souvent, estime Carol. Certaines plantes sont plus résistantes que ce que suppose la cote de rusticité qu'on leur a attribuée. Le public se contente de ce qu'il voit, mais il devrait se montrer plus exigeant.»

La culture de légumes ne semble pas très développée dans la région mais, aux dires de Carol, la tradition du jardinage est encore jeune à Baie-Comeau. Pourtant le directeur de la Société des parcs a observé un nombre accru d'aménagements assez complets et pour lui, qui parcourt régulièrement les rues, l'aménagement des façades est de plus en plus soigné: «Ça embellit le cadre de vie; ça crée une ambiance.»

Mieux encore, le jardinage est, pour Carol, une façon de se réaliser et de vivre harmonieusement au rythme des saisons. Imaginez...

Voici les végétaux les plus cultivés dans le monde de Carol Lévesque:

Annuelles: impatiens, œillets d'Inde, pétunias.
Arbres: bouleaux blancs, pommetiers décoratifs, sorbiers.
Arbustes: ici, on emploie peu les arbustes: l'amélanchier et le sureau sont un peu utilisés, ainsi que les rosiers rustiques.
Bulbes annuels: dahlias.
Bulbes vivaces: quelques tulipes; par contre, il faut les mettre près des fondations de la maison et choisir une variété hâtive pour avoir des pousses en avril.
Conifères: épinettes et genévriers.
Vivaces: chrysanthèmes.

Le jardinage avec Raynald Arsenault à Bonaventure
(ZONE 4)

Raynald Arsenault aime tellement jardiner que même s'il vivait dans une zone de plus grande rusticité, il trouverait encore la saison trop courte pour cultiver tout ce qu'il aime.

Heureusement pour lui, dans son coin de Gaspésie, la Baie des Chaleurs offre aux jardiniers un microclimat qui leur permet de s'amuser dehors, en gros, de la fin de mai à la mi-septembre.

En creusant un peu, on s'aperçoit finalement que l'élément le plus contraignant pour Raynald, c'est le vent, dont la vitesse de croisière oscille entre 30 et 50 km/h. «On est presque obligé d'avoir des brise-vent, précise-t-il. Chez moi, j'ai installé une clôture de 2 m de hauteur tout le long du terrain et je dois quand même tuteurer tout ce qui dépasse 70 cm, dahlias et cosmos en tête.»

Par contre, Raynald n'a jamais eu de problème avec l'air marin. En aurait-il, qu'il se lancerait sans doute dans les collections de rosiers, de lilas et de potentilles qu'il sait assez résistants.

La terre? Non, elle n'est pas argileuse. Elle contient un peu trop de cailloux, mais sa nature sablonneuse lui confère des avantages certains: elle se draine bien et se réchauffe vite. N'empêche, Raynald enlève régulièrement des cailloux qu'il remplace par un volume équivalent de terre noire et de mousse de sphaigne, histoire d'augmenter la capacité en eau du sol.

Mais Raynald est un homme patient. Il n'y a rien à son épreuve. Il produit toutes ses fleurs à partir de la graine, compare les catalogues, essaie les nouveautés et passe l'hiver à imaginer les effets artistiques de ses futures plantations. Il cultive surtout des annuelles, dont il raffole, les pétunias en particulier. Il sème plus de 50 espèces de fleurs dès le début de février.

«Le jardinage fait partie de notre héritage, affirme-t-il par ailleurs. La majorité des gens ont un jardin. Ici, on est issu de la terre et pour ceux qui n'ont pas de terrain, il y a toujours les jardins communautaires.»

Côté décoration, les aménagements paysagers se sont généralisés avec le temps. Peu de jardins d'eau pour le moment, mais leur nombre augmente au fur et à mesure qu'on en parle. Apparemment, on en parle encore assez peu à Bonaventure, car il n'y a pas de société d'horticulture et les conférences sont rares.

C'est sans doute pour cela que Raynald souhaite que l'on dispense dans la région des cours de jardinage. Pour que tout le monde s'entoure de verdure, mais aussi «parce que c'est beau, les fleurs!». Tout simplement.

Voici les végétaux les plus cultivés dans le monde de Raynald Arsenault:

Annuelles: pétunias, géraniums, bégonias.
Arbres: érables, saules à feuilles de laurier.
Arbustes: chèvrefeuilles, potentilles, caraganas, sureaux.
Bulbes annuels: dahlias, tulipes, crocus.
Bulbes vivaces: tulipes, lis.
Grimpantes: on en voit très peu, en dehors du lierre de Boston.
Vivaces: lupins, phlox, lis tigrés.

Jeannette et Aldérice Béliveau sont retraités. Ils estiment que vivre en zone 4 limite beaucoup le choix des plantes, mais ils n'ont tout de même, à de rares exceptions près, comme l'aubergine, aucun problème à cultiver les plantes qu'ils aiment. La saison est assez longue, même s'il y a déjà eu des gelées à la mi-juin.

Malgré tout, ils commencent les semis de légumes à la mi-mai et rentrent les dernières récoltes vers la mi-octobre. La saison des annuelles est un peu plus courte: du 25 mai au 20 septembre, *grosso modo.*

Le jardin des Béliveau est entouré d'une haie de thuyas qui, combinée à la présence de la maison, offre une excellente protection. Le vent des montagnes, racontent-ils, peut assécher les plantes été comme hiver. C'est sans doute à cause de cela que magnolias et rosiers ont bien de la difficulté à s'établir chez eux.

La terre de Chelsea est forte en glaise. Nos jardiniers y remédient en incorporant régulièrement «de la bonne terre, du fumier de champignons et de la tourbe de sphaigne». Que ça doit donc être bon de plonger ses racines là-dedans!

Jeannette et Aldérice regrettent un peu de ne pas pouvoir trouver près de chez eux les plantes un peu rares dont ils aimeraient enrichir leur collection. Rien d'exceptionnel dans le choix offert dans les pépinières, disent-ils. Dommage! les Béliveau ont une grande cour arrière où ils aimeraient ajouter des plates-bandes... pour s'amuser un peu plus. Ils se consolent en attendant l'occasion d'un voyage pour aller faire le plein à l'extérieur de la région.

Parmi leurs plantes préférées, il y a d'abord les weigelas, bien qu'ils soient délicats, et les annuelles, sans parti pris aucun. Ils font aussi pousser quelques légumes, évidemment. Ils ont constaté que seulement un tiers de leurs voisins cultivaient un potager et encore pas toujours assez grand pour subvenir aux besoins domestiques.

Par contre, dans leur voisinage, il n'y a plus guère de «pelouses unies». Les aménagements paysagers sont en vogue. Avec des résultats variés: on voit encore des arbres trop près des maisons et les couleurs sont plus ou moins coordonnées. «Mais il y a une grosse évolution depuis 10-15 ans.»

Finalement, Jeannette et Aldérice adorent passer tout leur temps dehors de mai à juillet. C'est sans doute pourquoi ils souhaiteraient vivre en zone 6 et cultiver une belle terre moelleuse... avec un peu d'aide peut-être au printemps. Et après? Ils regarderaient pousser les plantes, c'est tout...

Voici les végétaux les plus cultivés dans le monde de Jeannette et Aldérice Béliveau:

Annuelles: pétunias, impatiens, œillets d'Inde.
Arbres: érables à sucre, érables rouges, bouleaux.
Arbustes: spirées, lilas, pruniers décoratifs, cornouillers.
Bulbes annuels: cannas, dahlias.
Bulbes vivaces: tulipes.
Grimpantes: clématites.
Vivaces: hostas, pivoines.

Le jardinage avec Lucie Pelletier à Chibougamau
(ZONE 2)

Lucie Pelletier est formelle: le jardinage prend de l'ampleur à Chibougamau depuis que les gens se sont rendu compte qu'ils pouvaient faire pousser bien des choses malgré la zone de rusticité où se situe leur ville. «C'est impressionnant!» constate-t-elle. Évidemment, la grande restriction, c'est la période de croissance qui est décidément un peu courte.

Jugez-en: les plantations d'arbres peuvent être entreprises vers la fin de mai, mais pas question d'installer les annuelles avant la fin de juin. Et vers la mi-septembre, c'est fini, les gels reviennent. Bon...

La bonne terre est difficile à trouver, affirme par ailleurs Lucie, qui ne se laisse pas démonter pour autant. La terre existante, noire et acide, peut être facilement améliorée. Au pire, on en achète de la toute préparée au centre-jardin local.

Lucie, dont la fleur préférée est l'hémérocalle, trouve que l'information disponible est assez limitée. Il y a les livres, bien sûr, et les employés des pépinières, mais à part ça, pas de conférences, pas de société d'horticulture.

Si les rendements en légumes varient chaque été selon le temps qu'il fait, Lucie recommande quand même aux jardiniers de s'équiper d'un abri pour protéger leurs cultures contre les gels fréquents.

L'aménagement paysager? «Une amélioration d'au moins 75 p. 100 au cours des 10 dernières années», affirme-t-elle. Parce que la saison est courte, les jardins d'eau ne sont pas très populaires.

Comme tous les jardiniers restreints par le climat, Lucie souhaiterait que Chibougamau se trouve en zone 4 ou 5. Mais son goût pour le jardinage ne faiblira pas pour autant. «Cette activité nous fait vivre près de la nature, de l'air pur et de la vraie vie, dit-elle. Si on met de l'amour et du soin à la pratiquer, la nature nous le rend bien et nous comble de joie en embellissant notre vie.»

Voici les végétaux les plus cultivés dans le monde de Lucie Pelletier:

Annuelles: toutes.

Arbres: pommetiers, frênes, érables à Giguère, érables de l'Amur, pruniers 'Shubert', sorbiers, bouleaux, lilas du Japon.

Arbustes: spirées 'Goldflame', 'Gold Mound' et 'Anthony Waterer', potentilles, rosiers rustiques, saules arctiques, symphorines, cotonéasters, caraganas, fusains, chèvrefeuilles, hydrangées paniculées, lilas, pruniers pourpres, sorbarias, viornes.

Bulbes vivaces: jonquilles, narcisses, jacinthes, crocus, tulipes, lis.

Conifères: thuyas en boule, thuyas noirs, genévriers horizontaux, genévriers 'Wichita Blue', épinettes du Colorado, épinettes bleues naines.

Grimpantes: vignes vierges et chèvrefeuilles.

Vivaces: iris, hémérocalles, œillets, campanules, ancolies, achillées, ajugas, asters, rudbeckies, bergénias, delphiniums, dicentras, gaillardes, hostas, lupins, monardes, pivoines, pavots, phlox, saxifrages, sidums.

Le jardinage avec Gaétane Tremblay à Chicoutimi
(ZONE 3)

Gaétane Tremblay trouve que le jardinage, entre autres choses, l'aide à se ressourcer pour affronter l'hiver. Un hiver trop long évidemment, comme les hivers de tous les jardiniers québécois. Et un été éphémère par-dessus le marché, déplore-t-elle, un peu désolée.

Pourtant, elle jardine quand même de la mi-mai environ jusqu'à la mi-septembre, «quand on a un bel automne».

La terre est argileuse, «mais quand les étés sont secs, ça permet aux plantes de mieux s'alimenter». Gaétane prend soin de l'améliorer régulièrement avec du fumier de cheval, de la sciure de bois et de la tourbe de sphaigne. Celle-ci joue d'ailleurs un autre rôle: celui de fournir à ses plantes préférées, rhododendrons et bruyères, l'acidité dont elles ont besoin.

«Nos centres-jardin ont fait des progrès énormes sur le plan de l'approvisionnement, félicite Gaétane. Si on veut une plante qu'ils n'ont pas, ils vont tout faire pour la trouver.» C'est un peu sous la pression populaire que les commerces locaux augmentent leur inventaire de plantes qui s'adaptent à la région.

D'ailleurs, Gaétane prise beaucoup l'avis de ces spécialistes au sujet du développement réel des nouveautés. «J'aime consulter les catalogues, dit-elle, mais je ne me fie pas toujours à la hauteur qu'ils indiquent. Souvent, chez nous, les plantes poussent moins haut.»

Elle est d'avis que la vogue des aménagements paysagers est en partie due à un retour au naturel généralisé: «Sans herbicide, les mauvaises herbes sont plus envahissantes. Pour éviter ça, on réduit la dimension des pelouses ou on cultive des légumes.»

Et puis, c'est tellement plus agréable de recevoir ses amis, de respirer, de vivre dans une cour fleurie et personnalisée. «Ma cour, c'est le prolongement de ma maison», lance une Gaétane conviviale.

Voici les végétaux les plus cultivés dans le monde de Gaétane Tremblay:

Annuelles: géraniums, impatiens, surfinias (c'est l'euphorie totale depuis deux ans), bégonias.

Arbres: (on est assez limité) érables, ormes de Sibérie (on a de la misère à les démarrer, mais quand ils sont partis, ça va), conifères.

Arbustes: potentilles, spirées, hydrangées (différentes espèces).

Bulbes vivaces: crocus, jacinthes, tulipes, lis.

Grimpantes: clématites et plusieurs familles de vignes vierges (la vigne *Engelmannii* n'est pas tuable!).

Vivaces: phlox, sédums, pulmonaires, hémérocalles, muguet (ça pousse comme du chiendent).

Le jardinage avec Aline Viau à Coaticook

(ZONE 3-4 SELON LES SOURCES)

Aux dires d'Aline Viau, la région de Coaticook est très forte en jardinage. Même les gens qui vivent en appartement décorent leur balcon. Les autres, sans doute influencés par le Concours «Villes, villages et campagnes fleuris», se lancent dans de beaux aménagements où les vivaces semblent recevoir la faveur populaire, spécialement les espèces à floraison prolongée. Et pour les assoiffés de connaissances, il y a les conférences de la Société d'horticulture de Sherbrooke où les échanges de plantes vivaces sont très courus.

Naturellement, dans cette région maraîchère, chacun cultive son petit lopin pour la consommation domestique. «Pas parce que c'est économique, affirme Aline, mais parce que ça fait partie de nos mœurs.»

Sa terre est noire et argileuse et elle doit l'améliorer avec du compost, de la chaux et un peu de bonne terre équilibrée. Chose certaine, une fois mélangée à ces ingrédients, sa terre doit se réchauffer plus facilement. Ce qui ne permet cependant pas, dans la plupart des cas, de planter avant le début de juin.

Les rosiers rustiques et les seringats figurent parmi les plantes qui intéressent le plus Aline. Elle consulte les catalogues mais n'achète jamais par correspondance. «Trop de tracas si les plantes arrivent en mauvais état.»

Le défi pour cette jardinière qui a réalisé son vieux rêve de «travailler avec les fleurs», c'est de trouver de nouvelles plantes adaptées à la région. «Quand on y arrive, raconte-t-elle, les clients reviennent plusieurs fois dans la saison pour surveiller les nouveaux arrivages.»

Voici les végétaux les plus cultivés dans le monde d'Aline Viau:

Annuelles: impatiens, pétunias, géraniums, pensées.

Arbustes: hydrangées, philadelphus, spirées, potentilles.

Bulbes annuels: glaïeuls, dahlias, bégonias tubéreux.

Bulbes vivaces: tulipes, crocus, jacinthes. Ils ont du succès car de plus en plus, les gens veulent passer moins de temps à travailler au jardin. Ils aiment jardiner, mais veulent profiter de leurs plantes.

Grimpantes: clématites, chèvrefeuilles.

Vivaces: hémérocalles, hostas, astilbes, le géranium 'Ballerina'.

Le jardinage avec Normand Cornelier à Drummondville
(ZONE 5)

Normand Cornelier a déjà travaillé au Jardin botanique de Montréal. Pas étonnant qu'il aime expérimenter et jouer avec Dame Nature. Mais maintenant, c'est pour se distraire, se détendre.

Même si Drummondville n'est pas si loin de Montréal, il trouve que la saison y est plus courte. Il jardine activement du début de mai à la mi-septembre et consacre une bonne partie de son temps à bichonner ses vivaces, les hostas en particulier, qu'il collectionne.

En tant que président de la Société d'horticulture locale, il met un point d'honneur à partager ses passions avec les membres. Il invite des conférenciers une fois par mois et recrute beaucoup parmi la jeune génération, «pour lui donner le goût de la beauté et de la nature».

Pour son grand plaisir, l'éventail de plantes que l'on peut cultiver dans la région est très large. «À 98 p. 100, je trouve tout à Drummondville, ajoute-t-il. Ce qui manque, je vais le chercher à Montréal.»

En matière d'aménagement paysager, Normand estime qu'il y a une bonne intégration de la pelouse aux plates-bandes. «Mais ce sont toujours les mêmes paysagistes qui font toujours les mêmes choses, regrette-t-il. On ne se renouvelle pas beaucoup.»

Normand est philosophe et sait bien qu'une fois les grandes lignes de l'aménagement déterminées, les propriétaires, même les plus profanes, finissent par changer les plantes de place, par en ajouter de nouvelles, par personnaliser la création à leur image... lentement mais sûrement.

Il a aussi un joyeux sens de l'humour. Son grand souhait? Que le printemps arrive vraiment en mars. Il faudra en parler à qui vous savez...

Voici les végétaux les plus cultivés dans le monde de Normand Cornelier:

Annuelles: impatiens, bégonias, sauges… On les a toutes!
Arbres: l'éventail complet.
Arbustes: quelques-uns ne poussent pas: le cotonéaster et l'if, par exemple.
Bulbes annuels et bulbes vivaces: Tous.
Grimpantes: clématites. La vigne vierge de Boston ne pousse pas.
Vivaces: À peu près de tout, sauf les espèces les plus nouvelles.

Le jardinage avec Wilma Zomer à Gaspé
(ZONE 4)

S'il fallait choisir la plus belle expression de l'amour du jardinage, la palme irait sûrement à Wilma Zomer. «Je ne peins pas, je ne sculpte pas, je n'écris pas. Jardiner, c'est mon art à moi», est-il gravé dans son cœur.

Quand elle jardine, c'est comme si Wilma sentait la nature et les fleurs de l'intérieur. On dirait qu'elle perçoit leurs moindres vibrations dans un langage qui passe par le subconscient et qui s'exprime par l'intuition.

Quand elle se promène, le matin, son café à la main, autour des plates-bandes de vivaces, elle se sent inspirée. Pas surprenant. Ses plates-bandes regorgent d'espèces à grand déploiement: lis, iris, pivoines et hémérocalles. Un superbe spectacle aux couleurs chatoyantes! Difficile d'avoir des préférées à ce compte-là. Pourtant, son cœur penche légèrement du côté des lis, car leurs fleurs durent longtemps aussi bien au jardin que dans un vase. «En plus, ils poussent facilement, dit-elle, et ils sont civilisés: ils ne s'étendent jamais trop. Et puis... quand je n'ai pas le temps de m'occuper d'eux, ils me pardonnent.»

Wilma sème ses «premières affaires» à la mi-mai et s'occupe du potager jusqu'à la mi-octobre. Dans son coin de pays, la culture des légumes est chose courante. Elle ne fait donc pas exception. C'est sans doute dans sa préparation qu'elle se démarque un peu. Elle améliore la terre sablo-argileuse avec beaucoup de matière organique, et ajoute de la chaux pour rectifier l'acidité.

De plus, elle a planté des pins sylvestres comme brise-vent le long de la route. Malgré tout, les rosiers rustiques 'Agnès', les bruyères et les véroniques lui donnent toujours quelque difficulté. Heureusement, pour compenser, l'éventail de plantes disponible est de plus en plus vaste. En outre, la Société d'horticulture locale effectue des essais avec ses membres. Les fournisseurs commencent à tenir compte de leurs découvertes et à vendre des espèces qui sortent de l'ordinaire.

Et Wilma rêve de ne plus travailler et d'engager un jardinier pour l'aider à aménager son sous-bois, déjà bien entrepris...

Voici les végétaux les plus cultivés dans le monde de Wilma Zomer:

Annuelles: géraniums, pétunias.
Arbres: bouleaux pleureurs, pommetiers, érables à feuilles rouges et de plus en plus d'érables de Drummond.
Arbustes: spirées, hydrangées, caraganas (beaucoup), rosiers (ça commence à être à la mode).
Bulbes annuels: glaïeuls, dahlias.
Bulbes vivaces: tulipes, narcisses, iris.
Grimpantes: chèvrefeuilles, vignes vierges d'Engelmann.
Vivaces: hémérocalles, phlox.

Le jardinage avec Laurette Deveau, Rita Vigneau et Jean-Yves Lapierre aux Îles-de-la-Madeleine
(ZONE 5)

Les Îles-de-la-Madeleine sont zonées 5 en raison de leur situation maritime, mais les vents limitent beaucoup la créativité des jardiniers. D'ailleurs, observez bien, les grands arbres y sont rares, voire inexistants, et les épinettes, torturées, sont littéralement sculptées par la bourrasque.

Jean-Yves Lapierre a bien planté quelques arbres, mais en attendant qu'ils atteignent la hauteur voulue, il abrite ses plantations derrière une clôture. Chose certaine, sans brise-vent, il ne conçoit pas la culture des arbres à fleurs et à fruits, comme beaucoup de jardiniers d'ailleurs. Rita Vigneau, par exemple, qui ajoute les rosiers hybrides à la liste. Quant à Laurette Deveau, elle estime que les brise-vent, «c'est surtout pour le potager et on doit s'assurer d'avoir des vivaces qui ont une bonne tige», comme les lupins qui fleurissent abondamment la façade de sa maison, fossé compris.

Une fois la maîtrise du vent acquise, Jean-Yves, Rita et Laurette ne se sentent pas trop restreints dans leurs activités. Il y a bien sûr l'air marin qui, associé au vent, a une forte tendance à brûler les feuilles. Una-nimement, les saules sont élus vedettes de la résistance, accompagnés, plus loin derrière, par les sorbiers, les aubépines et les peupliers.

Le potager de Laurette Deveau.

318

Le jardinage insulaire commence autour du 15 mai et se termine vers le 15 octobre avec la fin de la plantation des bulbes vivaces. Une période de croissance que nos trois jardiniers trouvent un peu courte tout de même. Mais, comme le résume si bien Jean-Yves: «J'aime cultiver. Ce sera toujours trop court!»

La terre des Îles, cette terre rougeâtre qui paraît si bien sur les photos des touristes, ne fait pas du tout le bonheur des jardiniers, même si le fer qu'elle contient donne une belle couleur verte à tout ce qui pousse. C'est un véritable cri du cœur: il n'y a aucun avantage à la cultiver telle quelle. Elle est trop lourde et trop compacte. Laurette, Rita et Jean-Yves la rendent moelleuse et légère, chacun à sa manière, avec du sable et du compost auxquels ils ajoutent une matière organique abondante dans la région: les algues. Après tout, les premiers agriculteurs québécois des régions maritimes se servaient déjà de ce produit de la mer.

Aux Îles, la grande lacune, pour les amoureux du jardinage, c'est l'approvisionnement. La densité de la population est faible et par conséquent les commerces sont rares et dispersés. En plus, denrées et végétaux sont transportés par bateau...

Rita, Laurette et Jean-Yves sont bien conscients que les restrictions dans les arrivages ne se résorberont pas du jour au lendemain, mais ils comptent beaucoup sur le réseau Internet pour faciliter la transmission de l'information. Quand un grand nombre de personnes seront au courant, les choses bougeront plus aisément. En attendant, nos trois jardiniers se plongent dans les revues et dans les livres. Ils rencontrent régulièrement d'autres jardiniers des Îles, pour échanger des plantes. Mais les conférences sont rares, faute de conférencier.

Avec le temps, Jean-Yves est devenu un grand amateur de vivaces. Sa plate-bande fait 250 m de longueur et l'on retrouve ici et là d'autres valeurs sûres, rosiers et arbustes réputés pour leur solidité.

Laurette aussi adore les vivaces, en particulier les pivoines qui, pour elle, remplacent presque les roses. De sa maison, le regard embrasse d'un seul coup d'œil le potager, la terre rouge et le golfe. Elle estime à 20 p. 100 le nombre de résidences où l'on cultive des légumes. «Surtout chez les jeunes», renchérit Jean-Yves.

Les amours de Rita au jardin, ce sont les rosiers et les lilas. Parlez-lui de parfum, elle pensera... douceur.

Dans cette région du Québec très particulière, comment s'étonner que les pelouses prennent encore bien de la place? Pourtant, toutes les maisons ont leur petit coin fleuri. Les aménagements paysagers tels qu'on les connaît dans les centres urbains sont plutôt rares. Les paysagistes aussi, il faut bien l'admettre. Mais, comme le dit Rita, il y a un effet d'entraînement au fur et à mesure que les jardiniers prennent de l'assurance et s'initient aux techniques élémentaires d'aménagement paysager.

Laurette aimerait bien pouvoir compter sur une personne-ressource pour augmenter son savoir. Jean-Yves, lui, souhaiterait sans doute être cette personne-ressource. Quant à Rita, elle rêve de consacrer tout son temps à ses fleurs. Trois façons différentes de s'exprimer, mais une seule grande motivation: un formidable sentiment d'appartenance à la nature. Et Dieu sait si la nature est présente aux Îles...

Voici les végétaux les plus cultivés dans le monde de Laurette Deveau:

Annuelles: cosmos, soucis, œillets, pensées.
Arbres: saules, pins, épinettes, mélèzes.
Arbustes: potentilles, rosiers, caraganas.
Bulbes annuels: dahlias.
Bulbes vivaces: lis asiatiques, tulipes, narcisses, jonquilles.
Grimpantes: pois de senteur.
Vivaces: pivoines, sédums d'automne, lupins.

Voici les végétaux les plus cultivés dans le monde de Rita Vigneau:

Annuelles: pétunias, pensées, soleils, pavots, alyssums.
Arbres: sorbiers, mélèzes.
Arbustes: lilas, potentilles.
Bulbes annuels: dahlias.
Bulbes vivaces: lis, jonquilles.
Grimpantes: rosiers grimpants.
Vivaces: armoises, sédums, lupins, pâquerettes, euphorbes.

Voici les végétaux les plus cultivés dans le monde de Jean-Yves Lapierre:

Annuelles: impatiens, bégonias, pétunias, soucis, alyssums, pensées, lobélias, soleils, capucines, cosmos.
Arbres: sorbiers, érables, mélèzes, saules (très communs).
Arbustes: lilas, spirées, rosiers.
Bulbes annuels: glaïeuls, dahlias.
Bulbes vivaces: perce-neige, tulipes, jacinthes, jonquilles.
Grimpantes: vignes vierges.
Vivaces: sédum (tous les genres), armoises, euphorbes.

Le jardinage avec Réjean Boivin à Jonquière

(ZONE 4)

Réjean Boivin est président de la Société d'horticulture de Jonquière. Sa conception du jardinage est pour le moins originale, un mélange intime de calcul et d'émotion. Ne dit-il pas: «Voir fleurir une fleur, c'est chaque fois un émerveillement. Chaque fleur est un chef-d'œuvre.» En particulier les fuschias, n'est-ce pas Réjean? Dommage qu'ils soient un peu capricieux. «Je ne sais pas ce que je fais de pas correct, admet-il, mais ça ne marche pas.»

Comme tout jardinier de longue date, il est curieux et n'hésite pas à tenter l'impossible. «Nos commerçants vendent des plantes qui ne sont pas toujours destinées à notre climat. Ça pousse pareil, mais c'est difficile à garder.»

En fait, y a-t-il vraiment quelque chose à l'épreuve de Réjean? La terre argileuse est trop dure? Il creuse à 30 cm de profondeur et la remplace par de la terre préparée. Le vent du nord est agressif? Il plante des épinettes et double cet écran d'une clôture couverte de vignes vierges. À ce sujet, il a une grande ambition: «À un moment donné, je vais finir par contrôler le vent», promet-il.

Méticuleux, quand le printemps arrive il est fin prêt. Son jardin est planifié d'avance à 90 p. 100, mais quand il y a des trous, il se laisse quand même guider par ses impulsions: «Je vais dans un centre-jardin voir s'il y a de quoi qui me sourit.»

Pour ses achats, Réjean met sa confiance dans les pépiniéristes locaux et déplore la multiplication des points de vente. «Il pleut des vendeurs de plantes. Il y en a presque trop», lance-t-il. Ceux qui sont de trop, ce sont évidemment ceux qui ne font que vendre sans conseiller adéquatement.

Les conseils, Réjean les trouve généralement dans les livres, mais aussi, bien sûr, dans les conférences de la Société d'horticulture qui organise par ailleurs des visites de jardins et publie un bulletin.

Toutes ces activités n'ont pas empêché, selon lui, une baisse sensible du nombre de potagers domestiques. Philosophe, il se résigne. «Avoir un potager, c'est une expérience, explique-t-il. Une fois qu'on a vu comment ça poussait, on peut arrêter l'expérience et aller au marché.»

Par contre, plus ça va, plus les gens mettent un point d'honneur à embellir leur environnement. «Il y a environ 15 p. 100 de maniaques qui ont des terrains extraordinaires. Quelque 60 p. 100 aménagent normalement, avec coquetterie. Les autres... ils ont les arbres de la ville, point!»

Dans son aménagement à lui, Réjean préfère la façade parce que, là, il sait exactement ce qu'il veut. Sa cour est beaucoup moins avancée et il a l'impression de ne pas en avoir le contrôle: «J'haïs déménager les plantes! Plante, déplante... C'est du temps perdu.» Bof!

Voici les végétaux les plus cultivés dans le monde de Réjean Boivin:

Annuelles: bégonias, œillets d'Inde, alyssums, pétunias, géraniums.
Arbres: érables, bouleaux, frênes, épinettes bleues.
Arbustes: caraganas, potentilles, rosiers, spirées.
Bulbes vivaces: narcisses, tulipes, jonquilles.
Grimpantes: vignes vierges. Plusieurs essaient la clématite, mais ce n'est pas facile à réussir.
Vivaces: hostas, iris, pensées, hémérocalles (assez peu), pivoines.

Le jardinage avec Graziella Ouellet au Lac Lamothe, près d'Amos
(ZONE 2)

Graziella Ouellet est plus connue sous le nom de Grazie depuis qu'elle a gagné des prix de Maison fleurie, et surtout depuis que ses talents de jardinière ont enrichi le patrimoine touristique de la région. *Le jardin de Grazie,* situé sur les rives de la rivière Harricana, est en effet ouvert au public du 15 juillet au 30 août et exhibe fièrement ses quelque 300 espèces et variétés de plantes vivaces horticoles et indigènes.

Il est frappant de constater que la période pendant laquelle Grazie jardine s'étend du 20 mai environ jusqu'à la fin de septembre. «Mais je profite d'un microclimat, explique-t-elle, qui me permet de cultiver certaines plantes de zone 4, alors que je suis en zone 2. Les autres jardiniers commencent rarement avant le début de juin.»

Malgré ce privilège, Grazie trouve que ce qui marque le plus le jardinage dans sa région, ce sont les variations climatiques d'une année à l'autre: printemps froid et automne chaud, et vice versa. Chez elle, le microclimat est en partie redevable aux brise-vent qu'elle a plantés autour de son jardin. Sans eux, estime-t-elle, les rosiers, les delphiniums, les ancolies, les tomates et les poivrons ne résisteraient pas.

La terre, plutôt argileuse, est riche si elle est bien travaillée, affirme notre passionnée. Par contre, elle se réchauffe lentement au printemps. C'est sans doute la raison pour laquelle Grazie utilise beaucoup les plantes indigènes, qu'elle intègre aux plantes vivaces les mieux adaptées. Elle n'a pas de gros problème d'approvisionnement pour ces deux sortes de plantes, mais elle déplore que les pépiniéristes n'élargissent pas le choix qu'ils offrent du côté des arbustes à fleurs.

De toute façon, ce sont les lis qui ont sa faveur, le lis du Canada en particulier. «Ces bulbes peuvent rester plusieurs années en terre à condition qu'on les engraisse à la poudre d'os, tous les automnes. En plus, ça les aide à passer l'hiver.»

Le concours «Villes, villages et campagnes fleuris» semble avoir réveillé des vocations de jardiniers dans cette région de l'Abitibi. «Il y a une nette amélioration sur les terrains, précise Grazie. Les balcons sont fleuris et beaucoup de potagers font maintenant partie de la décoration.»

Son amour du jardinage, Grazie dit l'avoir hérité de ses parents. Amour démesuré, diront certains, car le plus grand souhait de cette véritable personnalité locale est de voir l'Abitibi-Témiscamingue transformée en grand jardin biologique fleuri.

Voici les végétaux les plus cultivés dans le monde de Graziella Ouellet:

Annuelles: bégonias, pétunias, lobélies, tagètes.

Arbres: bouleaux, cerisiers, amélanchiers, saules, érables de Pennsylvanie, érables argentés, lilas, épinettes blanches, oliviers de Bohème, pins gris, mélèzes, frênes.

Arbustes: amélanchiers, chèvrefeuilles, lilas, cornouillers argentés, potentilles, cèdres pyramidaux, ifs indigènes.

Bulbes annuels: anémones, freesias.

Bulbes vivaces: jonquilles, narcisses, crocus, perce-neige, tulipes.

Grimpantes: vignes vierges, clématites.

Vivaces: lis asiatiques, dahlias, aconits, sédums, lupins, iris versicolores, hémérocalles, ciboulette, thym.

Le jardinage avec Laval Fortier à Lac-Mégantic
(ZONE 4)

Laval Fortier fera sûrement des envieux. Si la terre des environs est généralement noire, celle sur laquelle est installé son jardin a déjà reçu les bienfaits organiques répétés d'un troupeau de vaches bien intentionnées... du temps où c'était la campagne! «On peut faire pousser n'importe quoi et ça pousse vite», lance-t-il. Je comprends!

N'importe quoi, pour lui, c'est tout! Il essaie tout ce qui lui plaît et l'approvisionnement est large, dit-il. Si ça ne marche pas ou si ce n'est pas tout à fait à son goût, il ne renouvelle pas l'expérience et passe à autre chose.

Laval a tellement l'embarras du choix qu'il n'a pas de plante préférée. «Je les trouve toutes belles», déclare-t-il sans équivoque. Surtout les vivaces, quand même, à cause de leur permanence et du large éventail d'espèces.

À l'abri des montagnes et des bois environnants, notre jardinier commence à jouer dehors vers la mi-mai et étire le plaisir jusqu'à la fin de septembre. Il se relaxe au milieu des fleurs et dans son grand potager, surtout le soir au retour du travail. «Ça vaut au moins dix minutes de sommeil, estime-t-il, et ça change le mal de place.»

C'est vrai qu'il doit avoir beaucoup de plaisir à regarder son petit monde végétal grandir, fleurir et produire: ça pousse tout seul! En plus, il est à l'abri du vent et il y a peu de gazon à tondre.

La seule chose qui heurte un peu la bonne humeur de Laval, c'est le climat. Il a du mal à admettre que dans sa région, le réveil de la nature se fasse parfois un mois plus tard qu'à Montréal. Mais il est un éternel optimiste et il jardine en harmonie avec la nature. Ce qui ne l'empêche pas de souhaiter de toutes ses forces «qu'il fasse beau à l'année longue».

Voici les végétaux les plus cultivés dans le monde de Laval Fortier:

Annuelles: pétunias, géraniums.
Arbres: thuyas, sapins, pommiers, cerisiers, pruniers.
Arbustes: cèdres, sorbiers, érables.
Bulbes vivaces: tulipes et jonquilles.

Le jardinage avec Denise Caron à La Sarre
(ZONE 2)

Denise Caron se demande parfois comment il se fait qu'elle puisse cultiver pendant sept ou huit ans des plantes de zones 3, 4 et même 5. «C'est un mystère», dit-elle. Il faut dire qu'elle a des complices. Les pépiniéristes locaux commandent tout ce qu'elle veut. «C'est à mes risques et périls, mais si je les veux, je les ai», fait-elle remarquer. On ne rétorque pas à tant de fermeté dans le désir, n'est-ce pas? Surtout lorsque l'on sait que Denise fonctionne beaucoup par coups de cœur. «Je regarde ce qu'il y a de nouveau et je me dis: cette année, c'est ça! affirme-t-elle. Ce n'est pas planifié comme une liste d'épicerie.»

Comme beaucoup de grands amoureux du jardinage, Denise a un mal fou à déterminer quelle est sa plante préférée. Pourtant, le surfinia l'attire beaucoup et elle a un faible très évident pour les rosiers hybrides de thé. «C'est comme l'attrait du fruit défendu, raconte-t-elle. Quand j'arrive à faire fleurir ces plantes délicates pendant deux ou trois ans, je me trouve pas mal bonne!»

Denise jardine de la mi-mai à la mi-septembre. Elle plante, entretient, décore, embellit son bout de rue. Et les voisins? «C'est à peu près moitié-moitié, estime-t-elle. Les aménagements paysagers ne sont pas très élaborés mais ils sont assez beaux pour donner un sourire à la rue.»

Denise ne se limite pas aux fleurs. Elle cultive aussi des légumes, par goût personnel, pour leur saveur fraîche et aussi... pour les regarder pousser dans la bonne terre qu'elle a confectionnée patiemment à partir d'une terre jaune bien ordinaire. Elle l'a tellement améliorée que les plantes sont très vigoureuses et produisent beaucoup.

Le climat? Elle s'en contente. Elle a installé des brise-vent. N'empêche! Elle aimerait bien que l'Abitibi passe en zone 5... sans changer de place. Où sont donc les magiciens?

Mais rien ne pourra empêcher Denise de passer son temps au jardin, car jardiner est devenu pour elle bien plus qu'une évasion. C'est presque une religion. «C'est quand j'ai les deux mains et les deux pieds dans la terre noire, dit-elle, que je me sens le plus proche de Dieu.»

Voici les végétaux les plus cultivés dans le monde de Denise Caron:

Annuelles: les pétunias (n'importe lesquels).
Arbres: cerisiers 'Shubert', pommetiers.
Arbustes: la potentille jaune ou blanche.
Bulbes annuels: glaïeuls (beaucoup) et des variétés de petits iris.
Bulbes vivaces: toutes les variétés de tulipes et les jacinthes poussent très bien.
Grimpantes: à part la vigne vierge d'Engelmann, elles ne résistent pas ici.
Vivaces: beaucoup de pivoines et de delphiniums.

Le jardinage avec Françoise Charbonneau et le couple Lorraine Desjardins et Oliver Osmonde-White à Laval

(ZONE 5)

Dans leur grand jardin de Sainte-Dorothée, Lorraine Desjardins et Oliver Osmonde-White ont composé une symphonie de couleur et de verdure qui, avec les concerts publics qu'ils donnent sur le site, constitue un véritable spectacle son et lumière.

Tout, autour d'eux, favorise le jardinage. Ils sont bien protégés du vent; la terre est belle naturellement et ne demande qu'un peu de compost chaque année. Bref, «on n'a pas à se batailler avec les éléments», résume Lorraine. Pour ajouter à son bonheur, les pépinières sont abondamment pourvues en toutes sortes de plantes. «Si on demande, on trouve», assure-t-elle.

Même son de cloche du côté de Françoise Charbonneau qui réside dans un autre secteur de Laval. «J'ai accès à un large éventail, dit-elle, et je ne suis pas limitée à un seul détaillant. Je magasine aussi en fonction des nouveautés.»

Chez elle, par contre, la terre est un peu plus coriace si elle n'est pas améliorée avec, par exemple, de la terre préparée commercialement. Elle reste quand même une bonne terre agricole, parfaite pour la culture maraîchère. Et on connaît la réputation de Laval en la matière...

Selon Françoise, cela n'empêche cependant pas les jardiniers de tous âges de cultiver leur jardinet, surtout des légumes d'été et, de plus en plus, des fines herbes. Elle commence à jardiner vers le 15 avril; Lorraine et Oliver, quant à eux, débutent quand les lilas sont en fleurs, mais tous trois prolongent le plaisir loin au cœur de l'automne, jusqu'au début de novembre.

Nos deux musiciens jardiniers ont une façon bien à eux de choisir leurs plantes. «Celles qui nous intéressent le plus, explique Lorraine, ce sont celles qui s'intègrent le mieux à un lieu donné et qui y vivent bien. Dans la rocaille, par exemple, je vais mettre des hémérocalles et des mousses, pas de yuccas. Près de la piscine, c'est l'hibiscus qui a la vedette. Ailleurs, je ne l'aimerai pas. Tout est pensé, calculé, mais ça a l'air sauvage.»

La préférence de Françoise va plutôt du côté des annuelles. Pas une en particulier. Toutes. «Elles sont faciles à cultiver, explique-t-elle, même pour ceux qui n'ont pas le pouce vert. Plantez-les dans un bon sol, arrosez-les, ensuite vous n'avez qu'à les regarder pousser avec amour.» Une belle recette de vacances d'été...

Françoise, qui trouve dans le jardinage un passe-temps bien adapté à son rythme et à ses goûts, souhaiterait qu'on n'ait plus besoin d'utiliser de pesticides et, dans cet esprit-là, que les chercheurs développent des variétés résistantes aux parasites. Quant à Lorraine, elle voit dans les fleurs une façon romantique de réinventer la beauté tout en se laissant aller à toutes ses folies...

Voici les végétaux les plus cultivés dans le monde de Lorraine Desjardins et d'Oliver Osmonde-White:

Annuelles: pétunias, géraniums, impatiens, cosmos, bégonias.

Arbres: érables, cèdres, épinettes du Colorado.

Arbustes: lilas, genévriers.

Bulbes annuels: glaïeuls, dahlias.

Bulbes vivaces: tulipes, jacinthes, lis.

Grimpantes: clématites, rosiers grimpants.

Vivaces: astilbes, hostas, rudbeckies, campanules, liatris, muguet.

Voici les végétaux les plus cultivés dans le monde de Françoise Charbonneau:

Annuelles: impatiens, pétunias.

Arbres: érables rouges, épinettes.

Arbustes: spirées, potentilles.

Bulbes annuels: cannas, dahlias.

Bulbes vivaces: tulipes, crocus.

Grimpantes: clématites, mais avant tout, vignes vierges d'Engelmann.

Vivaces: phlox subulata, hémérocalles.

Le jardinage avec Stanislas Bouchard aux Éboulements
(ZONE 3)

«Êtes-vous le plus grand jardinier de la région?» ai-je demandé à Stanislas Bouchard en l'apercevant pour la première fois. «Non, le plus petit!» répondit-il en faisant allusion à sa taille. Ce jardinier de 81 ans, vert comme un jeune pommier, possède un joyeux sens de l'humour. Modeste, il ne se prend pas au sérieux, même si sa réputation dépasse de loin les limites de la municipalité.

Son jardin, situé en bordure de la route 138, est un mélange de légumes et de fleurs annuelles. La préférence de Stanislas pour ces deux catégories de plantes est très nette et il sait s'en servir pour créer de chatoyants spectacles végétaux. À neuf reprises, il a gagné le premier prix du concours *Maisons fleuries*. «Je jardine pour le plaisir, pas pour épater la galerie», assure-t-il. De plus, il loue ses services à

Jardin de Stanislas Bouchard, Les Éboulements.

une dizaine de personnes des environs intéressées à tirer profit de son talent. Durant l'été, il peut passer jusqu'à 18 heures par jour à s'occuper de ses fleurs et de celles des autres.

Mais la touche originale de ce «grand» petit jardinier n'est pas seulement une question de talent. Il a étudié le jardinage à Baie-Saint-Paul et suivi des cours en aménagement paysager à l'ITAA de Saint-Hyacinthe pendant 10 semaines alors qu'il avait plus de 75 ans. Et il se propose d'y retourner 10 autres semaines!

Stanislas cultive jusqu'à 62 variétés de fleurs annuelles, cosmos, cléomes, immortelles, coquelicots, etc., sans oublier ses préférées: les mufliers et les reines-marguerites «échevelées» 'Nova'.

«Avec elles, j'ai toujours des fleurs quand je veux, déclare-t-il. Quand j'en vois une s'ouvrir, j'ai l'impression que c'est un petit bébé qui vient au monde.»

C'est par amour de la terre que Stanislas cultive un tel jardin depuis près de 20 ans, un amour qui lui a été transmis par quatre générations d'agriculteurs avant lui. Avec le temps et tout en prenant plaisir à jardiner, il a développé un véritable tempérament de chercheur. Après plusieurs tests, il a découvert, par exemple, que les variétés de maïs qui arrivent à mûrir chez lui, sont: 'D'Artagnan' et 'Délice de Bourgogne', et que la meilleure variété de betteraves est 'Reine de Ruby'.

Il aimerait bien cultiver des artichauts, mais le vent qui souffle sur le plateau élevé où il a aménagé son jardin ne le lui permet pas. De toute façon, son légume de prédilection, c'est la gourgane. «J'en sème jusqu'à 100 livres, précise-t-il, et j'en récolte 250 poches.»

C'est au début de juin qu'il sème et qu'il plante au jardin, mais sa production de jeunes plants a commencé dans une serre voisine en janvier, février et mars. Très proche de la nature, il «consulte» la lune pour décider des dates de semis et des plantations. Selon lui, cette méthode est beaucoup plus fiable que «les petites madames de la télévision» quand il s'agit de prévoir le temps qu'il fera. Il affirme cependant que les premiers gels d'automne arrivent vers la fin de septembre.

Vigoureux et en santé, Stanislas dit devoir une partie de sa forme à la consommation régulière de légumes. «Si les gens connaissaient mieux les bienfaits des légumes, ils les apprécieraient mieux», lance-t-il avec conviction. D'ailleurs s'il n'en tenait qu'à lui, il y aurait des cours obligatoires sur les légumes dans toutes les écoles pour que l'on apprenne dès le plus jeune âge à bien s'alimenter.

Le jardinage avec Camil Millette à Magog
(ZONE 4)

Camil Millette est responsable de l'entretien des parcs et des espaces verts de Magog. Technicien forestier de formation, il a la nature dans le sang et le jardinage aussi, évidemment, d'autant qu'il jardine à la fois pour lui et pour la ville. Et il jardine longtemps. La taille des arbres commence à la mi-mars; le nettoyage, le binage et le sarclage, vers la mi-avril. À l'autre bout de l'été, il ferme les parcs vers le 15 octobre.

Le plus gros obstacle au jardinage dans la région? Le vent, dont la vélocité, été comme hiver, s'accroît vigoureusement dans le corridor du lac Memphrémagog. Conséquence: la rusticité est sensiblement plus basse que celle qu'on annonce officiellement.

À la ville, on a remédié partiellement à cela en plantant des haies de *Syringa villosa* (lilas) et d'*Acer ginnala* (érable de l'Amur). «Ça fonctionne, assure Camil, mais on s'en tient quand même à des espèces dont on est sûr de la rusticité: tilleuls, frênes de Pennsylvanie, potentilles, pruniers pourpres, philadelphus. Parmi les vivaces, les hostas se comportent très bien alors que les astilbes boudent un peu.»

Pour donner aux plantes sélectionnées les meilleures chances de survie et d'épanouissement, Camil mélange du compost à la terre argileuse. Pendant l'été, il utilise des engrais organiques, *Bioroche, Biogazon,* qu'il juge excellents, et de la poudre d'os fossile qui vivifie les couleurs. «C'est spectaculaire, décrit Camil, et très efficace. Un peu plus cher sans doute, mais naturel.»

Au cours de ses fréquentes tournées en ville, notre technicien-jardinier a pu observer la croissance continuelle du nombre d'aménagements paysagers. «Il n'y a pas encore beaucoup de jardins d'eau, ajoute-t-il, mais c'est une question de temps.» Il a aussi constaté la popularité, plutôt stable, de la culture de légumes. «Les gens font ça pour la nourriture, mais aussi pour s'amuser», ajoute-t-il.

De son côté, il a un faible pour les vivaces dont il agrandit et enrichit les plates-bandes chaque année. «Plus il y aura de gens intéressés au jardinage, plus notre environnement sera doux et plus on respectera la nature», conclut-il.

Le jardinage avec Agathe Martin à Montebello
(ZONE 5)

La présidente du comité d'embellissement de Montebello, Agathe Martin, a remarqué de grandes améliorations dans les jardins depuis six ou sept ans. La notion d'aménagement paysager a fait du chemin et semble bien installée dans les mœurs, même si la pelouse est encore maîtresse des lieux dans bien des cas.

Agathe, présidence oblige, figure parmi les jardiniers les plus avancés. Elle possède un jardin d'eau bien fleuri où batifolent à souhait insectes, grenouilles et autres petits animaux adorables. Elle y trouve un grand plaisir, car elle possède une des grandes qualités du jardinier, le sens de l'émerveillement, qu'elle entretient en s'arrangeant pour toujours avoir autour d'elle quelque chose qui la surprenne. «J'ai toujours du temps pour mon jardin», explique-t-elle. Mais, du temps, elle aimerait bien pouvoir en consacrer davantage à chercher les nouveautés qui enrichiraient son trésor.

Toujours est-il qu'elle jardine de la mi-avril environ, avec la taille et le nettoyage, jusqu'au début d'octobre, et cela fait parfaitement son affaire. Ce sont surout les caprices du climat qui la dérangent le plus: le manque de neige en hiver, le vent d'avril qui brûle les branches, la sécheresse de juillet.

Les vents? Ils sont apparemment dociles quand ils atteignent le jardin d'Agathe. En effet, ils modèrent systématiquement leurs ardeurs quand ils se heurtent aux thuyas et aux pins centenaires qui se dressent sur leur passage. Sans ces conifères, Agathe est convaincue qu'elle aurait de la difficulté à cultiver des plantes de zone 5.

Chez elle, la terre est lourde mais riche et équilibrée. Difficile à travailler? «Il suffit de la mélanger avec du compost», assure notre optimiste.

Évidemment, dans son coin de pays, le choix de végétaux rustiques est vaste. Encore faut-il trouver le marchand qui les tienne en inventaire. «Nous sommes en milieu rural, explique la présidente, je doute qu'un grand centre-jardin ouvre jamais ses portes par ici. Mais on peut commander toutes les espèces rares qu'on veut. En cas de nécessité, nous ne sommes qu'à une heure des grands centres.»

Finalement, y a-t-il quelque chose dont Agathe aurait vraiment à se plaindre? Pas vraiment. Sinon, peut-être, n'ayons pas peur des mots... «que l'été ne dure pas assez longtemps». S'il se prolongeait, elle pourrait s'émerveiller un peu plus, bien sûr, et contempler inlassablement sa fleur préférée, l'ancolie.

Voici les végétaux les plus cultivés dans le monde d'Agathe Martin:

Annuelles: surtout des impatiens, des bégonias et des géraniums.
Arbres: beaucoup de cèdres.
Arbustes: potentilles, azalées, spirées.
Bulbes annuels: dahlias, glaïeuls.
Bulbes vivaces: lis, tulipes.
Grimpantes: clématites (beaucoup).
Vivaces: vaste choix: hémérocalles, hostas, rudbeckies, pivoines, pour n'en citer que quelques-unes.

Le jardinage avec Michel Chevrier à Montréal
(ZONE 5)

Michel Chevrier, jardinier, auteur de plusieurs livres sous le pseudonyme de la Mère Michel, jardine pour lui-même bien sûr, mais aussi pour plusieurs propriétaires de Montréal, de Westmount et d'Outremont. Il est donc bien placé pour affirmer que la dimension des terrains et leur orientation sont les deux éléments les plus importants à considérer quand vient le temps de créer un jardin de ville. C'est même un défi qu'il relève par sa connaissance approfondie des espèces appropriées.

En milieu urbain, les maisons rapprochées constituent des écrans protecteurs pour une multitude de microclimats qui mettent à la disposition du créateur une foule de plantes très variées. «Les premières fleurs apparaissent en avril et les dernières disparaissent en novembre», ajoute-t-il. Les premiers travaux au jardin commencent entre le 15 avril et le début de mai; les jardiniers restent actifs jusqu'à la fin d'octobre ou le début de novembre.

À cause de l'exiguïté des terrains, les brise-vent conventionnels sont tout simplement bannis des jardins urbains. Michel Chevrier utilise des treillis ou bien il agence les plantes de façon qu'elles se protègent les unes les autres.

Outre la nature argileuse de la terre, qui nécessite l'ajout d'amendements tels que fumier de mouton, poudre d'os et tourbe de sphaigne, il faut souvent procéder à un nettoyage en profondeur car on trouve, enfouis par quelque négligent, des batteries d'auto, des clous, des petits appareils ménagers et toutes sortes de déchets de construction.

Une fois la terre bichonnée, le jardinier montréalais est à son tour choyé par un remarquable assortiment. Michel Chevrier estime à plus de 2000 le nombre de variétés de vivaces cultivables à Montréal. Il choisit souvent celles-ci non pas à partir d'un plan, mais impulsivement en s'inspirant des lieux et des goûts des propriétaires. Un mois ou deux après la plantation, il revient sur place et procède à quelques ajustements.

Quand on suit toute l'année l'évolution des inventaires dans les pépinières et que l'on passe son temps à s'émerveiller, il devient difficile de prétendre à une fleur préférée. Pourtant, Michel Chevrier a un faible pour les fleurs bleues, delphiniums et aconits en tête. Parmi les autres vedettes de cette couleur, il regrette cependant que les lins vivaces ne durent pas très longtemps, que les gentianes soient difficiles à cultiver et que les campanules doivent être divisées souvent.

Hormis la simple question de couleur, notre jardinier montréalais adore vivre dans la nature, même apprivoisée. Il rêve d'un jardin d'orchidées indigènes et, à plus grande échelle, il souhaite que les gens se rendent compte que la Terre est un grand jardin... que l'on massacre impunément.

Voici les végétaux les plus cultivés dans le monde de Michel Chevrier:

Annuelles: pétunias, œillets d'Inde, lobélies, sauges, géraniums, mufliers.
Arbres: érables.

Arbustes: chèvrefeuilles (mais ce n'est plus un arbuste à planter car ils sont tous malades avec le balai de sorcière), spirées Van Houtte (très populaires).

Bulbes annuels: glaïeuls, dahlias.

Bulbes vivaces: tulipes, jonquilles, narcisses, crocus.

Grimpantes: clématites (les gens ne réussissent qu'une fois sur deux parce qu'ils ne savent pas que leur pied doit être protégé), kiwi ornemental (ça prend un mâle et une femelle), chèvrefeuilles, hydrangées.

Vivaces: muguet, pivoines, lilas, hémérocalles, rudbeckies, cœurs-saignants.

Le jardinage avec Pierrette Proulx-Rousseau à Nicolet
(ZONE 4)

Pierrette Proulx-Rousseau veille sur son jardin comme on veille sur un être cher. Sensible à la beauté simple, elle jardine au rythme de ce que la nature lui offre. Son jardin, situé à mi-chemin entre la rivière Nicolet et le Saint-Laurent, profite sûrement de la présence adoucissante de ces deux cours d'eau à quelque 3 km de là, mais il se trouve aussi sur la trajectoire des vents qui, lorsqu'ils arrivent du nord-ouest, sont littéralement déchaînés. Et ça arrive tous les ans. Pourtant, si Pierrette a entouré son jardin d'une haute haie de thuyas, c'était surtout pour préserver son intimité. Voilà sans doute comment on joint l'utile à l'agréable...

Mais notre jardinière est prévoyante et compte bien se faciliter la tâche: toutes les plantes qu'elle cultive pousseraient très bien sans haie. Quelques tiges de delphiniums ou de phlox se casseraient sans doute, mais... Chose certaine, il n'y a qu'au centre-ville de Nicolet, là où les maisons coupent le vent, que les bégonias tubéreux se portent bien.

La terre est lourde et dure. Tellement que, pour Pierrette, la façon la plus sûre de réussir ses cultures consiste à en remplacer les 30 cm du dessus par une terre sablonneuse qui convient sans doute plus aux pommes de terre, mais moins aux tomates. Il faut choisir.

Dans son magasinage, Pierrette est organisée: elle planifie. Si les pépiniéristes du coin n'offrent pas l'espèce qu'elle recherche — généralement pour une question de rusticité —, elle passe sa commande à un horticulteur de sa connaissance qui lui rapporte des grands centres les plantes tant convoitées. Et savez-vous quand elle passe ses commandes pour être sûre d'avoir le meilleur choix? En mars.

Quand elle cherche de l'information, elle s'adresse bien sûr aux horticulteurs de chez elle, mais elle va aussi puiser dans les livres et dans les émissions de télé. Et malgré toutes ses connaissances, ce sont les fleurs annuelles qui ont sa préférence, le géranium en particulier. «Il n'est pas sophistiqué mais il fleurit bien», résume-t-elle.

Évidemment, les fleurs ne sont pas les seules amies des jardiniers. Nicolet est située en milieu rural, explique Pierrette. La culture des légumes est une habitude qui se transmet d'une génération à l'autre. Tout le monde regarde si le potager des autres est plus beau que le sien...

La grande vogue de l'aménagement paysager des 10-15 dernières années a porté fruit. «Depuis que nous avons un comité d'embellissement, précise Pierrette, il y a beaucoup d'aménagements, généralement petits mais complets. C'est très propre et entretenu dans la région.» La partie qu'elle affectionne le plus? Le jardin d'eau: «Ça a beau demander plus d'entretien que je pensais, c'est vivant! Et puis c'est rafraîchissant de travailler autour du bassin.»

Le bonheur de Pierrette serait parfait si la température était idéale et le climat moins propice à la prolifération d'insectes. En attendant, elle va continuer d'embellir, tout simplement parce qu'elle vit dans une belle nature.

Voici les végétaux les plus cultivés dans le monde de Pierrette Proulx-Rousseau:

Annuelles: impatiens, géraniums, cosmos, œillets, pensées, pétunias.

Arbres: érables, bouleaux, lilas, pommiers.

Arbustes: hydrangées (c'est l'emblème de la ville de Nicolet), pruniers, cornouillers, caraganas, spirées, sureaux.

Bulbes annuels: glaïeuls, cannas.

Bulbes vivaces: tulipes, iris, jacinthes.

Grimpantes: vignes vierges, clématites (beaucoup).

Vivaces: marguerites, astilbes, hostas, pivoines, armoises.

Monique Noël, des fois, je l'appelle Mère Nature, d'autres fois, ma mère spirituelle. Son jardin est gigantesque (35 000 m²) et en même temps d'une grande simplicité. Elle y travaille, seule, depuis 30 ans, et sous ses cheveux blancs elle puise encore toute l'énergie qu'il faut pour se garder dynamique, enthousiaste et en pleine forme.

C'est vers la fin d'avril qu'elle enfile ses bottes pour inspecter les plantations, constater les dégâts causés par l'hiver et libérer les arbustes. Pendant toute la période de croissance, il n'est pas facile de la joindre par téléphone. Oh! à son âge (75 ans), elle ne passe pas toute la journée à désherber, mais c'est dehors, parmi les oiseaux et les écureuils, qu'elle aime passer son temps. Et ce, jusqu'en automne, «quand le Bon Dieu décide d'envoyer de la neige». Elle n'arrête pas avant. Ensuite? Eh bien! il y a le hockey des Rafales, figurez-vous! Inévitable.

Monique vit au rythme des saisons et des changements climatiques. La perception très juste qu'elle a de ces variations lui a permis d'y adapter ses cultures. Son jardin, par exemple, est entouré d'épinettes et baigne dans un microclimat où il est possible de cultiver quelques plantes de zone 5.

Monique Noël dans son jardin.

Pourtant, elle supporte les caprices du climat, comme tout le monde. Les extrêmes, bien sûr. «Cet été, on a eu 29 jours de pluie, explique-t-elle. L'an dernier, c'était 29 jours sans pluie. Trop d'eau ou trop de soleil, ça nuit aux plantes.» Il y a aussi le dégel au printemps qui, par exemple, affecte beaucoup les astilbes. Monique les recouvre de branches de conifères pour les aider à passer le cap en douceur.

En plus de ses 30 ans d'expérience, elle possède une mine de renseignements sous forme de cassettes vidéo qu'elle enregistre à partir de toutes les émissions possibles et imaginables diffusées par les chaînes de télévision qu'elle peut recevoir. Et vous devriez voir sa bibliothèque... La nature, elle la connaît sur le bout des doigts et la traite avec délicatesse et minutie.

Ainsi, quand elle prépare un coin de plate-bande, elle modifie la composition de la terre existante, une terre agricole, glaiseuse, en fonction des besoins spécifiques des plantes. «J'ai une section en gravier pour les plantes de montagne; une section vaseuse pour les plantes de marécages; une section où j'ai enfoui des morceaux de béton pour fournir du calcaire aux plantes de la Gaspésie; une tourbière et, bien sûr, le sous-bois.»

Officieusement, le jardin de Monique abrite plus de 2000 espèces. Elle a créé son œuvre uniquement à partir de graines qu'elle achète encore maintenant dans des maisons spécialisées aux États-Unis. «Mon jardin est

Le jardin de Monique Noël.

une peinture, raconte notre artiste. Je ne m'occupe jamais de la couleur des fleurs. Je m'occupe de la hauteur des plantes et de la forme des feuilles. J'aime une feuille en couteau à côté d'une feuille en dentelle. Et si je vois que mon coup de pinceau ne donne pas l'effet souhaité, je recommence.»

Monique s'intéresse particulièrement aux plantes indigènes du Québec dont elle a une remarquable collection, grâce à un botaniste, le frère Marcel Blondeau. Celles du Manitoba la passionnent aussi parce qu'elles sont généralement grandes et inusitées, comme ce silphium de 3-4 m de hauteur, solide et majestueux, dont les feuilles forment avec la tige des cuvettes où s'abreuvent les oiseaux. Mais le coup de cœur de Monique va d'abord aux graminées pour leur grâce infinie et aux fougères dont elle a une quarantaine d'espèces, parmi lesquelles quelques spécimens rares.

Ces plantes de sous-bois vivent à l'ombre de grands arbres qu'elle a plantés elle-même sur ce qui était une prairie de la ferme paternelle. Elle y a mis tant d'énergie et tant de feuilles mortes, de fagots et de bûches à pourrir que 30 ans plus tard, la végétation ressemble de très près à une végétation spontanée.

Monique reconnaît avec fierté que son amour de la nature lui vient de ses deux grands-mères avec qui elle jardinait dès l'âge de cinq ans. Pas étonnant que son souhait le plus cher soit que la pollution diminue. Mais elle sait au fond de son cœur que la nature est fragile et doute un peu de la bonne volonté du genre humain à la respecter et à la préserver vraiment...

Voici les végétaux les plus cultivés dans le monde de Monique Noël:

Annuelles: impatiens, pétunias (mais moins qu'avant), géraniums.

Arbres: bouleaux, sorbiers, cèdres.

Arbustes: spirées, potentilles (mais elles commencent à être moins populaires), petits conifères, lilas «ordinaires» et de Preston.

Bulbes vivaces: tulipes, crocus.

Grimpantes: ici, la tête gèle en hiver et je pense que ça décourage les gens alors il n'y en a pas vraiment.

Vivaces: pivoines, hémérocalles, delphiniums, astilbes, phlox, iris, hostas (depuis peu parce que ça fait moins de fleurs), armoises bleues.

Le jardinage avec Émérentienne Hins à Rimouski
(ZONE 4)

Les étés d'Émérentienne Hins sont trop courts et les chaleurs pas toujours au rendez-vous. Qu'à cela ne tienne. Elle, elle est toujours là pour s'occuper de son jardin, du 15 avril au début d'octobre, soit du démaillotage printanier des arbustes à leur emmaillotage hivernal. Toujours pleine d'énergie et remplie d'espoir pour ses cultures.

D'ailleurs, elle a un peu réduit les effets de l'hiver sur ses chères plantes en installant une haie de 2 m de haut du côté nord. Oh! cela n'empêche pas les rafales de passer, mais ça aide quand même. Cela ne la dispense pas de tuteurer les plantes hautes et de descendre les paniers suspendus, l'été, pas plus que cela n'empêche les clématites de souffrir un peu. Mais, bon...

Comme tout joyeux jardinier, Émérentienne est curieuse et n'hésite pas à transgresser les interdits. «Pour avoir plus de choix, dit-elle, j'achète des plantes de zone 5. J'en perds plusieurs mais pas toutes.» Il faut savoir prendre des risques, n'est-ce pas? Et notre experte aimerait bien encourager les autres à en faire autant. «Je leur apprendrais le plaisir de la témérité», ajoute-t-elle.

Astilbes et rudbeckies figurent en tête sur la liste de ses plantes préférées... juste après les graminées, dont elle raffole et pour lesquelles, entre autres, elle n'hésite pas à enrichir sa terre argileuse avec de la tourbe de sphaigne, de la terre noire et du compost de crevettes. De quoi encourager les immigrées de zone 5 à s'installer à demeure... malgré le petit air salin qui flotte.

Le jardin de Émérentienne Hins, Rimouski.

Toujours à la recherche de nouvelles idées, de nouvelles plantes, Émérentienne court les pépinières, se plonge dans les livres et fréquente la Société d'horticulture locale. Mais elle aimerait tellement, un jour, visiter les jardins de Hollande...

En fin de compte, son amour du jardinage est profondément lié à son sens artistique. Elle jardine pour créer... mais aussi pour la sensualité des couleurs et des parfums qui l'enveloppent dans la sérénité et l'harmonie. Un peu comme lorsqu'elle écoute le bruit de cascade dans le jardin d'eau où se dresse une fontaine de plus de 500 kilos qu'elle a dénichée chez un marchand de pierres tombales. Ah! savoir oser...

Voici les végétaux les plus cultivés dans le monde d'Émérentienne Hins:

Annuelles: pétunias, nicotines, géraniums.

Arbres: érables de Norvège, bouleaux, sorbiers, aubépines, bouleaux japonais (ils sont arrivés cette année dans la région et ils vont bien).

Arbustes: toutes les sortes de spirées, genévriers, épinettes d'Alberta.

Bulbes annuels: dahlias, bégonias, glaïeuls.

Bulbes vivaces: tulipes, hémérocalles, lis, jonquilles.

Grimpantes: vignes vierges, clématites *Jackmannii*, chèvrefeuilles.

Vivaces: rudbeckies, hostas, hémérocalles.

Le jardinage avec Georges Levasseur à Rivière-du-Loup
(ZONE 4)

Georges Levasseur ne le dit pas tel quel, mais le printemps est sa saison, sa fougue, son émotion. Comment interpréter autrement cet intérêt si marqué pour les plantes de rocaille, ces petites plantes vigoureuses, frugales et généreuses dont la floraison hâtive est pour lui le signal de jours plus longs et plus chauds. Dès qu'elles pointent le bout de leurs feuilles, il enfile bottes et manteau et commence à jardiner. Il est dehors du début de mai à la fin de septembre. Après un court répit automnal, il installe les protections hivernales vers la fin d'octobre.

On a beau être en zone 4, Georges estime que les plantes réputées rustiques dans la région présentent parfois quelques problèmes, tandis que les plantes de zone 3 sont libres de toute contrainte.

Question choix, il semblerait que les catalogues soient plus à jour que les marchands locaux. Alors Georges a décidé que, pour le plus gros de ses besoins, c'est par catalogue qu'il magasinerait. Ça l'oblige à prévoir longtemps à l'avance. «On ne peut pas jardiner de façon impulsive», regrette-t-il un peu, et pour ajouter à sa déception «il n'y a que deux petits centres-jardin à Rivière-du-Loup».

Par contre, Georges était tout fier d'annoncer la naissance d'une Société d'horticulture en ville, ce qui devrait rendre l'information horticole plus précise et plus complète pour les amateurs comme lui qui ne demandent qu'à évoluer en beauté. D'autant plus d'ailleurs que, selon lui, l'aménagement paysager est en développement constant. La culture des légumes, de son côté, est moins répandue qu'elle l'a déjà été. Et Georges sait de quoi il parle: il est pratiquement né dans l'horticulture. «C'est un héritage familial, explique-t-il. J'ai commencé jeune par obligation, ensuite je me suis mis à aimer ça.»

Alors, pour lui, toutes les questions élémentaires de préparation du sol n'ont plus de secret. Pour améliorer le limon sablonneux qu'il cultive, il y incorpore, selon les besoins des plantes, de la tourbe, du vieux compost ou du vieux fumier.

Souvent, entre un coup de râteau et une taille au sécateur, il rêve que Rivière-du-Loup se trouve miraculeusement... en zone 6.

Voici les végétaux les plus cultivés dans le monde de Georges Levasseur:

Annuelles: beaucoup de pétunias, de bégonias, de sauges. L'œillet d'Inde tend à disparaître.

Arbres: érable de Norvège et ses hybrides, épinette bleue, toutes espèces confondues.

Vivaces: les pivoines sont les grandes favorites alors que le phlox perd en popularité. Les gens commencent à découvrir les astilbes et les hostas.

Le jardinage avec Gertrude Maltais à Roberval
(ZONE 3)

Si vous surprenez Gertrude Maltais en pleine conversation avec un bégonia ou un conifère nain, ses plantes préférées, c'est qu'elle est en train de les féliciter de si bien pousser. Ça ne remplace sans doute pas une bonne terre, mais ça fait du bien... D'autant plus en fait que c'est grâce aux soins qu'elle apporte à sa terre que les plantes de Gertrude mettent tant d'ardeur à pousser. C'est un échange permanent, une communication de tous les instants. C'est peut-être bien ça, en fin de compte, le grand secret des jardiniers: une sorte de complicité extrasensorielle.

À sa terre sablonneuse, Gertrude ajoute un mélange de sciure de bois, de terre noire et de terre glaise. «Ça donne une belle terre qui se réchauffe rapidement au printemps», résume-t-elle. Dans cette région du Québec, rapidement veut dire: à peu près au début de juin. C'est à ce moment-là que Gertrude commence à semer. Un peu plus de quatre mois plus tard, après un été de couleurs, de parfums et de saveurs, son jardin est à nouveau prêt pour l'hiver. Si, pendant cette période, elle a des questions, elle va faire un tour à la Société d'horticulture où une permanence est assurée, le soir.

Il y a beaucoup de centres-jardin et de serres dans la région, mais Gertrude préfère quand même magasiner par catalogue. «On peut mieux choisir l'implantation à cause des informations données sur l'ensoleillement requis», assure-t-elle. Mais n'allez pas croire qu'elle reste de marbre si, au cours de ses randonnées, elle découvre une belle plante. Elle succombe... comme tout le monde.

Elle aimerait bien, cependant, qu'il y ait une meilleure communication entre les fournisseurs et le public. Il semble parfois difficile d'obtenir ce que l'on veut ainsi que les renseignements adéquats. Souhaitons qu'avec la popularité grandissante de l'aménagement paysager, les choses s'améliorent rapidement.

Si tout le monde y met autant d'énergie que Gertrude, cela ne saurait tarder. Elle s'est d'abord occupée de la façade «parce que c'est à la vue de tout le monde», mais depuis trois ans, elle a littéralement métamorphosé sa cour arrière. Elle y a même créé un jardin d'eau dont le bassin a 1,50 m de profondeur.

Rien de bien compliqué dans ce qu'entreprend Gertrude, car elle est en perpétuel état d'émerveillement. «C'est merveilleux de voir que tout pousse à partir d'une graine», s'exclame-t-elle. Si seulement on avait un peu plus de beau temps pour jardiner, n'est-ce pas, Gertrude?

Voici les végétaux les plus cultivés dans le monde de Gertrude Maltais:

Annuelles: pétunias, œillets et géraniums.
Arbres: pommiers.
Arbustes: conifères nains (genévriers), spirées.
Bulbes annuels: glaïeuls.
Bulbes vivaces: tulipes et lis.
Grimpantes: clématites (elles fleurissent bien).
Vivaces: pâquerettes, alyssums.

Le jardinage avec Julienne Cliche à Rouyn-Noranda
(ZONE 2)

Il y a sept ans s'ouvrait le Parc botanique À fleur d'eau, à Rouyn, sous l'impulsion de sa fondatrice, Julienne Cliche. «Si j'ai voulu créer un jardin, c'est que j'ai voulu participer à l'œuvre créatrice de mon Dieu», explique-t-elle. La mission première du parc est de former un écosystème où l'être humain peut se développer et où il a un rôle à jouer. Les visiteurs y trouvent calme, sérénité et de quoi les émerveiller, les émouvoir même.

Ils y sentent aussi, certainement, une incroyable énergie émanant des collections de plantes vivaces et des arbustes, indigènes et d'origine horticole, dont l'apparence change continuellement au gré des floraisons. Ce ne sont pas seulement des espèces rustiques en zone 2. Julienne est formelle: les quelques brise-vent dressés aux alentours permettent de cultiver certaines espèces de zone 3, 4 et même 5, comme le mahonia, par exemple. «La majorité survivent, affirme-t-elle, mais beaucoup restent naines. À cause de cela, on ne peut pas se fier totalement aux zonages officiels.»

Julienne ne considère pas la période de croissance trop courte pour combler son âme de jardinière, mais ne détesterait pas qu'elle soit un peu plus longue. «On commence le nettoyage vers le début de mai, précise-t-elle, on plante les annuelles vers le 10 juin et on finit la préparation hivernale la dernière semaine d'octobre.»

Ce n'est pas aussi dramatique que beaucoup le pensent — de loin — quand on additionne tous les autres avantages: un climat relativement sec, une heure d'ensoleillement de plus que ce dont jouissent les jardiniers des grandes villes en été et, en hiver, une bonne couche de neige, protectrice suprême.

La terre limoneuse est plutôt riche, assure Julienne, mais pour que les plantes puissent profiter pleinement de sa richesse, il faut faire des apports réguliers de matière organique et de sable. C'est bon pour les fleurs et c'est aussi bon pour les légumes. Une chance! car les potagers sont à la mode. À tel point que le Parc a ouvert depuis peu un jardin communautaire très apprécié des amateurs.

Bien qu'il y ait assez de jardiniers à Rouyn pour faire vivre une société d'horticulture, le jardinage et l'aménagement paysager n'ont pas encore atteint leur apogée. La croissance est marquée mais pas assez pour justifier l'installation de gros centres-jardin. Comme le fait si justement remarquer Julienne: «Le marché n'est pas très grand, alors ça demeure un investissement risqué.»

Quoi qu'il en soit, Julienne et son horticulteur en chef, Marcel Chevalier, souhaitent discrètement que leur parc serve de modèle pour qu'un jour, le climat de l'Abitibi ne fasse plus peur aux jardiniers et qu'ils osent laisser aller leur imagination, leur créativité et... leur fantaisie.

Voici les végétaux les plus cultivés dans le monde de Julienne Cliche:

Annuelles: œillets d'Inde, bégonias, nicotines, pétunias.

Arbres: érables argentés, bouleaux, pruniers 'Shubert', tilleuls, épinettes du Colorado, pommetiers 'Royalty', pommetiers 'baccata' (poussent bien).

Arbustes: spirées, potentilles, viornes, hydrangées, caraganas, cornouillers, chèvrefeuilles 'Clavey's, cotonéasters.

Bulbes annuels: dahlias, glaïeuls, bégonias tubéreux.

Bulbes vivaces: tulipes, jonquilles, narcisses, jacinthes, crocus, muscaris.

Grimpantes: vignes vierges (beaucoup), clématites, houblon, liserons à fleurs jaunes (les variétés dorées sont sujettes au gel).

Vivaces: iris, hémérocalles, centaurées, asters, phlox, hostas, heuchères, pâquerettes, alyssums.

Le jardinage avec Pierre-Luc Richard à Saint-Bruno
(ZONE 5)

À 10 ans, Pierre-Luc Richard a été baptisé «le Mozart de l'horticulture» par une journaliste locale, Claire Duval-Raynaud. Il a aujourd'hui 13 ans et vient de jouer sa première symphonie en public: le premier prix «Façade fleurie» de Saint-Bruno. Toute une performance qu'il préparait, il faut bien le dire, depuis l'âge de deux ans, quand il demandait le nom des fleurs à ses parents! Onze ans d'expérience, il faut bien que ça serve, n'est-ce pas?

Pierre-Luc se qualifie lui-même, bien modestement, de jardinier spontané. «J'intègre des plantes nouvelles quand j'en trouve», explique-t-il. Et il en trouve souvent, je vous l'assure, toujours fouinant dans les catalogues et les pépinières locales qui ont, d'ailleurs, une solide réputation en matière de nouveautés.

Il a un penchant très marqué pour les ancolies, les dahlias et les roses, mais les premières ont quand même sa préférence, tout simplement «parce qu'elles sont belles et qu'il y en a une grande variété».

En plus de manifester un grand sens de l'émerveillement, notre jeune jardinier n'a pas peur de s'atteler aux grosses tâches. Ainsi, pour améliorer sa terre glaiseuse, il en a enlevé une bonne couche et a mélangé le reste à du compost, de la vermiculite, de la tourbe et du sable. C'est moelleux et ça s'égoutte bien. En tout cas, les légumes du grand potager adorent la recette, d'autant plus que Pierre-Luc préfère de loin les cultiver que de les acheter à l'épicerie.

Son grand plaisir reste quand même de s'occuper des plates-bandes de vivaces. «Elles fleurissent de mars à octobre, résume-t-il, dans un vaste choix de formes. Je les déplace souvent pour jouer avec les hauteurs et les couleurs.»

La passion n'a pas d'âge. Elle entretient les rêves et celui de Pierre-Luc est d'avoir un jour sa serre pour créer de nouvelles variétés. Et pourquoi pas?

Voici les végétaux les plus cultivés dans le monde de Pierre-Luc Richard:

Annuelles: pétunias, impatiens, mufliers.
Arbres: érables, épinettes, bouleaux.
Arbustes: thuyas, genévriers, hydrangées.
Bulbes annuels: dahlias, glaïeuls.
Bulbes vivaces: tulipes, crocus, narcisses, jacinthes.
Grimpantes: clématites *Jackmannii*, vignes vierges, lierres de Boston.
Vivaces: iris, hémérocalles.

Comme partout ailleurs au Québec, la Beauce a subi l'influence créatrice du concours «Villes, villages et campagnes fleuris». Roger Laquerre, qui jardine pour le plaisir et pour alimenter en fleurs fraîches, l'été, sa femme fleuriste, a remarqué cette influence surtout sur la façade des maisons. «Il y a encore beaucoup de pelouse, dit-il, mais les gens sont de plus en plus conscients de l'importance des fleurs pour la beauté de leur propriété, de leur rue et de leur ville.»

Apparemment, un certain nombre de jardiniers de la région auraient délaissé, en tout ou en partie, la culture de légumes. Serait-ce parce que les légumes de base, tomates, radis, laitues, concombres, se vendent moins cher que ce qu'il en coûte pour les produire? C'est ce que Roger croit.

Dans sa cour arrière, son coin préféré, comme un chimiste minutieux, il incorpore au limon argileux qu'est sa terre les ingrédients qui la rendront légère et productive: du compost ou du fumier évidemment, et de la chaux pour équilibrer le pH. Il y cultive toutes sortes de plantes, mais il a une préférence marquée pour les lis, si faciles à cultiver par-dessus le marché. Vous devriez voir ces tiges! Roger aime aussi les lis pour leur grande résistance comme fleurs coupées et pour leur incroyable choix de couleurs.

Le climat local est sous l'influence de plusieurs facteurs: la présence de la rivière Chaudière, la position de la ville sur un plateau élevé où le vent n'en fait qu'à sa tête, et puis, pour tout arranger, la période de croissance active assez courte: environ 90 jours. Roger précise même qu'en pleine production des tomates, il

faut avoir la toile géotextile à portée de la main pour couvrir les plants. «Il y a quelques risques de gel vers la fin d'août», explique-t-il.

Naturellement, avec des haies bien placées, on peut créer de véritables microclimats où la culture de plantes de zone 5 est possible. Roger se lance dans l'aventure de temps en temps, mais il doit alors se rabattre sur les catalogues. «Dans les centres-jardin, c'est plutôt limité à notre zone, dit-il. Quand on veut vraiment essayer de nouvelles variétés, il faut se résoudre aux semis. Avec mon catalogue, je planifie dès janvier et j'ai toutes les informations dont j'ai besoin sous les yeux.»

Et quand les premières fleurs apparaissent, un ou deux ans plus tard, imaginez l'excitation... Car c'est bien clair dans l'esprit du Beauceron, le plaisir de jardiner, l'amour du jardinage, ça vient de l'intérieur. Il faut aimer le contact avec le soleil et le sol. Bref, «on l'a ou on l'a pas!» tranche-t-il.

Voici les végétaux les plus cultivés dans le monde de Roger Laquerre:

Annuelles: alyssums, pétunias, géraniums, œillets d'Inde.

Arbres: tilleuls, érables, bouleaux, épinettes, sapins, genévriers, thuyas.

Arbustes: spirées, potentilles, rosiers.

Bulbes annuels: glaïeuls, *zantedeschias* (callas), bégonias tubéreux.

Bulbes vivaces: lis, tulipes, jonquilles, narcisses.

Grimpantes: clématites (beaucoup), vignes vierges.

Vivaces: sédums, astilbes, hostas, hémérocalles, pivoines.

Le jardinage avec Michel Leclerc à Saint-Hyacinthe
(ZONE 4)

La région de Saint-Hyacinthe a une grande réputation agricole et horticole. D'ailleurs, on y retrouve un Institut de technologie agro-alimentaire (ITAA). On pourrait donc croire que la culture domestique de légumes y est répandue. Michel Leclerc est d'avis contraire: «Il y a beaucoup de producteurs, assure-t-il, qui distribuent une partie de leurs produits en bordure des routes. En général, les gens achètent là. Ce n'est pas cher.» Et sans doute moins compliqué...

Côté décoration, c'est différent. Il semble que les voisins de Michel se soient inspirés de son ardeur à fleurir sa demeure. D'ailleurs, on le connaît bien dans la rue et, à l'occasion, on fait appel à son expertise.

Maintenant que la façade est terminée — ou presque —, Michel passe le plus clair de son temps de jardinier à l'arrière, s'attelant avec détermination à tous les travaux qui l'attendent. S'il n'y en a pas, il en invente: «Si je n'aime plus tel ou tel coin de l'aménagement, je place le boyau sur le gazon et j'attaque: je redessine les contours des plates-bandes, j'agrandis si nécessaire, j'enlève la pelouse et je bêche.»

Pour vous dire à quel point Michel aime les «jobs de gros bras», il souhaite vivement avoir un terrain deux ou trois fois plus grand pour y installer deux bassins au lieu d'un et des plates-bandes «à la grandeur». Dans les plates-bandes, vous retrouveriez inévitablement une collection d'astilbes, ses fleurs préférées, et dans les bassins, une colonie de nénuphars, les fleurs préférées de son épouse.

Michel commence à jardiner dès que le sol est un peu dégelé — la date varie — et il persiste jusqu'à la mi-septembre. Trop court? Pas vraiment, à son avis, mais chrysanthèmes et phlox donnent l'impression de ne pas finir leur cycle, et parfois ils meurent. Pourtant, ce jardin maskoutain est entouré d'une haie de 3 m de hauteur qui crée un microclimat avantageux. Il faut croire qu'il y a des exceptions à tout.

Pour s'approvisionner, Michel n'hésite pas à prendre la route: les vivaces à Saint-Basile-le-Grand, les arbres à Saint-Paul-d'Abbotsford et les nouveautés à Sainte-Christine. «À part les astilbes, les hostas et les hémérocalles, il y a peu de nouveautés dans les commerces du coin», déplore-t-il.

Il a bien essayé de commander par catalogue, mais il estime s'être «fait prendre joliment». Il n'est pas le seul, malheureusement. Plusieurs autres jardiniers nous ont fait part de leurs frustrations à ce sujet. De toute façon, c'est simple, il préfère voir avant d'acheter... pour constater l'effet produit et pour pouvoir ensuite entendre avec fierté ses visiteurs s'exclamer: «Que c'est beau!»

Voici les végétaux les plus cultivés dans le monde de Michel Leclerc:

Annuelles: œillets d'Inde, pétunias.
Arbres: érables, thuyas.
Arbustes: hydrangées sur tige, caraganas.
Bulbes annuels: dahlias, glaïeuls.
Bulbes vivaces: tulipes.
Grimpantes: clématites (sauf que moi, j'ai de la misère avec elles).
Vivaces: géraniums, hostas, pivoines, astilbes.

Le jardinage avec Bernard Morin à Saint-Jérôme
(ZONE 4)

Laval n'est pas si loin de Saint-Jérôme. Pourtant, Bernard Morin, consultant en écologie et en foresterie urbaine, trouve que les différences climatiques sont très marquées entre les deux villes: «Il y a des arbres qui vivent très bien là-bas mais pas ici», déclare-t-il. Par ailleurs, il semble que les courants d'air causés par la présence de l'autoroute 15 perturbent un peu la question des zones de rusticité. Ainsi, Bernard est persuadé que la partie ouest de Saint-Jérôme se trouve en zone 3 alors que le centre-ville, abrité, est effectivement en zone 4. Résultat, les plantes zonées 4 ont parfois des petits problèmes d'acclimatation, spécialement les variétés greffées. Un peu partout, on plante des haies en espérant que cela améliore les choses.

De toute façon, *grosso modo,* la saison dure de la mi-mai à la fin de septembre. Pour en avoir le cœur net, Bernard se fie aux éléments naturels. «Au printemps, par exemple, explique-t-il, la dernière pleine lune de mai donne le signal de la fin des gels tardifs.»

Quand vient le temps de planter, première chose, on bichonne la terre. La pauvrette n'est pas riche, et sa nature sablo-argileuse réclame à grands cris les amendements organiques qui lui donneront matière à rendre beaux tous les jardins, compost en tête.

L'abondance des espèces indigènes dans la région — le frère Marie-Victorin n'y a-t-il pas fait de multiples observations? — pourrait sans doute être l'indice que le jardinage est voué à une grande popularité. Toujours est-il que l'approvisionnement est très bon, aux dires d'un Bernard catégorique: les centres-jardin font bien leur travail et les gens qui y travaillent sont bien informés.

Spécialiste des arbres avant d'être jardinier, Bernard voue à ces plantes une admiration sans bornes. D'ailleurs, il considère que la ville ne peut pas exister sans les arbres: ils filtrent, ils abritent, ils stabilisent les sols et, en plus, ils font du bien au moral. Cela ne l'empêche pas d'avoir un faible pour les annuelles «pas de problème», sauge et célosie en tête. Des arbres et des annuelles, il en voit beaucoup au cours de ses tournées; des légumes aussi, dans les potagers dont le nombre serait, selon lui, dans la moyenne supérieure.

Fier de sa ville, Bernard a découvert la sérénité dans le jardinage et souhaite ardemment que les jeunes y soient initiés très tôt, «quitte à donner des cours au primaire et au secondaire», lance-t-il. Et tout le Québec est avec vous, mon cher...

Voici les végétaux les plus cultivés dans le monde de Bernard Morin:

Annuelles: impatiens (on en voit beaucoup), bégonias, pétunias.

Arbres: érables rouges et à sucre, frênes de Pennsylvanie, épinettes du Colorado, bouleaux gris, merisiers jaunes, ormes chinois, haies de thuyas et d'épinettes.

Arbustes: chèvrefeuilles, caraganas.

Bulbes annuels: glaïeuls, bégonias.

Bulbes vivaces: jonquilles, tulipes.

Grimpantes: clématites, chèvrefeuilles.

Vivaces: lis, hémérocalles (très populaires), rudbeckies.

Pas facile la vie de jardinier en zone 2, mais une des grandes motivations de Stella Pelletier, c'est que les plaisirs du jardin compensent en partie la durée de l'hiver. D'ailleurs, elle a remarqué qu'avec une bonne haie, on pouvait acclimater certaines espèces de zone 3. Ça rend Stella tellement optimiste qu'elle en est à se demander si Senneterre n'est pas, en réalité, en zone 3.

Il est cependant une sorte de plantes qu'elle n'arrive pas à faire survivre chez elle, ce sont les rosiers hybrides de thé, «même s'ils sont couverts d'une toile géotextile et ensevelis au fond du jardin». Certains jardiniers les cultivent alors comme des annuelles.

Stella plante rarement ses annuelles avant la Saint-Jean-Baptiste, mais elle installe ses légumes deux ou trois semaines plus tôt, comme beaucoup de gens dans la région. «C'est dans les mœurs d'avoir un potager, même s'il n'est pas grand», précise-t-elle. Et quand le temps de la chasse arrive, le temps du jardinage, lui, s'en va.

Il n'y a pas que des inconvénients au climat de Senneterre. Les nuits fraîches permettent, en plus de bien dormir, de prolonger la floraison des fleurs préférées de Stella, les *Centaurea montana*, qu'elle trouve particulièrement belles au coucher de soleil.

Faible consolation, direz-vous, mais il faut savoir prendre ce qui passe, n'est-ce pas? Et Stella se débrouille très bien en la matière. Ainsi elle a fait de sa terre argileuse, du «gombo» comme elle l'appelle, une terre propice à ses cultures. Tourbe de sphaigne, fumier de mouton, fumier de lapin et sable des dunes voisines ont bien joué leur rôle. Elle a laissé le fond argileux pour fournir humidité et fraîcheur à la couche de sol superficielle.

Avec le rayonnement de la Société d'horticulture locale et une amélioration radicale de l'approvisionnement (malgré les réticences des marchands à prendre des risques), Stella espère qu'un de ses rêves se réalisera un jour: que toutes les façades soient fleuries! Cela ne saurait tarder, apparemment, car lors du 75e anniversaire de la ville, il semble que beaucoup de gens se soient découvert une âme de jardinier. Bravo!

Voici les végétaux les plus cultivés dans le monde de Stella Pelletier:

Annuelles: pétunias (épouvantablement trop utilisés), œillets d'Inde, géraniums, verveine.

Arbres: bouleaux blancs, pins rouges, mélèzes (aussi utilisés comme arbres ornementaux ou comme haie).

Arbustes: cornouillers, potentilles (elles fleurissent au nord ou au sud), genévriers rampants, lilas.

Bulbes annuels: bégonias, glaïeuls, dahlias nains.

Bulbes vivaces: iris, tulipes; les jonquilles gagnent en popularité; différentes sortes de lis (les orange sont les plus communs).

Grimpantes: vignes vierges d'Engelmann, houblon, clématites (poussent bien si plantées au sud ou à l'est).

Vivaces: phlox paniculés.

Le jardinage avec Louise Gagnon à Sept-Îles
(ZONE 3)

Louise Gagnon, membre actif de la Société d'horticulture de Sept-Îles, est très optimiste dans sa pratique du jardinage, malgré un environnement qui pourrait décourager les moins tenaces. Mais ne faut-il pas être tenace pour vivre dans ce secteur de la Côte-Nord? «On fait avec les conditions qu'on a», philosophe-t-elle.

Côté climat, la couverture de neige est assez épaisse. Mais pas question pourtant de planter des arbres et des arbustes qui ne seraient pas rustiques en zone 3 ou 4: sans manteau blanc, ils gèleraient. Par contre, Louise n'hésite pas à se hasarder avec des vivaces de zone 5. Elle a réduit les effets des vents avec une haie de thuyas. Ça ne résout pas tous les problèmes, mais ça permet quelque liberté.

Tourbeuse et sablonneuse, la terre est pauvre et acide. Difficile, donc, d'y faire pousser quelque chose sans y ajouter du compost, de la chaux et de l'argile. On va souvent jusqu'à étendre une bonne épaisseur de nouvelle terre. Un avantage quand même: «Cette terre offre une bonne rétention d'eau et le drainage est bon, précise Louise, et l'on y pratique facilement la culture des légumes, qui est en popularité croissante.»

Chose certaine, elle réussit très bien à faire pousser les astilbes, ses préférées, «parce que ce sont les plus belles, les plus fidèles», tout simplement. En fait, elle adore les vivaces, pour le défi d'en harmoniser hauteurs et flo-

raisons, mais aussi «parce que ça habille la maison et que c'est toujours en mouvement».

Il n'y aurait pas de limite à l'expansion des plates-bandes de Louise si les centres-jardin prenaient un peu plus de risques et, comme elle le souhaite, s'ils possédaient une meilleure expertise.

Heureusement, avec ses amis de la Société d'horticulture, les échanges sont fréquents tant en ce qui concerne les plantes que les informations. «Nous n'avons qu'une seule conférence par an et ça nous revient à 700-800 $», regrette-t-elle pourtant.

Mais quand on a le tempérament de Louise et, comme elle, quelques talents d'artiste, on ne s'arrête pas pour si peu. «C'est comme si on travaillait en permanence sur une œuvre d'art», se réjouit-elle.

Voici les végétaux les plus cultivés dans le monde de Louise Gagnon:

Annuelles: pétunias, géraniums, lobélies.
Arbres: bouleaux à petites feuilles, bouleaux à papier, épinettes blanches et bleues, mélèzes.
Arbustes: cornouillers panachés, potentilles, sorbiers, rosiers rustiques, lilas.
Bulbes annuels: dahlias, glaïeuls, bégonias.
Bulbes vivaces: crocus, jonquilles, tulipes, lis.
Grimpantes: vignes vierges.
Vivaces: astilbes, hostas, hémérocalles, phlox paniculés, marguerites, muguet.

Bertrand Lacerte aime bien les fleurs, mais il admet volontiers être plus calé en légumes. Il est formel: les étés sont décidément trop courts. Oh! il jardine bien du début avril à la mi-septembre, mais c'est la période entre le dernier gel printanier et le premier gel automnal qu'il trouve réduite. Il rêve d'interminables étés...

Il s'est résigné mais ne s'est pas laissé imposer la situation sans réagir un peu. Il a planté une haie de thuyas de 300 m pour protéger son territoire. Selon lui, tomates, piments et géraniums auraient du mal à se tenir debout sans cet écran imposant.

Bertrand est un homme de grands moyens. La terre de son jardin a déjà été si glaiseuse qu'il fallait «la travailler à la hache». Il y a incorporé plusieurs voyages de sable et de sciure de bois, et maintenant elle est bien belle sur au moins 30 cm d'épaisseur. Ce n'est pas tout: tous les automnes, il y étend 100 sacs de feuilles, du fumier de vache et la moitié de sa boîte à compost.

Question de tempérament: il préfère l'entretien de la haie aux petites tâches délicates dans la rocaille. Pourtant, c'est drôle, il «trippe» en se promenant à quatre pattes entre ses rangs de légumes.

Il s'approvisionne en semences dans un catalogue ontarien. Pour les plantes courantes, il visite les centres-jardin locaux. De toute façon, Bertrand n'a pas de goûts compliqués. En plus des légumes, il adore les géraniums, ces plantes «pas de misère, pas de bibites, qu'il suffit d'arroser et qui fleurissent énormément». Il les conserve d'une année à l'autre en moyenne pendant six ans.

Dans le voisinage, «les gens font de gros efforts pour fleurir leur jardin, mais la pelouse est encore très présente». Quant aux potagers, une maison sur deux en serait pourvue; ils sont cultivés surtout par les 50-60 ans. C'est le cas de Bertrand et il aime ça à la folie...

Voici les végétaux les plus cultivés dans le monde de Bertrand Lacerte:

Annuelles: pétunias.
Arbres: cèdres, pins, érables, chênes.
Arbustes: rosiers rustiques
Bulbes annuels: dahlias, cannas.
Bulbes vivaces: iris, jonquilles, tulipes, jacinthes.
Conifères: pins blancs en boule, cèdres pyramidaux.
Grimpantes: pas mal de vignes vierges.
Vivaces: il y en a sûrement, mais pas dans le coin.

Le jardinage avec Roger Germain à Trois-Rivières
(ZONE 4)

De l'avis de Roger Germain, président de la Société d'horticulture de la Mauricie, c'est le vent qui modèle le jardinage dans la région. Donc, en général, un des premiers soins du jardinier consiste à protéger ses plantations avec une haie ou un groupe d'arbres. Sinon, pas de pivoines, pas de delphiniums: ils cassent.

Près du fleuve, la terre est glaiseuse; ailleurs, elle est plutôt sablonneuse, mais dans tous les cas, il semble qu'elle ne vaille pas cher tant qu'on n'y a pas ajouté 30 cm de terre plus propice aux joies de la culture. Et la culture est une activité très prisée dans ce secteur de la Mauricie. On se fait un petit potager pour manger au naturel de bons légumes frais. De plus en plus, en partie sous la motivation de la Société d'horticulture, les façades s'habillent de mille couleurs, même si la pelouse a encore de solides privilèges.

La façade a beau être avant tout une question de coup d'œil, Roger est confiant que le mouvement populaire d'embellissement va continuer son expansion. D'ailleurs, il est déjà assez vigoureux, car il y aurait «des pépinières en quantité industrielle».

Cela n'empêche pas Roger de faire des projets plusieurs mois à l'avance à l'aide de catalogues qui lui donnent, dans le confort de son salon, la hauteur des plantes qui l'intéressent, le degré d'ensoleillement et autres renseignements pertinents. Ces plantes, ce sont, le croiriez-vous, des vivaces et des conifères à cause surtout du peu d'entretien qu'elles requièrent. Toutes proportions gardées, évidemment.

Si bien que Roger a du mal à fixer sa préférence sur une espèce en particulier. Son cœur balance entre les astilbes, les marguerites, les clématites, les pivoines, les lis et les hydrangées. De quoi créer tout un jardin...

Si seulement, comme il le souhaite, les terrains — le sien en particulier — étaient plus grands! Et si seulement il n'y avait plus d'hiver. Mais alors, mon cher Roger, où serait le plaisir de l'attente que vous formulez si bien en disant: «À chaque saison, on a hâte de voir ce qui va pousser»?

Voici les végétaux les plus cultivés dans le monde de Roger Germain:

Annuelles: bégonias, impatiens.
Arbres: tilleuls, bouleaux, mûriers, érables.
Arbustes: spirées, potentilles.
Bulbes vivaces: tulipes, jonquilles.
Grimpantes: lierres, clématites, rosiers grimpants.
Vivaces: hostas.

Le jardinage avec Jean-François Benoît à Valleyfield
(ZONE 5)

Propriétaire d'un centre-jardin à Valleyfield depuis une dizaine d'années, Jean-François Benoît a une philosophie tellement simple et optimiste du jardinage qu'on se demande pourquoi, en des termes sûrement plus concis, on n'en a pas fait un slogan publicitaire: «C'est gratifiant de faire quelque chose qui se bonifie avec le temps.»

Et j'imagine que c'est tout aussi gratifiant de participer à l'amélioration du cadre de vie de centaines de personnes. «En 10 ans environ, 80 p. 100 des terrains se sont personnalisés grâce à l'horticulture ornementale, même si ce n'est pas toujours très élaboré», précise-t-il. Et il ajoute: «Les gens aménagent d'abord la façade. Pour moi, l'arrière devrait être privilégié. On peut y installer, par exemple, un jardin d'eau. Mais cela rebute encore beaucoup de monde, car ça a l'air cher et compliqué.»

Les plantes qui l'intéressent le plus sont les vivaces et les raisons qu'il invoque ne tolèrent aucune réplique: «Le choix est infini. Les performances sont inégalables. Grâce à elles, le jardin change tout le temps.» Naturellement, Jean-François choisira d'abord les espèces résistantes aux parasites, pour avoir un jardin sans pesticides. De toute façon, dans la planification de son jardin, il garde toujours un espace libre pour ses coups de cœur. «C'est aussi le conseil que je donne à mes clients», déclare-t-il.

Dans ce secteur de la zone 5, Jean-François assure qu'on peut se permettre de cultiver des plantes de zone 6 quand le jardin est bien protégé. Le choix de plantes est donc très vaste. Pourtant, il semble que les variétés rares soient surtout disponibles par catalogue, les producteurs locaux ayant toujours des appréhensions à monter un inventaire qui ne soit pas rentable.

Et pour faire pousser tout ça? Eh bien! dit notre jardinier professionnel, il faut parfois remplacer la terre, très argileuse, par une autre plus légère, surtout là où les terrains ont été bourrés de glaise par des entrepreneurs en construction peu soucieux des jardiniers.

Le souhait de Jean-François? Que tous les amateurs se rendent compte qu'il n'y a pas que le printemps pour jardiner. Que voici donc un conseil plein de sagesse et j'y adhère avec vigueur! Ce livre est un peu fait pour ça, d'ailleurs. Puissiez-vous, un jour, mon cher, ne plus avoir à subir l'incroyable bousculade printanière!

Voici les végétaux les plus cultivés dans le monde de Jean-François Benoît:

Annuelles: géraniums, alyssums, pétunias.

Arbres: tous ceux qui ont un petit développement: cerisiers 'Shubert', ormes pleureurs, amélanchiers, thuyas 'Smaragd'.

Arbustes: spirées à toutes les sauces, potentilles.

Bulbes annuels: dahlias, glaïeuls.

Bulbes vivaces: tulipes, crocus. Les jacinthes poussent bien mais les gens les trouvent chères.

Grimpantes: chèvrefeuilles (c'est la folie!), clématites (les gens en plantent, en plantent et en plantent mais en perdent, en perdent et en perdent!)

Vivaces: campanules, hémérocalles et astilbes (elles sont simples à cultiver et ont une longue période de floraison). Les gens sont fous des chrysanthèmes d'automne.

Le jardinage avec Florence Chabot à Victoriaville

(ZONE 4, PRESQUE 5)

Comme le dit si bien Florence Chabot, présidente de la Société d'horticulture locale, «les gens qui jardinent ont toujours l'air heureux et souriants». J'ajouterai que les gens qui jardinent avec le cœur et avec les tripes dépassent en général les 80 ans. Pourquoi? Parce qu'ils sont en paix avec la nature qui, en les touchant, en les enveloppant, leur transmet son incroyable énergie.

Par contre, c'est vrai qu'à Victoriaville comme ailleurs, il faut savoir composer avec les sautes d'humeur d'un climat qui, au printemps surtout, peut causer des dommages irréparables aux plantes et des retards marqués dans le calendrier des travaux.

Ainsi, par exemple, là où les brise-vent ne les protègent pas suffisamment, Florence sait qu'elle risque de perdre les plantes de zone 5 qu'elle tente d'acclimater chez elle. «J'aime les nouveautés, affirme-t-elle, mais elles ne sont pas toujours adaptées à ma région.» Sans risque, on ne connaît pas vraiment ses limites, n'est-ce pas?

Les catalogues aident Florence à planifier son jardin, mais quand vient le temps d'acheter, elle a l'embarras du choix. Il y a, paraît-il, une quinzaine de pépinières dans les environs. Elle y cherchera une variété de sa fleur préférée, l'iris, mais aussi d'autres plantes dont elle raffole, hostas, hémérocalles, astilbes et rosiers.

L'assistance aux conférences mensuelles de la Société d'horticulture a confirmé à Florence l'impact du concours «Maisons fleuries» de la municipalité sur l'accroissement du nombre d'aménagements paysagers bien structurés. Elle a aussi observé un nombre élevé de jardins d'eau dans les alentours. Il y en a un chez elle, évidemment, dans sa cour arrière, là où elle se sent bien... surtout quand il fait beau. Quand il fait toujours beau? Voyons, Florence, il faut bien qu'il pleuve un peu, tout de même!

Voici les végétaux les plus cultivés dans le monde de Florence Chabot:

Annuelles: surfinias, bégonias, géraniums.
Arbres: apparemment, les conifères ne sont pas très populaires.
Arbustes: rosiers, spirées, potentilles.
Bulbes vivaces: tulipes, iris, jonquilles.
Grimpantes: vignes vierges et chèvrefeuilles.
Vivaces: hostas, hémérocalles, astilbes.

Renseignements utiles pour nouveautés en tous genres

Remarque: les renseignements ci-dessous sont donnés à titre indicatif et gratuit.
Les coordonnées peuvent changer.

1. Pépinière spécialisée dans l'introduction de nouveautés horticoles:
Au jardin de Jean-Pierre
1070, RR1 Ouest
Sainte-Christine (Québec)
J0H 1H0
Tél.: (819) 858-2142

2. Importateur, hybrideur et producteur d'hémérocalles, de hostas, d'iris et de pivoines de collection:
Les jardins d'Osiris
818, rue Monique
C.P. 489
Saint-Thomas-de-Joliette (Québec)
J0K 3L0
Tél.: (514) 759-8621

3. Gros producteur spécialisé en astilbes, hémérocalles, hostas, iris, pivoines:
Iris Plus
1269, route 139
C.P. 903
Sutton (Québec)
J0E 2K0
Tél.: (514) 538-2048

4. Le jardin des nouveautés:
Jardin botanique de Montréal
4101, rue Sherbrooke Est
Montréal (Québec)
H1X 2B2
Tél.: (514) 872-1453
Ouverture: été 1997
Présentation de nouvelles espèces et variétés de végétaux d'ornement, de matériaux de construction et de matériel d'irrigation. Taux de remplacement: 25 p. 100 par année.

5. Pour des renseignements sur les sociétés d'horticulture:
Fédération des Sociétés d'horticulture et d'écologie du Québec
C.P. 1000, Succursale M
Montréal (Québec)
H1V 3R2
Tél.: (514) 252-3010

6. Producteur et exportateur de graines d'arbustes, de vivaces, d'annuelles, de légumes, d'indigènes, d'arbres, etc.:
J. L. Hudson, seedsman
Star Route 2, Box 337
La Honda, California 94020
U.S.A.

INDEX DES PHOTOGRAHIES

Les noms latins sont en italique. Les noms français en romain.
Quand le nom latin est le même que le nom français, seul le nom latin est listé.

INDEX DU TEXTE

NDLA: Quand les noms français et latins sont pareils,
le nom latin est francisé, quand ils le sont presque (ex: lysimaque et lysimachia),
c'est le nom français qui paraît. Les noms latins sont en italique.

GUIDE PRIEUR
SAISON PAR SAISON

Dates approximatives du début des cinq saisons du jardinier

Pour 41 villes du Québec

IMPORTANT: La date du début de chaque saison a été fixée en fonction des données de l'atlas agroclimatique du Québec, publié par le MAPAQ en 1982, qui concernent le début et la fin de la croissance des plantes et des gelées. Certaines approximations ont été nécessaires. De plus, les influences climatiques locales peuvent faire varier les dates d'une année à l'autre.

Dans toutes les villes, le PRINTEMPS UN commence à la date approximative du début de la croissance de la plupart des plantes établie par l'atlas agroclimatique, soit lorsque les températures moyennes sont supérieures à 5°C. Les risques de gel sont alors d'environ 90%.

Dans les villes où la période de croissance des plantes est inférieure à 170 jours, le PRINTEMPS DEUX commence à peu près à la date moyenne du dernier gel établie par l'atlas agroclimatique; environ deux semaines après cette date dans les villes où elle est supérieure à 170 jours. Il y a des risques de gelées blanches jusqu'à 15 jours après cette date.

Dans toutes les villes, l'ÉTÉ commence environ trois semaines après la date du début du PRINTEMPS DEUX. Selon les régions, la saison commence entre le 1er juin et le 15 juillet à La Sarre, mais dans la plupart des cas, elle commence entre le 15 et le 30 juin.

Dans les villes où la période de croissance des plantes est inférieure à 170 jours, l'AUTOMNE commence environ une semaine avant la date du premier gel établie par l'atlas agroclimatique. Dans les villes où la période de croissance est supérieure à 170 jours, il commence environ deux semaines avant cette date. Il y a des risques de gelées blanches jusqu'à 15 jours avant la date du premier gel.

Dans toutes les villes, l'HIVER commence environ deux semaines après la date moyenne de la fin de la croissance des plantes établie par l'atlas agroclimatique, elle correspond au moment où les températures moyennes sont inférieures à 5°C.

VILLE	PRINT. 1	PRINT. 2	ÉTÉ	AUTOMNE	HIVER
Amos	15 mai	20 juin	10 juillet	3 sept.	30 oct.
Baie-Comeau	12 mai	8 juin	20 juin	26 sept.	24 oct.
Bonaventure	2 mai	28 mai	24 juin	26 sept.	6 nov.
Chibougamau	15 mai	20 juin	10 juillet	3 sept.	30 oct.
Chicoutimi	27 avril	5 juin	24 juin	15 sept.	6 nov.
Coaticook	17 avril	30 mai	20 juin	5 sept.	16 nov.
Drummondville	12 avril	26 mai	24 juin	11 sept.	11 nov.
Gaspé	7 mai	8 juin	30 juin	10 sept.	27 oct.
Granby	12 avril	26 mai	15 juin	15 sept.	16 nov.
Hull	12 avril	26 mai	15 juin	28 sept.	16 nov.
Îles-de-la-Mad.	25 avril	30 mai	20 juin	15 sept.	11 nov.
Joliette	12 avril	26 mai	24 juin	15 sept.	11 nov.
Jonquière	2 mai	25 mai	30 juin	10 sept.	30 oct.
La Malbaie	27 mai	17 juin	7 juillet	10 sept.	2 nov.
La Sarre	7 mai	25 juin	15 juillet	1er sept.	27 oct.
Lac-Mégantic	2 mai	10 juin	30 juin	10 sept.	11 nov.
Laval	12 avril	10 mai	1er juin	26 sept.	16 nov.
Magog	12 avril	30 mai	20 juin	15 sept.	11 nov.
Matane	2 mai	30 mai	20 juin	18 sept.	2 nov.
Montebello	12 avril	30 mai	20 juin	15 sept.	16 nov.
Montréal et env.	12 avril	10 mai	1er juin	5 oct.	21 nov.
Nicolet	12 avril	20 mai	10 juin	20 sept.	11 nov.
Québec et env.	27 avril	30 mai	20 juin	15 sept.	11 nov.
Rimouski	2 mai	30 mai	20 juin	18 sept.	2 nov.
Riv.-du-Loup	2 mai	30 mai	20 juin	10 sept.	2 nov.
Roberval	27 avril	30 mai	20 juin	18 sept.	6 nov.
Rouyn	22 avril	20 juin	10 juillet	10 sept.	5 nov.
Senneterre	27 avril	17 juin	7 juillet	2 sept.	28 oct.
Sept-Îles	10 mai	30 mai	20 juin	13 sept.	5 nov.
Shawinigan	17 avril	26 mai	16 juin	20 sept.	27 oct.
Sherbrooke	12 avril	30 mai	20 juin	15 sept.	16 nov.
St-Georges-de-B.	21 avril	10 juin	30 juin	13 sept.	2 nov.
St-Hyacinthe	12 avril	30 mai	20 juin	20 sept.	16 nov.
St-Jean-s-Rich.	10 avril	3 juin	25 juin	15 sept.	14 nov.
St-Jérôme	20 avril	26 mai	16 juin	12 sept.	9 nov.
Thetford-Mines	12 avril	30 mai	20 juin	10 sept.	6 nov.
Trois-Rivières	17 avril	26 mai	16 juin	20 sept.	11 nov.
Val-d'Or	12 avril	20 mai	10 juillet	3 sept.	30 oct.
Valleyfield	12 avril	20 mai	10 juin	26 sept.	16 nov.
Vaudreuil	10 avril	15 mai	5 juin	24 sept.	10 nov.
Victoriaville	12 avril	30 mai	20 juin	10 sept.	6 nov.

SOMMAIRE

Ce livre a été produit grâce au système d'imagerie au laser
des Éditions de l'Homme, lequel comprend:

- Un digitaliseur Scitex Smart™ 720 et un poste de retouche
  de couleur Scitex Rightouch™;

- Les produits Kodak;

- Les ordinateurs Apple inc.;

- Le système de gestion et d'impression des photos avec
  le logiciel Color Central® de Compumation inc.;

- Le processeur d'images RIP 50 PL2 combiné avec la nouvelle
  technologie Lino Dot® et Lino Pipeline® de Linotype-Hell®.

Achevé d'imprimer au Canada
sur les presses de l'imprimerie Interglobe.